목욕하는 여인

목욕하는 여인

1판 1쇄 인쇄 2021년 11월 1일
1판 1쇄 발행 2021년 11월 5일

지은이 김서택
발행인 한동인
펴낸곳 (주)씨뿌리는사람

등록번호 제2006-4호
주 소 경기도 이천시 경충대로 2096-4
(서울사무소) T. 741-5181, 4 F. 744-1634

책값은 뒤표지에 있습니다.

ISBN 978-89-90342-55-3

Web www.kclp.co.kr

"천국은 마치 사람이 자기 밭에 갖다 심은 겨자씨 한 알 같으니
이는 모든 씨보다 작은 것이로되 자란 후에는 나물보다 커서 나무가 되매
공중의 새들이 와서 그 가지에 깃들이느니라"(마 13:31-32)

공급처 기독교문사 도매부 T. 741-5181~3 F. 762-2234

목욕하는 여인

김서택

씨뿌리는 사람

사무엘하는 다윗이 사울을 피하여 블레셋 가드로 도망쳤다가 사울과 요나단이 길보아 산에서 전사하는 소식을 듣는 데서부터 시작이 됩니다. 구약성경의 많은 부분은 이야기체로 되어있습니다.

그중에서 구속사적으로 보아야 할 부분도 있고, 구약인물을 통하여 오늘 우리의 모습을 보게 하는 부분도 있습니다. 구약 이야기들은 선지자들에 의하여 평가된 말씀이며 분명한 하나님의 말씀입니다.

다윗의 후반기 생애는 '목욕하는 여인' 밧세바를 훔쳐보고 범죄한 것이 중심 부분을 차지하고 있습니다. 아무리 하나님의 말씀에 헌신한 다윗도 큰 범죄에 빠질 때가 있었습니다. 이 사건이 우리 많은 목회자와 성도들에게 경고하는 말씀이 되기를 바랍니다.

늘 부족한 저의 설교집을 기꺼이 책으로 만드셔서 많은 성도들과 목회자들과 나누게 하시는 한동인 사장님께 감사드립니다. 말씀의 동역자 대구동부교회 성도들에게도 감사드립니다.

대구 수성교 옆에서

김서택 목사

차 례
Contents

사무엘하

01

가장 비극적인 소식

삼하 1:1-16

다윗은 사울이 하도 집요하게 추격을 하니까 다른 나라로 도망을 쳐 버렸습니다. 다윗은 자칫 잘못했으면 이스라엘과 싸우는 블레셋 편에 차출될 뻔 했는데 기적적으로 빠졌습니다. 그리고 다윗이 없는 동안 아말렉 족속에게 붙들려갔던 여자들과 아이들도 모두 다 찾아왔습니다. 오히려 다윗은 아말렉 족속이 이웃 족속에게 도둑질한 양과 소를 빼앗으므로 엄청난 부자가 되어서 자기가 알던 사람들에게 노략물을 선물로 보내기까지 했습니다. 다윗은 이제 부족한 것이 하나도 없는 것 같았습니다.

그러나 바로 그 순간 다윗이 알지 못하는 엄청난 비극적인 일이 이스라엘 땅에서 벌어지고 있었습니다. 그것은 바로 전쟁터인 길보아 산에서 이스라엘 백성이 블레셋에 의해서 전멸당했고 이스라엘 왕과 왕자도 다 죽었다는 소식이었습니다. 지금처럼 라디오나 텔레비전이 있었더라면 전쟁 소식을 금방 접할 수 있었을 텐데, 그 비참한 패전 소식을 듣지 못한 다윗은 이때만해도 마냥 행복감에 젖어 있었습니다.

그런데 다윗은 시글락에 돌아온 지 사흘 만에 이스라엘이 블레셋에 의해 전멸했다는 엄청난 소식을 듣게 되었습니다. 왕이 죽고 왕자들이 세 명이나 죽고 이스라엘의 주력부대가 전멸했다는 것은 이스라엘이 망했다는 뜻이 아니겠습니까? 이스라엘은 이제 끝장난 것이 아닐까요? 왕도 죽고 군대도 완전히 패한 이 마당에 다른 나라로 도망친 다윗이 할 수 있는 일이 무엇이 있을까요? 다윗과 그의 일행은 이 비극적인 소식을 듣고 옷을 찢으면서도 통곡하고 금식했습니다. 어떻게 하면 이 망한 나라를 다시 일으켜 세울 수 있을까요?

1. 두 가지 길

우리가 요즘 군인들이 전투하는 것을 보면 개인이 헬멧에 붙은 무전기로 계속 지시를 받고 보고하면서 작전하는 것을 볼 수 있습니다. 옛날에는 무전병이 있어서 무전기로 지시도 받고 보고도 하고 했지만, 무전병이 죽거나 무전기가 고장이 나버리면 통신이 안 되기 때문에 요즘 현대화된 군대에서는 개인이 모두 무전기를 헬멧에 부착시켜서 작전한다고 합니다.

이와 마찬가지로 우리 예수 믿는 사람에게는 두 가지 사는 방식이 있습니다. 하나는 계속 하나님의 말씀을 들으면서 가는 방식입니다. 우리가 계속 하나님의 말씀을 들으면서 간다면 하나님의 말씀을 듣는데 굉장히 신경이 많이 쓰이고 어떤 때는 하나님의 말씀을 듣느라고 더 위험할 수도 있습니다. 그러나 우리는 바른길은 알 수 있고 바른 방향은 알 수 있습니다. 그런데 하나님의 백성들이 하나님의 말씀을 듣지 않고 걸어간다면 자유로울 것입니다. 왜냐하면 하나님의 간섭 없이 내가 가고 싶은 데로 갈 수 있고 내가 하고 싶은 대로 할 수 있기 때문입니다. 그러나 문제는 길을 잃어버리기 쉽다는 것입니다. 더욱이 자기도 모르게 적들이 우글거리는 한 가운데로 걸어갈 수도 있는 것입니다.

우리는 얼마 전에 그것을 경험한 적이 있었습니다. 코로나바이러스 때문에 한 달 넘게 교회에서 모이지 못했습니다. 그때 물론 교인 중에는 예배를 드리지 못해서 답답했던 사람들도 있지만, 반대로 엄청난 자유를 누렸던 사람들도 있을 것입니다. '세상에! 예배를 드리지 않는 것이 이렇게 자유로울 수가 있을까? 그동안 예배드린다고 얼마나 쓸데없는 고생을 했던가?' 라고 생각하는 이들도 있었을 것입니다.

이것이 바로 사울의 인생과 다윗의 인생의 차이였습니다. 사울은 일체 하나님의 말씀 듣는 것을 꺼버렸습니다. 사울 왕은 하나님의 말씀을 듣지 않았습니다. 그러니까 사울의 인생은 너무나도 자유로웠습니다. 히스테리를 부리고 싶으면 얼마든지 히스테리를 부렸고 다윗을 추격하고 싶으면 얼마든지 추격할 수 있었습니다. 사울의 인생은 하나님의 말씀을 듣지 않는 인생이었습니다. 반면에 다윗의 인생은 계속 쫓기면서도 하나님의 리시버로 말씀을 듣는 인생이었습니다. 다윗은 사망의 골짜기에 빠지기도 하고 가족을 다 잃어버리기도 했습니다. 그런데 결과적으로는 정반대의 결과가 나오게 되었습니다.

사울은 정작 하나님의 말씀을 들어야 할 때 즉 가장 중요한 길보아 전투에서 하나님의 작전을 들을 수가 없었습니다. 그래서 사울은 길보아산에서 아무 전략도 없이 무턱대고 블레셋과 싸웠습니다. 그 결과 사울은 망하고 말았습니다. 군사들은 힘도 제대로 써보지도 못하고 전멸당했고 결국 사울은 극단적인 선택을 하고 말았습니다. 그러나 다윗은 계속 하나님의 말씀을 들었습니다. 그 결과 잃었던 가족도 다 찾았고 한 사람도 죽지 않고 모두 다 돌아올 수 있게 되었습니다.

우리가 하나님의 말씀을 듣는 것과 듣지 않는 것은 별 차이가 없는 것 같이 보입니다. 하지만 하나님의 말씀을 듣지 않으면서부터 바른길에서 조금씩 벗어나게 됩니다. 결국 시간이 지나면 지날수록 점점 더 바른길에서 멀어지게 되고 나중에는 전혀 하나님의 말씀이 들리지 않게 됩니다. 그러다가 갑자기 멸망이 찾아오게 되는 것입니다. 우리는 결코 하나님의 말씀을 듣지 않는 것을 자유롭다고 생각해서는 안 됩니다. 하나님의 말씀을 듣지 않는 동안 바른길에서 벗어나고 있는 것입니다.

2. 비참한 소식

다윗 일행은 가족을 다 찾고 잃어버렸던 가축들도 다 찾고 굉장히 기뻐했습니다. 아마도 다윗의 일행은 매일 잔치를 했을 것입니다. 그러나 다윗이나 그의 일행이 그렇게 기뻐한 지 사흘 만에 이스라엘에서 벌어진 너무나도 비극적인 소식을 듣게 되었습니다. 그것은 이스라엘과 블레셋의 전투에서 이스라엘의 왕이 죽었고 왕자들이 죽었으며 이스라엘 백성은 전멸했다는 소식이었습니다. 다윗은 지금 블레셋 가드 땅에서 피해당한 것 하나 없이 편안하게 있지만 이스라엘은 거의 망한 상태에 있었던 것입니다.

1:1-3, "사울이 죽은 후에 다윗이 아말렉 사람을 쳐죽이고 돌아와 다윗이 시글락에서 이틀을 머물더니 사흘째 되는 날에 한 사람이 사울의 진영에서 나왔는데 그의 옷은 찢어졌고 머리에는 흙이 있더라 그가 다윗에게 나아와 땅에 엎드려 절하매 다윗이 그에게 묻되 너는 어디서 왔느냐 하니 대답하되 이스라엘 진영에서 도망하여 왔나이다 하니라"

사실 다윗이라고 해서 이스라엘과 블레셋의 전투에 아무 관심이 없었을 리가 없습니다. 그러나 다윗은 자기들의 문제가 너무 다급했기 때문에 미처 이스라엘의 문제에 신경을 쓸 수 없었고 사울이 자기를 보기만 하면 죽이려고 했기 때문에 돕고 싶어도 도울 수 없었던 것입니다. 그래서 다윗은 하나님께서 이스라엘을 도와주셔서 적당하게 서로 비기는 싸움을 했으면 좋겠다고 생각했을 것입니다. 또 이스라엘에는 요나단이 있었고 사울 왕이 있었으며 용사들도 많이 있어서 다윗은 크게 걱정하지 않았습니다.

그런데 어떤 사람이 다윗의 머무는 곳에 나타났는데 옷은 다 찢어져 있고 머리에는 흙을 뒤집어쓴 아주 불길한 모습을 하고 있었습니다. 그는 다윗에게로 허겁지겁 달려왔습니다. 다윗은 이 형편없는 몰골을 하고 있는 청년에게 도대체 네가 어디에서 왔느냐고 물었습니다. 그랬더니 이 청년은 자기는 이스라엘의 전쟁터에서 도망쳐 나오는 길이라고 했습니다. 다윗은 이스라엘과 블레셋의 전쟁 결과가 너무 궁금했기 때문에 그곳에서 도망친 청년에게 전쟁이 도대체 어떻게 되었느냐고 물었습니다. 그랬더니 그 청년의 입에서는 너무나도 비극적인 말이 흘러나왔습니다.

1:4하, "군사가 전쟁 중에 도망하기도 하였고 무리 가운데에 엎드러져 죽은 자도 많았고 사울과 그의 아들 요나단도 죽었나이다 하는지라"

하나님의 말씀을 듣지 않았던 이스라엘은 블레셋과의 전쟁에서 대패를 하고 말았습니다. 그것도 그냥 대패한 것이 아니라 완전히 망해버리고 말았습니다. 많은 군사가 도망쳤고 또 죽었으며 특히 이스라엘의 왕이 죽었고 용사 중의 용사였던 요나단도 죽었다는 것입니다.

다윗은 도대체 이 청년의 말을 믿을 수가 없어서 "네가 어떻게 이것을 이렇게 자세히 아느냐?" 고 캐물었습니다. 그랬더니 이 청년이 자기가 길보아 산에 올라가서 있었던 일을 말했습니다. 사울 왕이 부상을 입고 창에 기대어 섰는데 블레셋 기병과 마병이 다급하게 추격하기 때문에 함께 도망하는 중에 사울이 자기에게 "너는 누구냐?" 라고 묻더라는 것입니다. 그래서 자기는 아말렉 사람으로 이스라엘 진영에 있는 사람이라고 대답했더니, 사울 왕이 "내가 부상당해서 고통 중에 있으므로 나를 죽여달라" 고 했다는 것입니다. 그래서 이 아말렉 청년은 왕이 큰 부상당한 것을 보고는 살 가망이 없다고 생각해서 자기 칼로 죽였다는 것입니다. 그 증거물로 왕관과 왕의 팔찌를 벗겨서 가지고 왔다는 것입니다. 그러면서 사울의 왕관과 팔찌를 다윗에게 보여주었습니다. 다윗이 보니까 그것은 틀림없는 사울의 왕관이고 팔찌였습니다.

다윗은 자기를 죽이려고 했던 사울이 죽었다는 소식을 듣고 기뻐해야 할까요, 슬퍼해야 할까요? 사울 왕은 다윗의 원수였습니다. 다윗은 사울 왕을 믿고 충성을 다 바쳤지만 사울 왕은 다윗을 시기하고 미워해서 기회가 있기만 하면 죽이려고 했습니다. 사울 왕은 다윗의 모든 것을 다 빼앗아 버리고 다윗을 죽이려고 끝없이 추격하였습니다. 어떻게 생각해보면 다윗은 자신의 모든 행복을 다 빼앗아가고 여러 번 죽이려고 했던 사울이 죽었다는 소식에 크게 기뻐할 수도 있을 것입니다. '사울이 죄도 없는 나를 그렇게 죽이려고 하더니 드디어 죽었구나. 잘 되었다' 라고 생각할 수도 있었을 것입니다.

어떤 목회자는 자기를 그렇게 비방하고 애먹이던 교인이 죽었다는 소식을 듣고는 양손을 들고 '할렐루야!' 라고 소리 질렀다고 합니다. 물론 개인적으로는 자기를 애먹이던 사람이 죽었기 때문에 더이상 고통받지 않아도 되어 좋을지 모르지만 목사가 교인이 죽었다고 해서 '할렐루야!' 라고 소리 지른다는 것은 목사의 자격이 없다는 말과 같은 것입니다.

그래서 하나님의 백성들은 자기가 평소에 싫어하던 사람에게 불행한 일이 닥쳤을 때 기뻐하거나 좋아해서는 결코 안 됩니다. 왜냐하면 그도 한 인간이고 그도 한 교인이기 때문입니다. 그리고 자기가 싫어하는 사람이라고 해서 불행하기를 바라는 것은 결코 하나님의 백성의 자세가 아닙니다. 그래서 하나님의 백성들은 자기를 미워하고 싫어하던 사람일수록 그가 불행에 빠지지 않도록 기도해야 합니다. 왜냐하면 그가 나를 괴롭히고 비난했던 것은 무엇을 알고 한 것이 아니기 때문입니다. 사울은 다윗의 개인적인 원수이기 이전에 그는 이스라엘의 왕이었습니다. 그리고 다윗이 그렇게 사랑한 이스라엘 전체가 패전했던 것입니다. 이것은 결코 다윗이 좋아해야 할 일이 아니었던 것입니다.

남을 높이는 것이 결국 자기가 높아지는 길입니다. 이 점에서 다윗은 지도자의 자격이 있었습니다. 다윗은 그 소식을 듣고는 자기 옷을 찢었고 다윗과 함께 있던 사람들도 모두 다 옷을 찢고 울면서 저녁까지 금식했습니다. 그들은 이스라엘 왕의 죽음과 이스라엘의 패전 소식에 너무나도 가슴 아파했습니다. 거기에 개인적인 감정은 조금도 없었습니다. 그들은 모두 자기 자신들이 길보아 산에서 패전하고 죽은 것처럼 울었고 옷을 찢었으며 금식을 했던 것입니다.

3. 다윗의 정의

지금 이스라엘은 절망한 상태에 있습니다. 전쟁에서 많은 백성은 죽었고 왕과 왕자들까지 다 죽었습니다. 그리고 이스라엘 백성은 본토를 버리고 요단 동쪽으로 도망을 쳐버렸습니다. 거기에다가 다윗은 아주 소수의 사람을 데리고 외국에 도망쳐 있는 상태였습니다. 그런 상태에서 다윗이 할 수 있는 일이라고는 아무것도 없었습니다. 아마 다른 사람들 같으면 될 대로 되라고 하면서 원수가 죽었으니까 잘 되었다고 하면서 기뻐하거나 혹은 마치 하나님이 돌아가신 것처럼 절망하면서 더 먼 곳으로 도망치려는 사람도 있었을 것입니다.

그런데 이스라엘 백성에게는 특별한 정신이 있었습니다. 그것은 이스라엘 백성이 아무리 망해도 하나님은 망하시지 않는다는 것입니다. 즉 이 세상에는 소망이 없어도 하나님에게는 소망이 있다는 것입니다. 그래서 다윗과 그와 함께 있는 사람들은 저녁때까지만 슬퍼하고 울고 금식했습니다. 그들은 몇 날 며칠을 울고불고하지 않았던 것입니다. 그리고 다윗은 자기가 할 수 있는 작은 일을 했습니다. 그것은 이 불행한 소식을 가지고 온 아말렉 청년에 대한 처리문제였습니다.

아마 대개 그 당시 사람들은 사울과 다윗이 원수 관계라는 사실을 알았던 것 같습니다. 그래서 이 아말렉 청년은 다윗에게 가서 자기가 사울을 죽였다고 하면 큰 상을 받을 줄 알았습니다. 그래서 이 아말렉 청년은 자기 손으로 사울 왕의 머리에서 왕관을 벗기고 팔에서 팔찌를 벗겨서 증거물로 다윗에게 가지고 왔던 것입니다.

사울이 죽은 사실에 대해 성경의 기록과 이 청년의 말이 서로 다른 것을 볼 수 있습니다. 성경에는 사울이 등에 화살을 맞아 큰 상처를 입고 자기 부관에게 자기를 칼로 찔러 죽여 달라고 하는데 부관이 하지 않으니까 자기가 칼을 세워놓고 그 위에 엎어져 자살하는 것으로 되어있습니다. 그러나 이 아말렉 청년은 사울 왕의 부상이 심한 데다가 자기에게 죽여 달라고 해서 자기가 왕을 죽이고 왕관과 팔찌를 가지고 왔다고 말하고 있습니다. 다윗은 현장에 없었기 때문에 무슨 일이 어떻게 일어났는지 정확히 알 수 없었습니다. 단지 사울이 죽었다는 사실만은 분명한 것 같았습니다.

그런데 부관이나 아말렉 청년은 큰 잘못을 했습니다. 그것은 전쟁이 일어나서 양쪽 군대가 싸울 때 자기 군인이나 동료가 총에 맞거나 활에 맞아서 쓰러지면 버리고 오면 안 되는 것입니다. 아무리 부상이 심하거나 살 수 없는 것 같이 보여도 뛰쳐나가서 동료를 업고 오거나 끌고 와야 하는 것입니다. 이것이 바로 동료애입니다. 그래서 군인들은 동료가 총에 맞고 쓰러지면 뛰쳐나가서 업고 오다가 총에 맞아서 죽는 경우가 많이 있습니다. 군인들은 비겁하게 숨어서 동료가 죽도록 내버려 두지 않는 것입니다.

더욱이 부상당한 사람이 왕일 때에는 절대로 그냥 죽도록 놔두어서는 안 됩니다. 비록 왕이 죽을 것 같더라도 왕을 업고 전쟁터에서 나와야 하고 다른 동료들을 불러서 왕을 에워싸고 보호해야 하는 것입니다. 심지어는 왕이 죽어도 그 시체를 적에게 넘겨주어서는 안 되는 것입니다. 그런데 사울 왕의 부관은 왕이 자살하도록 내버려 두었습니다. 그리고 이 아말렉 청년은 한술 더 떠서 자기가 왕을 죽였다고 말하고 있습니다. 그러나 진정한 이스라엘 사람은 자기가 죽고 왕을 끌어내어야 하고 왕이 죽었다 하더라도 시체를 넘겨주어서는 안 되는 것입니다.

다윗은 자기가 왕을 죽였다는 이 아말렉 청년의 말이 거짓이라는 것을 알았을 것입니다. 그러나 그는 자기 입으로 사울 왕을 죽였다고 말했고 왕의 시체를 적진 중에 내버려 두었습니다. 더욱이 이스라엘 정신은 하나님의 기름 부음을 받은 사람은 절대로 죽이지 못하게 되어있습니다.

다윗은 이 청년에게 어느 소속이냐고 물었습니다. 그 청년은 아말렉 사람이라고 대답했습니다. 다윗은 이 청년에게 잘했다고 칭찬하지 않았습니다. 다윗에게는 이스라엘의 정신이 있었습니다. 그래서 이 청년에게 "네가 어찌하여 하나님의 기름 부음을 받은 자를 죽이는 것을 겁을 내지 않았느냐?" 고 심하게 책망했습니다.

1:14, "다윗이 그에게 이르되 네가 어찌하여 손을 들어 여호와의 기름 부음 받은 자 죽이기를 두려워하지 아니하였느냐 하고"

하나님의 기름 부음을 받은 사람은 하나님이 벌을 주시게 되어있지, 사람이 손을 댈 수 없습니다. 이것이 이스라엘의 정신이었습니다. 이스라엘은 망했지만 다윗에게는 이스라엘의 정신이 살아있었습니다. 하나님의 성령은 모든 적을 이기는 능력이 있습니다. 성령의 불은 핵무기의 불이나 전쟁의 불이나 바이러스의 불을 이기는 능력이 있는 것입니다. 그래서 우리 교회나 교인들은 무사했습니다. 그 대신 신천지 이단이나 강대국들도 박살이 났습니다. 바이러스 앞에서는 핵무기가 소용이 없고 항공모함이 소용이 없었습니다. 오직 성령의 능력만이 우리를 지켜주셨던 것입니다. 다윗은 자기 손으로 하나님의 기름 부음 받은 자를 죽인 이 아말렉 청년을 칼로 죽이라고 했습니다. 그래서 다윗의 부하들은 이 아말렉 청년을 칼로 쳐 죽였습니다.

이스라엘의 왕이 죽고 이스라엘이 망했을 때 다윗이 할 수 있는 것이라고는 아무것도 없었습니다. 그러나 다윗은 불의와 타협하지 않았습니다. 그리고 잘했든지 못했든지 하나님의 종을 죽인 아말렉 청년을 죽임으로 하나님께서 자기들 안에 오시도록 했습니다. 하나님이 살아계시고 하나님의 말씀이 있으면 이스라엘은 망하지 않습니다. 다윗은 가장 먼저 불의와 거짓을 청산했고 하나님을 자기 가운데 오시게 했습니다. 하나님의 말씀을 듣지 않고 자유로운 것은 자유로운 것이 결코 아닙니다. 이것은 벌써 바른길에서 벗어나 있는 것입니다. 우리 성도들은 다시 하나님의 말씀을 듣는 길로 돌아오시기 바랍니다.

02

용사의 노래

삼하 1:17-27

군인은 행진하거나 달릴 때 군가를 부르는 경우가 많습니다. 그 이유는 그냥 걷거나 뛰면 옆 사람과 잡담할 수도 있고, 걷거나 뛰는 것이 힘들어서 낙오할 수도 있기 때문입니다. 군인이 모두 목소리를 높여서 군가를 부르면 일절 잡생각을 하지 않게 되고 용기가 생겨서 당당하게 행진을 하고 뛰는 것도 잘하게 됩니다.

음악이라는 것은 굉장한 마법을 가지고 있는 것 같습니다. 군대 장례식 같은 데서 군가를 연주하면서 예포를 쏘면 죽은 군인의 죽음이 명예스러운 죽음인 것을 느끼게 됩니다. 그래서 사람들은 음악을 들으면서 눈물을 흘리기도 하고 음악을 들으면서 마음이 하나가 되기도 합니다. 마치 운동선수들이 올림픽에서 우승했을 때 태극기가 올라가면서 애국가가 울려 퍼질 때 눈물을 흘리면서 자신의 인생 최고의 영광을 체험하는 것과 같습니다.

옛말에 '사면초가(四面楚歌)' 라는 말이 있습니다. 이것은 어느 곳으로 도망치려고 해도 빠져나갈 구멍이 없을 때 쓰는 사자성어입니다. 옛날 한나라의 한신과 초나라의 항우 군대가 싸울 때 항우 군대가 포위당하게 됩니다. 그때 한나라의 한 모략가는 한나라 군인 중에서 초나라 출신들을 뽑아서 초나라의 고향 노래를 가르쳐주면서 부르게 했습니다. 초나라 군인들은 이미 고향을 떠난 지 몇 년이 되었습니다. 그런데 그들이 어디를 가든지 초나라의 노래가 들렸습니다. 그야말로 사면이 '초가(楚歌)'였던 것입니다. 그렇지 않아도 그들은 고향의 아내나 아이들이 보고 싶어서 미치겠는데 초나라 노래를 들으니까 더 고향에 가고 싶어서 미치게 됩니다. 그래서 초나라 군대는 모두 항우를 버려두고 도망치게 됩니다.

이스라엘은 길보아 산에서 사울 왕이 죽고 수많은 군인이 전멸함으로써 거의 망하다시피 하게 됩니다. 이대로 두면 이스라엘은 틀림없이 폐인들이 되고 도망자들이 되고 말 것입니다. 지금 주저앉아 대성통곡하고 있는 이스라엘 백성을 다시 일으켜 세울 수 있는 것은 무엇이겠습니까? 그것은 욕설을 퍼붓는 것도 아니고 몽둥이를 휘두르며 용기를 내라고 하는 것도 아니었습니다. 그것은 바로 노래를 함께 부르는 것이었습니다.

다윗은 노래가 가지는 놀라운 마력을 잘 알고 있었습니다. 그래서 다윗은 다른 어떤 것을 하기 이전에 자기와 함께 있던 육백 명의 사람들에게 새로운 노래를 가르쳐주어서 모두 같이 부르게 했습니다. 그때 이 육백 명의 용사들은 울면서도 마음이 하나 되어서 더이상 도망치지 않고 용기를 내고 자신감을 가지게 됩니다.

옛날에 군인은 주로 방패에 칼을 치면서 박자를 맞추었습니다. 또 창을 쓰는 군인은 창으로 바닥을 치면서 박자를 맞추며 노래를 불렀습니다. 그런데 다윗의 군대는 활을 잘 쏘는 군대였던 것 같습니다. 다윗은 활로 방패를 치면서 박자를 맞추는 '활의 노래'를 부르게 했습니다. 이 노래를 부르면서 육백 명의 용사들은 사울과 요나단이 얼마나 장엄하게 조국을 위해서 목숨을 바쳤는지를 깨닫게 되고, 모두 자리에서 일어나 눈물을 닦으면서 용기를 내었던 것입니다. 그래서 음악의 가치를 모르는 사람들은 무지한 자라는 비난을 받게 됩니다.

제가 공과대학을 다닐 때 서울 음대의 한 여교수님이 여 제자 둘을 데리고 강의하러 오셨습니다. 교수님이 강의실에 와 보니까 여학생은 한 명도 없고 모두 남학생밖에 없었습니다. 교수님은 가시면서 자기 제자 두 명에게 주일날 공대 채플에 오라고 말씀하셨습니다. 그런데 얼마 후에 그 교수님이 돌아가셨습니다. 그러나 그 여학생 두 명은 교수님이 돌아가신 후에도 서울대를 졸업할 때까지 계속 공대 채플에 와서 피아노 반주도 하고 함께 예배를 드렸습니다. 저는 제 아내와 사귈 때 눈 오는 날 그 채플에 데리고 간 적이 있습니다. 아내는 그곳에 있는 피아노를 보고는 뚜껑을 열고 피아노를 쳤습니다. 그때 저는 무엇인가 사람의 마음을 가로막고 있던 벽이 사라지는 것을 느꼈습니다.

〈쇼생크 탈출〉이라는 영화를 보면 자기 아내를 죽였다는 누명을 쓰고 한 은행가가 종신형을 살게 됩니다. 그는 어느 날 몰래 간수의 방에 들어가서 모차르트의 여성 듀엣 아리아를 마이크에 대놓고 그 감옥에 크게 틀어놓습니다. 그 감옥 스피커에서 모차르트의 여성 듀엣 아리아가 흘러나온 것은 처음이자 마지막이었습니다. 그때 천여 명의 죄수들은 그 황홀한 소리에 취해서 모두 부동자세가 됩니다. 죄수들은 모차르트의 음악을 들으면서 잠시나마 감옥이 아닌 세상에 있는 것 같았고, 감옥의 벽은 허물어지고 창살도 없어지고 마치 공중을 날아가는 기분이 들었다고 말을 했습니다. 이것이 바로 음악이 가지는 마력이었습니다.

저는 가끔 너무나도 큰 슬픔 당한 가족을 심방할 때가 있습니다. 그때는 예배 형식을 취하지 않고 같이 앉아서 찬송가만 계속해서 몇 곡을 부릅니다. 그러면 놀랍게도 슬픔은 사라지고 기쁨의 마음이 가득 차게 됩니다. 그때 하나님께 감사 기도를 드리게 됩니다.

1. 이스라엘의 영광

이 다윗의 노래는 사울과 요나단의 죽음을 슬퍼하는 조상(弔喪)의 노래였습니다. 그러면서도 이 노래는 용사들이 활을 방패에 두드리면서 부르는 용감한 군가였습니다. 이 노래의 가사는 없어질 뻔했는데 '야살의 책' 에서 누군가가 찾아내게 되었습니다.

1:17-18, "다윗이 이 슬픈 노래로 사울과 그의 아들 요나단을 조상하고 명령하여 그것을 유다 족속에게 가르치라 하였으니 곧 활 노래라 야살의 책에 기록되었으되"

'야살의 책' 이라는 것은 일종의 전쟁일지와 같은 책이었습니다. 그래서 이스라엘 백성들이 출애굽한 후부터 겪었던 모든 전쟁은 이 야살의 책에 기록되었습니다. 야살의 책은 성경적 권위를 가진 책은 아니지만 성경 몇 군데에서 인용하고 있습니다.

아마도 다윗의 이 활의 노래는 비탄에 빠져있던 중에 단숨에 쓴 노래인 것 같은데, 상당히 짜임새가 있는 것을 볼 수 있습니다. 일단 이 노래는 서로 대칭적인 구조로 되어 있습니다.

우선 첫 절에 이스라엘의 영광이 산에서 죽임을 당했다고 언급하고 있습니다.

19절에 보면 "이스라엘아 네 영광이 산 위에서 죽임을 당하였도다 오호라 두 용사가 엎드러졌도다"라고 말하고 있습니다. 그런데 25절에도 보면 "오호라 두 용사가 전쟁 중에 엎드러졌도다 요나단이 네 산 위에서 죽임을 당하였도다"라고 노래하고 있습니다. 이스라엘의 가장 존귀한 두 용사는 적들이 몰려온다고 비겁하게 도망친 것이 아니라 한 걸음도 물러서지 않고 적과 싸우다가 죽었다는 뜻입니다.

그리고는 20절에 블레셋의 여자들 이야기가 나옵니다.

1:20, "이 일을 가드에도 알리지 말며 아스글론 거리에도 전파하지 말지어다 블레셋 사람들의 딸들이 즐거워할까, 할례 받지 못한 자의 딸들이 개가를 부를까 염려로다"

그런데 24절에는 "이스라엘 딸들아 사울을 슬퍼하여 울지어다 그가 붉은 옷으로 너희에게 화려하게 입혔고 금 노리개를 너희 옷에 채웠도다" 라고 노래하고 있습니다. 여성들도 신앙을 가졌느냐 가지지 않았느냐 하는 것에 따라서 말하는 것이 너무나도 차이가 있는 것입니다. 어떤 여자는 남이 잘못되었다는 소식을 들으면 굉장히 못된 식으로 그 사람의 모든 결점을 들추어내서 나쁘게 말하는 사람이 있습니다. 그 여인들이 바로 가드 사람들이나 아스글론 여자들이었던 것입니다. 거기에 비해서 신앙을 가진 이스라엘의 여인들은 하나님 백성의 불행에 대하여 굉장히 슬퍼하면서 죽은 사람이 생전에 했던 훌륭한 일들을 기억하면서 따뜻하게 위로하는 것을 보게 됩니다.

그리고 21절은 사울과 요나단이 죽었던 길보아 산을 저주합니다.

1:21, "길보아 산들아 너희 위에 이슬과 비가 내리지 아니하며 제물 낼 밭도 없을지어다 거기서 두 용사의 방패가 버린 바 됨이니라 곧 사울의 방패가 기름 부음을 받지 아니함 같이 됨이로다"

왕의 방패는 절대로 아무 데나 굴러다녀서는 안 됩니다. 그리고 왕의 방패는 언제나 기름칠을 해서 반들반들하게 해야 합니다. 그러나 길보아 산에서 사울의 방패는 마치 쓰레기처럼 구석에 처박혀 있었습니다. 길보아 산에서는 이스라엘의 두 영웅이 죽었기 때문에 영원히 가슴 아픈 곳으로 기억이 남아 있어야 합니다.

거기에 비해 22절에서는 "죽은 자의 피에서, 용사의 기름에서 요나단의 활이 뒤로 물러가지 아니하였으며 사울의 칼이 헛되이 돌아오지 아니하였도다"라고 노래하고 있습니다. 요나단의 활은 뒤로 비겁하게 후퇴하지 아니하였고, 사울의 칼은 틀림없이 블레셋 사람들을 향하여 돌진했다고 노래하고 있습니다.

그리고 23절 끝에 보면 "그들은 독수리보다 빠르고 사자보다 강하였도다"고 노래하고 있습니다. 원래대로 하면 사울이나 요나단은 독수리같이 빨랐고 사자같이 강했다는 것입니다. 그러나 그들은 하나님의 부르심에 따라서 결국 마지막 순간까지 하나님께 충성하다가 부름을 받았다는 것입니다. 다윗은 감히 자기가 사울이나 요나단의 죽음에 대하여 평가하지 않습니다. 단지 그들은 용감하였지만 하나님이 부르셨기 때문에 그들은 함께 하나님께 부름을 받아서 갔다라고 노래하고 있습니다.

2. 사울과 요나단의 죽음의 원인

19절에서 다윗은 사울과 요나단이 이스라엘의 영광이라고 노래하고 있습니다. 여기서 영광이라는 것은 가장 빛나는 부분을 말합니다. 더욱이 이스라엘의 영광은 이방인의 어떤 영광보다 빛이 나기 때문에 이방인들은 이 영광을 보면 즉시 눈이 부셔서 눈을 뜨지 못하고 눈을 감고 엎드리거나 도망치고 말 것입니다. 사람들은 캄캄한 데서 아주 강한 빛이 나타나면 두려워서 숨게 됩니다. 예를 들어서 예수님의 세 제자는 예수님과 높은 산에 올라갔을 때 예수님이 빛나는 모습으로 변하고 하나님의 영광이 나타났을 때 그들은 땅에 엎드러져 죽은 사람처럼 되었다고 했습니다. 이와 마찬가지로 사울과 요나단이 길보아 산에 나타나자마자 이방인들은 그 빛나는 광채에 눈이 부셔서 땅에 엎드러져야 하는데 놀랍게도 이스라엘의 영광이 길보아 산에서 죽고 말았던 것입니다.

어떻게 해서 이스라엘의 영광이 이방인을 이기지 못하고, 어떻게 해서 빛이 어둠을 이기지 못하고 거기서 죽임당해야 했을까요? 그것은 바로 사울의 영광에서 하나님 성령의 기름이 다 끝이 나버렸기 때문입니다.

사울이나 요나단의 활이 뒤로 물러서지 않고 칼을 용감하게 휘둘렀지만 성령의 바람에 불지 않으니까 결국 그 영광의 불은 꺼지게 되어서 두 영웅이 죽임을 당하고 만 것입니다.

이것은 요시야 때도 마찬가지였습니다. 요시야는 유다의 마지막 부흥을 일으킨 왕이었지만 성령의 바람이 불지 않은 상태에서 전쟁하러 갔다가 죽임당하고 결국 20년 후에 이스라엘은 멸망하게 됩니다. 그래서 하나님의 종들에게 가장 중요한 것은 용감한 것보다도 성령의 바람이 불게 하는 것입니다. 이것이 바로 부흥의 역사입니다. 부흥이 일어날 때는 이스라엘의 영광에 이미 적들은 놀라서 도망치거나 항복하지만 부흥이 일어나지 않을 때는 이스라엘의 영광이 꺼지게 되는 것입니다.

다윗은 이스라엘 백성에게 사울과 요나단이 죽었다는 소식을 가드에도 알리지 말고 아스글론에도 알리지 말라고 했습니다. 왜냐하면 그들이 알게 되면 사울이나 요나단을 욕하는 것이 아니라 하나님을 욕하기 때문입니다. 교회나 목사가 잘못했을 때 세상에 믿지 않는 사람들은 교회나 목사만 욕하는 것이 아니라 기독교 전체를 욕하고 하나님을 욕하고 예수님을 욕하는 것을 보게 됩니다. 더욱이 요즘은 기독교를 전문적으로 비하하거나 욕하는 방송이나 언론들이 있어서 사사건건 모든 교회의 문제를 부정적으로 알리는 것을 보게 됩니다. 그때 가장 가슴 아픈 것은 우리가 잘못해서 하나님의 거룩한 이름이 욕을 먹는다는 것입니다. 우리는 하나님의 이름이 욕되게 해서는 안 되는데 우리가 잘못하면 구원의 진리가 욕을 먹게 되고 하나님이 무시당하게 되는 것입니다.

그래서 다윗은 길보아를 저주합니다(21절). 왜냐하면 길보아는 이스라엘이 패배하고 수치를 당한 장소이기 때문입니다. 마치 홍해가 영원히 이스라엘 백성들의 승리를 보여주고, 요단강이나 여리고가 하나님의 능력을 보여주는 장소인 것처럼 말입니다. 이와는 반대로 길보아는 그 멋진 외모에도 불구하고 이스라엘 백성에게는 패배의 장소이고 치욕의 장소인 것입니다. 거기에는 이슬도 내리지 않고 비도 내리지 말아야 한다고 강조하고 있습니다. 왜냐하면 길보아는 그런 자격이 없기 때문입니다. 물론 길보아 산에도 비는 내리고 이슬도 내리겠지만 결코 그것은 하나님의 축복이 아닌 것입니다.

그런데 중요한 것은 후반부입니다. 후반부에서는 사울과 요나단이 얼마나 용감했고 얼마나 서로 사랑했으며 얼마나 이스라엘 여성들로 하여금 행복하게 살게 했는지 노래하고 있습니다. 그 이유는 그들이 바로 성령의 능력을 의지했던 때가 있었기 때문입니다. 그때 그들은 독수리같이 빨랐고 사자같이 강했으며, 이스라엘 여성들은 붉은 염색한 옷을 입고 금 노리개를 가지고 놀았던 것입니다.

3. 이스라엘이 되찾아야 할 것

이스라엘 백성은 길보아 산에서 잃어버린 것이 있었습니다. 그것은 바로 이스라엘의 영광이었습니다. 그러나 이스라엘의 영광은 반드시 길보아 산에서만 잃은 것이 아니라 그 전부터 사라지고 있었습니다. 즉 사울왕과 이스라엘 백성이 하나님의 말씀을 소홀히 할 때부터 이스라엘의 영광은 희미해지고 있었던 것입니다. 이스라엘에 하나님의 영광이 확실하게 떠났다는 것이 증명된 것이 바로 길보아에서의 패배였던 것입니다. 그래서 이제 이스라엘은 캄캄한 밤을 맞이하게 되었고 하나님의 영광이 없는 나라가 되고 말았습니다.

이제 이스라엘 백성이 해야 할 것이 무엇입니까? 그것은 바로 길보아에서 잃어버린 하나님의 영광을 되찾는 것입니다. 그들은 무조건 울기만 한다고 해서 될 것도 아니고, 무작정 블레셋 사람에게 복수하겠다고 덤벼들어서도 안 되는 것입니다. 하나님의 영광이 없고 성령의 바람이 없고 부흥이 없는 이스라엘은 아무것도 아닌 쓰레기였던 것입니다. 이스라엘 백성은 마치 길보아 산의 쓰레기더미에 버려졌던 사울의 부서진 방패밖에 안 되는 것입니다.

그래서 하나님의 백성은 하나님의 영광을 되찾고 성령의 바람이 불 때까지 아무것도 해서는 안 됩니다. 이스라엘 백성 각 사람이 하나님 말씀의 능력을 되찾는 것이 이스라엘의 영광을 되찾는 길입니다. 이스라엘 백성은 그것을 위하여 계속 끈질기게 기다리면서 부흥의 불을 일으키고 성령의 기름을 공급을 받아야 합니다.

다윗은 특히 요나단의 죽음에 대하여 목 놓아 울고 애통합니다. 그 이유는 그가 무명의 시절에 자기에게 있는 성령의 기름 부음을 요나단이 알아주었고 인정을 해 주었기 때문입니다.

1:26, "내 형 요나단이여 내가 그대를 애통함은 그대는 내게 심히 아름다움이라 그대가 나를 사랑함이 기이하여 여인의 사랑보다 더하였도다"

아마 이 세상에서 우리에게 가장 용기를 주는 것은 남녀 간의 사랑일 것입니다. 남자들은 사랑하는 여인을 생각하면서 그 힘든 훈련을 참고 견디며, 전쟁터에 나가서나 높은 산에 고립되었을 때도 사랑하는 사람에게 돌아가야 한다는 신념으로 힘을 다해서 살아남는 것입니다.

그러나 남녀의 사랑보다 훨씬 더 강한 것이 성령의 역사를 사모하는 것입니다. 교회가 오랫동안 침체해 있으면 성령의 역사를 사모하게 됩니다. 그러다가 누군가가 하나님의 말씀을 가지고 불같이 선포하게 되면 그 성령의 능력을 사랑하게 됩니다. 다른 사람들은 시기하고 자기 마음에 들지 않는다고 욕을 하지만 성령의 가치를 아는 사람은 자기 생명같이 사랑하게 됩니다. 요나단은 다윗에게 있는 성령의 능력을 알아보았고 인정해주었습니다. 그리고 그를 여인보다 더 사랑했습니다.

이제 활의 노래를 부르는 이스라엘 백성이 해야 할 것이 무엇입니까? 그것은 잃어버린 하나님의 영광을 되찾는 것입니다. 그것을 되찾을 때까지 그들은 모든 것을 참아야 하고 견디어야 합니다. 이스라엘의 영광을 찾는 비결은 이스라엘 백성 각자가 하나님의 영광이 되면 됩니다. 그러면 수천 개 수만 개의 영광이 빛나게 될 것입니다. 그리고 그들은 모두 독수리같이 빠르고 사자같이 강하게 될 것입니다.

다윗은 성령의 역사를 사모했던 요나단의 죽음에 대하여 목 놓아 애통했습니다. 우리는 모두 하나님의 영광되기를 원합니다. 그리고 성령의 기름을 모으는 성도들이 다 되시기 바랍니다.

03

헤브론으로 가다

삼하 2:1-7

젊었을 때는 이 세상에서 어느 길로 가야 성공할 수 있을지 고민을 많이 합니다. 고등학생이 되면 문과로 가나, 이과로 가나 고민하다가 정작 대학 지원을 해야 할 때가 되면 정말 어느 학교 어느 과를 지원해야 합격할 수 있을지 고민하게 됩니다. 그러나 요즘은 청년들만 진로문제로 고민하는 것이 아니라 은퇴를 앞둔 노인도 진로문제를 두고 고민을 합니다. 즉 앞으로 더 살기는 살아야 할 텐데 도대체 무엇을 해서 먹고 살 것인가 고민하게 되는 것입니다.

저는 어렸을 때 꼭 우리나라나 다른 사람에게 도움이 되는 사람이 되기로 결심했습니다. 그런데 구체적으로 무엇을 해야 할지 알 수 없었습니다. 저는 제 인생길을 알 수 없었습니다. 그리고 사도 바울을 본받아서 평신도로서 자기 직업을 가지고 길이나 공원에서 전도해야겠다고 생각했는데 현실적으로 그럴 만한 직업은 없었습니다. 저는 얼마 가지 않아서 수입이 없으니까 극빈자가 되었고 도저히 서울에 집을 구할 수 없어 살 수 없었습니다.

다윗은 그동안 사울의 추격을 피하여 목숨을 건 도피 생활을 했습니다. 결국 다윗은 옆에 있는 원수의 나라 가드까지 도망갔고, 거기서 먹고 사는 법을 배웠습니다. 그것은 일종의 의로운 강도질이었습니다. 즉 다윗은 주위에 있는 이방인들을 공격해서 사람들은 다 죽이고 소나 양을 빼앗아서 가드 왕 아기스에게 바치고 나머지를 가지고 생활했습니다. 다윗은 노략하면서 한 명의 생존자도 남기지 않았습니다. 왜냐하면 남아 있는 자로 인해 자신의 정체가 탄로가 나기 때문이었습니다. 그러다가 이스라엘과 블레셋 사이에 전쟁이 붙었는데, 다윗은 전혀 이스라엘에 도움이 되지 못했습니다. 그러다가 다윗은 사울과 사울의 세 아들과 용사들이 길보아 산에서 전멸했다는 비극적인 소식을 듣게 되었습니다. 이스라엘은 왕도 죽고 망해버렸습니다.

이제 다윗은 어디로 가야 할까요? 적어도 이제 다윗은 사울 왕에게는 더이상 쫓기지 않게 되었습니다. 사울 왕이 죽어버렸기 때문입니다. 그러나 다윗은 어디로 가야 할지 도무지 알 수 없었습니다.

1. 다윗이 하나님께 물어봄

우리 청년들은 자신의 진로문제를 두고 고민을 많이 합니다. 그러나 우리나라는 자기가 원한다고 해서 경찰이 되거나 공무원이 되거나 교수가 될 수 있는 사회가 아닙니다. 일단 시기를 놓치면 직장을 구하거나 공부하기가 아주 어려운 세상에서 살고 있습니다.

전에 어떤 젊은이에게 지방에도 사람을 구하지 못해서 난리라는데 왜 굳이 서울에 있는 직장에 가려고 하느냐고 물으니까 지방에 있는 직장에 다니면 여자들이 결혼하지 않으려고 한다고 대답하더라는 것입니다. 또 교회에 다니는 사람들은 자기 눈은 높은데 마음에 드는 사람이 없어서 결혼하지 못한다고 합니다.

이스라엘이 패전함으로 망했지만 다윗은 사울 왕에게 쫓기는 신세를 면할 수 있었습니다. 이스라엘이 망한 것이 심각한 것일까요, 아니면 자기를 쫓는 사람이 죽은 것이 좋은 일일까요? 다윗은 이 두 가지를 다 현실로 받아들입니다. 즉 자신은 이제 이스라엘이 망한 자리에서 새 출발을 한다는 것입니다. 그러면 다윗은 어디로 가야 할까요? 우선 의리가 있는 사람이라면 이스라엘 백성이 패망한 길보아로 갈 수도 있을 것입니다. '내 눈으로 이스라엘이 망한 것을 직접 보아야겠다. 그리고 우리 손으로 죽은 사람들의 시체를 땅에 파 묻어주자' 라고 하면서 그 비극의 현장을 찾아갈 수도 있었을 것입니다.

그렇지 않으면 다윗은 거기서 바로 블레셋을 기습 공격할 수도 있었을 것입니다. 다윗은 기습 공격에 아주 능한 사람이었습니다. 다윗은 얼마 전에 아말렉 사람들도 기습으로 공격해서 거의 다 죽이고 가족을 찾아왔습니다. 만일 다윗이 블레셋 사람들을 몰래 추격해서 기습 공격으로 이긴다면 다시 이스라엘의 영웅이 될 수도 있었을 것입니다. 그렇지 않으면 사울이 있던 곳으로 찾아가서 다시 옛날의 자리를 달라고 요구할 수도 있었을 것입니다. 아니면 가드 왕에게 더욱더 충성해서 더 높은 자리까지 올라갈 수도 있을지 모릅니다.

사실 우리가 자신의 미래에 대하여 생각하면 늘 침체에 빠지지 않을 수 없습니다. 우리는 미래에 대하여 아무것도 모르기 때문입니다. 그래서 이럴 수도 있을 것 같고 저럴 수도 있을 것 같아서 이 생각 저 생각 하다보면 머리만 복잡해지고 기분만 나빠지는 것입니다. 미래는 하나님의 영역이기 때문입니다.

다윗은 지금까지의 모든 방황이나 도망쳐 온 것은 다 잊어버리고 이제부터 새 출발 하기로 작정했습니다. 다윗은 자신의 인생을 새 출발 하는 모험을 하나님께 어디로 가야 할지 물어보는 것으로 시작했습니다.

2:1, "그 후에 다윗이 여호와께 여쭈어 아뢰되 내가 유다 한 성읍으로 올라가리이까 여호와께서 이르시되 올라가라 다윗이 아뢰되 어디로 가리이까 이르시되 헤브론으로 갈지니라"

다윗은 자신의 새 출발 하는 인생을 철저하게 하나님께 물어봄으로써 시작했습니다. 다윗에게는 제사장 아들이 도망치면서 가져온 제사장의 에봇이 있었는데, 거기에 있는 '우림과 둠밈' 이 간단한 하나님의 뜻을 알려주었습니다. 우림과 둠밈은 간단한 예스와 노의 답밖에 하지 않기 때문에 다윗은 처음부터 헤브론으로 가라는 답을 얻은 것은 아니었습니다. 다윗은 하나님께 많은 질문을 드려야 했습니다. "제가 움직여야 합니까?", '예스'. "이스라엘이나 유다로 올라갈까요?", '예스'. "옛날 사울이 있던 곳으로 갈까요?", '노'. "부인 미갈이 있는 곳으로 갈까요?", '노'. "베들레헴으로 갈까요?", '노'. "헤브론으로 갈까요?", '예스'. 이렇게 해서 다윗은 헤브론으로 가야 하는 것을 알았던 것입니다.

우리는 미래 인생의 길을 찾을 때가 많습니다. 그러나 예수님은 내가 곧 길이라고 말씀하셨습니다. 예수님 자신이 길이신 것입니다. 물론 우리에게는 제사장의 에봇이나 우림이나 둠밈이 없습니다. 그러나 우리에게는 하나님의 말씀이 길이기 때문에 그 말씀 안에 길이 있는 것입니다. 다윗도 당장 헤브론으로 가야 하는 것을 알았던 것은 아니었습니다. 다윗도 여러 날에 걸쳐서 기도하고 하나님께 많은 것을 물어보는 가운데 헤브론이라는 답을 얻었던 것입니다.

2. 겨우 헤브론인가?

아마 다윗은 사울 왕이 죽기만 하면 비록 나라는 망했지만 자기가 왕이 될 것으로 은근히 기대했던 것 같습니다. 왜냐하면 하나님은 다윗을 이스라엘의 왕으로 삼겠다고 약속하셨기 때문입니다. 그러나 하나님께서 다윗에게 가라고 하신 곳은 이스라엘의 변두리 중의 변두리인 헤브론이었습니다. 이것은 다윗에게 큰 실망이 될 수도 있었습니다. 자기는 하나님께서 당장 이스라엘의 중심인 곳에 가서 왕이 되라고 하실 줄 알았는데, 하나님이 가라고 하신 곳은 변두리였고 아무도 알아주지 않는 곳이었기 때문입니다.

2:3, "또 자기와 함께 한 추종자들과 그들의 가족들을 다윗이 다 데리고 올라가서 헤브론 각 성읍에 살게 하니라"

여기서 중요한 것은 하나님께서 그렇게 싫어하시던 사울 왕이 죽었는데, 왜 다윗을 당장 이스라엘의 왕으로 세우지 않으셨느냐는 것입니다. 다윗은 헤브론에서 사울의 추종세력과 앞으로 7년 반 동안 내전을 겪게 됩니다. 왜 하나님은 다윗에게 당장 이스라엘의 중심으로 가게 하셔서 왕이 되게 하시지 않으셨을까요? 7년이면 얼마나 긴 세월입니까? 그런데 그 긴 시간을 다윗은 이스라엘의 변두리에서 같은 이스라엘 족속을 대상으로 싸우고 있었습니다.

이렇게 된 가장 큰 이유가 무엇일까요? 그것은 이스라엘에 부흥의 불이 꺼져버렸기 때문입니다. 대장장이가 칼을 만들고 제철소에서 쇳물을 만들려고 하면 뜨거운 불이 있어야 합니다. 그런데 사울은 40년 동안 이스라엘의 왕으로 있으면서 성령의 뜨거운 불을 다 꺼버렸던 것입니다. 이스라엘은 어디를 가나 싸늘한 기운밖에 없었습니다. 다윗이 아무리 영웅이고 하나님의 말씀을 사랑한다고 해도 혼자서는 이런 불을 일으킬 수 없었습니다. 그리고 이런 성령의 불을 일으키는 데는 7년 아니면 10년 혹은 100년이라는 긴 시간이 필요했습니다.

다윗이 이런 성령의 불이 없이 블레셋과 싸우면 그도 사울처럼 패배할 수밖에 없었습니다. 다윗이 아무리 하나님의 사람이라 하더라도 성령의 불 바람이 없으면 아무것도 할 수 없었습니다. 그래서 하나님께서는 다윗을 유다의 한 구석으로 보내셔서 먼저 성령의 불을 일으키는 일을 하게 하셨던 것입니다.

이것은 우리에게도 마찬가지입니다. 우리가 자신의 능력을 잘 발휘하면 돈도 벌고 성공도 할 수 있을지 모르지만 자신의 능력으로 성령의 불 바람을 일으킬 수는 없습니다. 그래서 결국 병을 이기지 못하고 죄를 이기지 못하고 욕심을 이기지 못해서 망하고 마는 것입니다. 성령은 불 바람입니다. 이 불 바람이 일어나야 무쇠덩이가 칼이 되고 창이 되는 것입니다. 그리고 이 성령의 불 바람이 불어야 사탄을 이길 수 있습니다.

유다 사람들은 헤브론에 온 다윗에게 기름을 부어서 유다의 왕으로 삼았습니다.

2:4상, "유다 사람들이 와서 거기서 다윗에게 기름을 부어 유다 족속의 왕으로 삼았더라"

다윗은 겨우 유다 지파의 왕이 되었습니다. 이스라엘은 열두 지파인데 다윗은 12분의 1의 왕이 된 것입니다. 12분의 1의 왕이라면 왕이라고 하기보다는 하나의 추장이나 부족장 정도밖에 되지 않을 것입니다. 예를 들어서 어떤 목회자가 자기 친구들은 총회장도 하고 교인이 만 명 이상 되는 큰 교회를 맡아서 유명한 사람이 되었는데, 자기는 아무리 하나님의 말씀을 붙들어도 100명 정도의 작은 교인을 맡아서 목회하고 있다면 얼마나 실망스럽겠습니까? 그러나 중요한 것은 숫자가 많든지 적든지 불이 붙어야 진정한 부흥이 일어난다는 것입니다. 불이 없는 교회는 영혼을 살리거나 사탄과 싸움에서 결코 이기지 못합니다.

그리고 하나님은 다윗을 높이시기보다 낮추셨습니다. 그 이유는 하나님 앞에서는 높아지는 것이 가장 위험하기 때문입니다. 교만한 것보다 더 무서운 것은 없습니다. 하나님은 다윗에게 겸손으로 시험을 치셨습니다. 다윗은 이것을 잘 견뎌내었습니다. 왜냐하면 그는 원래 양을 치던 목자였고 또 도망 다니던 사람이었으므로 이 정도의 백성들을 다스리게 된 것만 해도 큰 축복이라고 생각했기 때문입니다. 다윗은 백성이 몇 명이든 자기 사람이 아니라고 생각했습니다. 전부 다 하나님의 사람들인데 자기가 맡아 있다고 생각했던 것입니다. 나중에 다윗이 유명한 왕이 된 후에 인구조사를 해 보니 130만 명이 넘었습니다. 그때 하나님은 다윗이 교만하다고 치셔서 7만 명이 전염병으로 죽었습니다.

이번 코로나바이러스 때문에 놀라운 일이 있었습니다. 그것은 정부에서 종교 단체 모임을 하지 못하게 하니까 그 엄청나게 큰 교회들이 텅텅 비었던 것입니다. 강대상 앞에 몇 명만 모여서 인터넷 방송을 찍는다고 앉아 있었습니다. 그때 목사님의 마음이 얼마나 허전했겠습니까? 그래서 어느 교회에서는 목사님이 너무 허전할까 봐 빈 의자에 사진을 다 세워 놓았습니다. 코로나바이러스 한 방에 아무리 큰 교회도 전혀 힘이 없었습니다. 우리가 부흥의 용광로의 불을 올려놓지 않으면 이런 시험은 또 다시 찾아올 것입니다. 그때 큰 교회는 위험하다고 일부러 가지 않을 것입니다. 그리고 집에서 인터넷으로 예배를 드릴 것입니다.

3. 다윗의 첫 시험

다윗이 헤브론에서 유다 지파의 왕이 되었을 때, 누군가가 그를 충동질하기 시작했습니다. 이것이 다윗의 인간 됨됨이를 보여주는 첫 시험이었습니다. 그것은 이스라엘 열두 지파 중에서 골수 사울파가 있다는 것입니다. 다윗이 만일 이스라엘 전체의 왕이 되려고 한다면 이 골수 사울파부터 부수어야 한다는 충동질이었습니다.

2:4하, "어떤 사람이 다윗에게 말하여 이르되 사울을 장사한 사람은 길르앗 야베스 사람들이니이다 하매"

우리가 이 말만 들으면 다윗에게 길르앗 야베스 사람들을 좋은 의도로 말했는지 나쁜 의도로 말했는지 잘 알 수 없습니다. 그러나 길르앗 야베스 사람들은 사울 집안과는 떼려야 뗄 수 없는 관계에 있었습니다. 암몬 왕이 길르앗 야베스를 쳐들어와서 그들의 오른쪽 눈을 하나씩 다 빼겠다고 했을 때, 사울은 이스라엘 백성을 질풍노도같이 몰고 와서 싸워 암몬 왕을 물리치고 그들을 구원했습니다. 그래서 길르앗 야베스 사람들은 사울이 블레셋 사람들에게 죽고 그 시체가 벧산 벽에 박혔을 때 밤에 가서 그 시체를 떼어다가 화장을 하고 땅에 묻어주었던 것입니다.

누군가가 이 사실을 다윗에게 고자질한 것은 다윗을 불안하게 하고 충동질하려는 행위였습니다. 왜냐하면 아직도 다윗과 사울은 원수 사이라고 생각하는 사람들이 많았기 때문입니다. 다윗의 원수인 사울의 시체를 내버려두지 않고 밤에 가서 가져와서 장사를 지냈다는 것은 다윗이 들으면 기분이 나쁠 수도 있기 때문입니다. 그리고 이렇게 골수 사울파가 있다는 것은 다윗에게는 암적인 존재가 될 수도 있었습니다.

그러나 다윗은 그렇게 옹졸한 사람이 아니었습니다. 다윗은 사울이 이스라엘의 왕이고 왕의 시체를 밤에 가서 가지고 온 것은 누가 해도 해야 할 일이고 대단히 잘한 일이라고 판단했습니다. 그래서 다윗은 이 말을 듣고 전혀 화를 내거나 적대시하지 않고 오히려 사신을 보내어 위로하고 축복을 했습니다.

2:5-7, "다윗이 길르앗 야베스 사람들에게 전령들을 보내 그들에게 이르되 너희가 너희 주 사울에게 이처럼 은혜를 베풀어 그를 장사하였으니 여호와께 복을 받을지어다 너희가 이 일을 하였으니 이제 여호와께서 은혜와 진리로 너희에게 베푸시기를 원하고 나도 이 선한 일을 너희에게 갚으리니 이제 너희는 손을 강하게 하고 담대히 할지어다 너희 주 사울이 죽었고 또 유다 족속이 내게 기름을 부어 그들의 왕으로 삼았음이니라 하니라"

다윗은 길르앗 야베스 사람들에게 참 잘했다고 칭찬했습니다. 그리고 하나님께서 너희에게 복을 주시기를 원한다고 축복의 말을 했습니다. 그러면 길르앗 야베스 사람들은 다윗의 이 말을 듣고 무슨 생각을 했을까요? '야, 다윗은 우리가 사울을 장사한 것을 좋게 생각하는구나.' 라고 더 이상 다윗을 두려워할 필요가 없다고 생각했을까요, 아니면 다윗이 정치적인 속셈을 가지고 우리에게 유화정책을 쓴다고 생각했을까요? 그것은 알 수 없습니다. 단지 다윗은 누군가가 길르앗 야베스 사람들이 사울을 장사했다고 해서 그들을 미워하거나 보복하지 않았다는 것입니다. 자기는 길르앗 야베스 사람들이 한 행동이 전혀 기분 나쁘지 않고 참 용기 있고 훌륭한 행동이라고 생각한다고 말을 한 것입니다.

그러나 길르앗 야베스 사람들이 다윗의 이 말에 어떤 반응을 보였든지 간에 다윗은 사람의 충동질에 잘 넘어가는 사람이 아니었습니다. 그는 중심이 있는 사람이었고 옳은 것은 옳다고 하고 옳지 않은 것은 옳지 않다고 하는 용기가 있는 리더였습니다.

가끔 보면 별로 중요하지 않은 일을 가지고 원수를 만드는 사람들이 간혹 있습니다. 즉 자신이 가진 힘을 가지고 약한 자를 괴롭히는 것입니다. 이런 사람들은 언젠가는 자신의 결점이 드러나면서 약한 자에 의하여 망하게 됩니다. 그래서 할 수 있으면 사소한 것을 가지고 원수를 만들지 말아야 하나님 앞에서 귀히 쓰이는 사람이 될 수 있습니다. 많은 주의 종이 사소한 돈 문제나 여자 문제나 부정직한 것 때문에 넘어지는 것을 볼 수 있습니다. 인터넷 방송을 들어보면 말은 잘하는 목사님인데 다른 목사님을 잘 모르면서 무차별로 공격하는 사람들이 있습니다. 이런 분들은 언젠가는 자기 자신도 그런 공격을 당하게 됩니다. 너그러운 마음을 가져서 사탄의 참소에 넘어가지 않기를 바랍니다.

우리는 빨리 성령의 불을 올려서 북한의 핵무기도 녹이고 코로나도 녹이고 동성애도 녹이고 자살도 녹이는 성도들이 다 되시기 바랍니다.

04

내전의 시작

삼하 2:8-32

국민에게 가장 큰 상처를 안기는 전쟁은 역시 같은 민족이나 국민끼리 싸우는 내전입니다. 내전이라고 하는 것은 비유를 들면 배를 타고 가다가 배 안에 탄 사람들끼리 싸워서 배가 두 조각이 나는 것과 같습니다. 배가 두 조각이 나면 배에 탄 사람들은 남자나 여자나 어린아이나 상관없이 모두 죽든지 원수가 되게 됩니다. 우리나라도 6.25라는 내전을 겪으면서 300만 명 이상이 죽거나 실종되었으며 남북이 아직 적대적인 나라로 되어있습니다.

한때 우리나라 교회는 엄청나게 서로 싸워서 교회가 갈라졌습니다. 그래서 어떤 의미에서 교회 수가 이렇게 많은 이유는 같은 교회가 싸워서 서로 갈라진 것도 그 이유 중 하나가 될 것입니다. 그래서 '어느 동 교회'가 있으면 또 '어느 동 제일교회'가 있는 것입니다. 그것은 교회가 서로 싸워서 나누어진 것입니다.

저는 초등학교 1학년 때 제가 다니던 교회가 싸워서 나누어지던 것을 직접 보았습니다. 주일 아침 어린이 예배를 드리러 교회에 갔는데 주일

학교가 두 곳에서 모이고 있었습니다. 하나는 본당에서 모이고 있었고 다른 하나는 마당에서 가마니 깔고 모이고 있었습니다. 저는 어디로 가야 할지 몰라서 당황했지만 나중에 예배당을 포기하고 떠나는 목사님 쪽을 따라갔습니다. 남은 쪽은 장로님들 쪽이었습니다.

코로나는 그렇게 부흥되던 한국 교회를 초토화해버렸습니다. 아마 코로나가 끝나도 다시 교회로 돌아오지 않을 교인이나 청년이 꽤 많을 것입니다. 전에는 아무리 교회가 터져 나가도 교인은 꾸역꾸역 교회로 몰려들었는데, 이제는 인터넷으로 예배드리든지 아니면 아예 교회도 안 나가고 설교도 안 듣게 된 것입니다.

다윗은 사울 왕이 죽고 이스라엘이 거의 망하게 되었을 때 자기가 이스라엘로 가기만 하면 이스라엘 왕이 될 줄 생각했던 것 같습니다. 그런데 하나님은 다윗에게 헤브론이라고 하는 가장 남쪽에 있는 도시로 가라고 하셨고, 다윗은 이스라엘 열두 지파 중에서 오직 한 지파의 왕이 되었을 뿐입니다. 그 이유는 다윗에 대한 이스라엘 사람들의 불신이 아직 깊이 뿌리내리고 있었고, 이스라엘 부흥의 불을 일으키는 데는 긴 시간이 필요했기 때문이었습니다.

1. 이스라엘이 이스보셋을 왕으로 세움

다윗에게 있어서 가장 좋은 길은 사울이 죽은 후에 사울이 있던 기브아에 가서 이스라엘 전체의 왕이 되는 것이었습니다. 왜냐하면 다윗에게는 하나님의 기름 부으심이 있었고, 하나님이 다윗을 이스라엘의 왕으로 세우신다는 것은 거의 모든 이스라엘 사람들이 알고 있었기 때문입니다. 그런데 하나님께서는 다윗을 이스라엘 전체의 왕으로 세우지 아니하시고, 이스라엘의 한 작은 도시로 가게 하셔서 오직 유다 지파의 왕으로 세우셨습니다. 하나님은 다윗을 이스라엘 전체의 12분의 1의 왕이 되게 하셨던 것입니다. 이것은 왕이라고 하기보다는 한 부족의 족장에 가까운 것이었습니다.

이 기회를 틈타서 사울의 군사령관이었던 아브넬은 사울의 아들 이스보셋을 왕으로 세워버렸습니다. 그래서 이스라엘은 두 개의 나라로 나누어지게 되었습니다.

2:8-9, "사울의 군사령관 넬의 아들 아브넬이 이미 사울의 아들 이스보셋을 데리고 마하나임으로 건너가 길르앗과 아술과 이스르엘과 에브라임과 베냐민과 온 이스라엘의 왕으로 삼았더라"

다윗이 유다의 한 도시 헤브론에서 오직 한 지파의 왕이 되는 동안 사울의 살아남아 있던 아들 이스보셋은 아브넬이라는 군사령관의 추대를 받아서 나머지 이스라엘 전체의 왕이 되어버렸습니다. 이제 다윗은 이스라엘 전체의 왕이 되는 것은 더 어려워지게 되었을 뿐 아니라 잘못하면 막강한 이스라엘의 군대에 의해 다시 쫓기거나 죽임당할 수 있는 처지가 되었습니다. 다윗은 자기가 유다의 왕이 되기만 하면 북쪽에 있는 이스라엘 지파들도 모두 자기에게 와서 자기를 왕으로 세울 줄 알았는데 결과는 최악으로 나타나게 되었습니다. 즉 다윗이 하나님에게 물어보고 헤브론으로 간 것은 가장 나쁜 길이었던 것입니다.

여기서 우리는 아브넬이 참 악한 사람인 것을 볼 수 있습니다. 아브넬은 자기 왕 사울이 길보아에서 죽는 것을 막지 못하고 자기만 살았습니다. 그는 군사령관으로서 군대를 잘 지휘해서 전쟁에서 이긴 것도 아니고, 자기 왕을 지켜서 죽지 않게 보호한 것도 아니고, 수많은 군사가 죽는 가운데 자기만 살아서 돌아왔던 것입니다. 그럼에도 불구하고 그는 여전히 군사령관을 하고 있었습니다. 그리고 사울의 아들 셋이 길보아 산에서 전사했지만 아들이 다 죽은 것은 아니었습니다. 오히려 이스보셋이라는 아들이 남아 있었습니다. 아브넬은 자기 멋대로 이스보셋을 왕으로 추대해서 이스라엘을 둘로 나누었습니다. 그러면서도 그 책임은 다윗에게 돌리려고 하고 있었던 것입니다.

그러나 이스라엘이 이렇게 두 왕이 생기고 두 개로 나누어진 것은 우연히 된 것이 아니었습니다. 이것은 이미 이스라엘 백성의 생각이 세상의 사상으로 물들여졌기 때문이었습니다. 즉 성경적 사상에 의하면 이스라엘의 왕은 하나님이시고, 왕은 하나님이 기름을 부어서 세우는 것이었습니다. 지금 이스라엘에 하나님의 기름 부으심을 받은 사람은 다윗 한 사람밖에 없었습니다. 그러나 세상 사상에 의하면 나라는 왕의 것이고 다음 왕은 왕의 아들이 되는 것이었습니다. 그러니까 어떤 이스라엘 백성에 의하면 사울의 아들 이스보셋이 왕이 되는 것은 당연했던 것입니다. 이미 이스라엘 백성은 세상의 물을 많이 먹어서 하나님 말씀의 통치가 재미없고 다윗은 믿을 수 없는 사람이라는 생각을 하고 있었던 것입니다.

우리는 예수 믿는 사람이나 장로님들은 생각이 다 똑같을 것이라고 생각하기 쉽습니다. 그러나 막상 구체적인 문제에 부딪치고 어려움이 생기면 열 사람의 생각이 다 다르고 백 사람의 생각이 다 다르다는 것을 알게 됩니다. 그런데 그 차이를 쉽게 생각하고 설득하려고 해보면 서로가 생각하는 것이 너무 달라서 도대체 무슨 소리를 하는지 알 수 없게 되는 것입니다.

길보아 산에서 사울의 세 아들이 죽었지만 사울의 아들은 또 남아 있었습니다. 그래서 사울의 세력은 다 망한 것이 아니었습니다. 이스라엘 나라는 망했지만 사울의 세력은 아직 남아 있었던 것입니다. 그리고 그것을 교묘하게 이용한 사람이 아브넬이었습니다. 결국 이스라엘이 하나 되어서 부흥이 일어나기를 바랐던 다윗의 생각은 너무나도 순진한 생각이었고, 이스라엘의 부흥은 더 멀어지게 되었습니다.

이때 다윗이 생각해야 할 것이 무엇이겠습니까? 굳이 억지로 이스라엘 전체를 하나 되게 하거나 혹은 이스라엘 전체를 부흥시키려고 할 필요가 없는 것입니다. 다윗은 자기가 맡은 유다 지파와 헤브론에서 부흥을 일으키면 결국 하나님께서는 북쪽 이스라엘과도 가까워지게 하시고 나중에는 이스라엘 전체가 하나 될 수 있는 것입니다.

2. 기브온 못가의 대결

아마도 다윗은 이스라엘 통일문제를 간단하게 생각했던 것 같습니다. 왜냐하면 지금까지 이스라엘은 부족으로 되어있지만 하나였기 때문입니다. 그래서 다윗은 사울의 시체를 장사한 길르앗 야베스 족속이 가장 골수 사울파이므로 그들만 잘 다독거리면 다른 지파들은 쉽게 자기를 따라와 줄 줄 생각한 것 같습니다. 그러나 사울의 군사령관 아브넬은 사울의 남은 아들 이스보셋을 왕으로 추대했고, 많은 이스라엘 백성이 이스보셋을 추종하게 되었습니다.

이때 다윗은 어떻게 해야 하는 것이 옳습니까? 하나 되지 못하는 것은 못하는 것이고 유다부터라도 기도하고 말씀을 붙들고 영적인 부흥이 일어나게 했어야 하는 것입니다. 그러나 다윗은 무엇을 어떻게 해야 할지 잘 몰랐던 것 같습니다. 다윗은 자기를 추종하지 않는 세력과 싸워야 할지 아니면 그냥 그대로 있기만 하면 저절로 이스라엘이 하나 되는 것인지 판단하지 못했습니다.

그때 다윗의 심복 부하들과 이스보셋의 심복 부하들이 기브온 못가에서 회동을 했습니다. 이 만남이 왕의 허락을 받은 것인지 아닌지 알 수 없습니다. 그러나 그들이 많은 숫자가 모인 것이 아니고 또 밤에 이동한 것을 보면 왕에게 보고도 하지 않고 요압과 아브넬이 자기 마음대로 모임을 가졌던 것 같습니다. 그런데 모인 숫자를 보면 적어도 중요한 군대 지휘관들은 다 모였던 것 같습니다. 이들이 기브온 못가에 왜 모였는지, 이스라엘 통일을 위해서 의논하려고 모였는지 아니면 힘센 장수들이 나와서 결투해서 지는 쪽이 항복하는 쪽으로 해결하려고 했는지 알 수는 없습니다. 이때 사울파는 마하나임에 본부를 두고 있었고, 다윗파는 헤브론에 본부를 두고 있었습니다.

이들은 어떻게 비밀 연락을 서로 주고받아서 양쪽의 중요한 지휘관들이 기브온 못가에서 모이게 된 것입니다. 이스라엘 쪽에서는 아브넬과 이스보셋의 심복들이라고 했습니다. 그리고 다윗 쪽에서는 요압의 세 형제가 모두 참가를 했습니다. 그들은 못을 중앙에 두고 한쪽은 사울파가 앉고 반대쪽에는 다윗파가 앉아서 서로 쳐다보고 있었습니다.

2:12-13, "넬의 아들 아브넬과 사울의 아들 이스보셋의 신복들은 마하나임에서 나와 기브온에 이르고 스루야의 아들 요압과 다윗의 신복들도 나와 기브온 못 가에서 그들을 만나 함께 앉으니 이는 못 이쪽이요 그는 못 저쪽이라"

아마 그들은 처음에는 점잖게 이야기를 시작했을 것입니다. 요압은 아브넬에게 "왜 너희는 너희 마음대로 이스보셋을 왕으로 세워서 이스라엘을 쪼개느냐?" 고 물었을 것이고, 아브넬은 요압에게 "왜 너희는 우리 허락도 받지 않고 다윗에게 기름을 부어서 왕으로 삼았느냐?" 고 따졌을 것입니다. 그러니까 아브넬은 이스보셋은 사울의 아들이기 때문에 당연히 왕이 되어야 한다고 대답했을 것이고, 요압은 다윗이 하나님의 기름 부음을 받은 자이기 때문에 당연히 왕이 되어야 한다고 답변했을 것입니다. 여기서 우리가 보게 되는 것은 하나님의 말씀을 중심한 사상과 세상적인 사상은 달라도 너무 다르다는 것입니다.

이것은 오늘도 마찬가지입니다. 하나님이 모든 사람을 사랑하신다는 것은 다 동의합니다. 그러나 예수의 피만 믿어야 구원이 있다고 생각하는 사람이 있는가 하면, 꼭 예수의 피를 믿을 필요는 없고 예수님을 좋은 선생님으로 생각하면 된다는 사람도 많이 있습니다. 또 부흥이라는 것은 오직 하나님의 말씀을 붙들고 기도에 전념해야 일어난다는 사람이 있는가 하면, 사람이 많은 곳에 큰 예배당을 짓고 좋은 프로그램으로 사람들을 유익하게 하면 많은 사람이 교회에 오게 되는 것이 부흥이라고 생각하는 사람도 있는 것입니다.

또 영원한 천국과 영생이 있다고 생각하는 사람이 있는가 하면, 이 세상에서 존경받으면서 도덕적으로 훌륭하게 사는 것이 신앙이라고 생각하는 사람도 있는 것입니다. 또 어떤 사람은 모든 인간은 다 타락했기 때문에 죄인이고 결코 신뢰해서는 안 된다는 사람이 있는가 하면, 인간의 마음속에는 도덕률이 있기 때문에 인간을 믿어주어야 한다는 사람도 있는 것입니다.

좌우간 요압과 아브넬의 이야기는 잘 풀리지 않았던 것 같습니다. 결국 대화로 이야기가 잘 풀리지 않으니까 한판 붙어야 하는데, 병사들은 모두 같은 이스라엘 사람들이니까 싸우려고 하지 않았습니다.

그때 요압과 아브넬은 우리가 심심하니까 그냥 있을 것이 아니라 게임을 한번 해보자고 제안했습니다. 그것은 "우리는 전쟁하는 군인들이니까 똑같은 숫자를 뽑아서 서로 머리를 잡고 허리를 칼로 찌르는 게임을 하자"고 한 것입니다. 그러니까 먼저 칼로 상대방을 찌르는 사람이 이기는 것이고 사는 것입니다. 그래서 다윗 군대와 이스보셋 군대 중에서 어느 쪽이 더 칼로 빨리 찌르는지 한번 해보자고 제안한 것입니다.

그래서 다윗과 아브넬 쪽에서 각각 가장 용감하고 칼을 잘 찌르는 사람 열두 명을 나오게 했습니다. 그래서 이 열두 명이 서로 마주 보고 서로 머리를 잡고 칼을 가지고 상대방의 옆구리를 찌르게 되는데 전부 똑같이 찌르는 바람에 스물네 명이 모두 쓰러져 죽고 만 것입니다. 참 이런 경우가 어려운데, 내가 상대방을 먼저 찌르지 않으면 상대방이 나를 찔러서 죽이는 것입니다. 즉 상대방을 죽이지 않으면 내가 죽는 것입니다. 이때 '너는 나를 찌르고 살아라. 나는 죽겠다'라고 양보하고 자기만 죽은 사람은 한 명도 없었습니다. 전부 같은 이스라엘 사람의 옆구리를 찔러서 모두 동시에 다 죽고 만 것입니다.

앉아 있던 군인들이 자기 친구들이 칼에 찔려 죽은 것을 보고는 가만히 있을 수 없었습니다. 그래서 모두 일어나서 칼을 들고 싸우기 시작했고 같은 이스라엘 백성 사이에 맹렬한 싸움이 일어나게 되었습니다. 이때 이긴 쪽은 다윗 쪽 군대였습니다. 하나님께서는 아주 작은 전투였지만 다윗의 부하들에게 힘을 실어주셔서 이기게 하셨던 것입니다.

3. 아사헬의 추격

아마 이 전투에서 가장 중요한 사람은 요압과 아브넬이었던 것 같습니다. 결국 우두머리가 죽으면 그 군대는 무너지게 되어 있기 때문에 사실 우두머리끼리 싸워야 하는데 자기들은 죽기 싫으니까 애매하게 부하들만 나가서 싸워서 죽게 했던 것입니다.

이때 요압의 막내동생 이름이 아사헬이었는데, 그는 달리기를 얼마나 잘하는지 들노루같이 빠르게 뛴다고 했습니다. 아마도 아사헬은 달리기를 엄청 잘했던 것 같습니다. 아사헬은 아브넬을 보고는 아브넬을 죽여야 이스라엘이 하나 될 수 있다고 생각했는지 아니면 형들에게 자기 실력을 인정받고 싶어서 그랬는지 알 수 없지만 오직 딱 한 사람, 아브넬만 추격했습니다.

2:18, "그 곳에 스루야의 세 아들 요압과 아비새와 아사헬이 있었는데 아사헬의 발은 들노루 같이 빠르더라"

아사헬은 달리기 하나는 누구보다 빨랐지만 그렇다고 해서 전투 경험이 많은 것은 아니었습니다. 사실 이스라엘 안에서 아브넬을 이길 수 있을 만한 실력이나 힘을 가진 사람은 거의 없었습니다. 요압도 싸움을 잘하기는 했지만 속임수를 쓰지 않고서는 아브넬을 이긴다고 말할 수 없을 정도로 아브넬은 칼싸움을 아주 잘하는 장수였던 것입니다. 그런데 다윗 편에서 전쟁에서 이기니까 아브넬의 군대는 도망을 치게 되었고, 아브넬도 같이 도망치게 되었습니다. 이때 아사헬은 자기가 달리기를 워낙 잘하니까 아브넬을 따라잡아서 죽이면 된다고 생각해서 좌로나 우로나 치우치지 않고 똑바로 아브넬만을 향해 추격했던 것입니다.

아브넬이 도망치면서 뒤를 보니까 아사헬이 총알같이 자기를 향해 좇아오고 있었습니다. 그러니까 아브넬이 뒤를 보고 아사헬에 "아사헬 너냐? 너는 나를 이길 수 없으니까 오른쪽이나 왼쪽으로 가서 다른 사람 하나 죽이고 공을 세워라. 만일 내가 너를 죽이면 어떻게 네 형 요압을 보겠느냐?" 고 말했습니다. 여기서 아브넬은 "네 형과 내가 모르는 사이도 아니고 또 만나게 되어있는데 너는 왜 그렇게 필사적으로 나만 따라오느냐?" 라고 하면서 자기가 또 다시 요압을 만나서 협상할 계획이 있는 것처럼 이야기했습니다. 이것을 보면 아브넬이 얼마나 교활하고 교묘한 사람인지 알 수 있습니다. 이스보셋을 왕으로 추대한 사람이 자기이면서 아브넬은 또 요압과 만나서 협상할 생각이 있다는 식으로 이야기했던 것입니다.

그런데 아사헬은 용감하고 빠르기만 했지 자기가 아브넬의 적수가 되지 못한다는 것을 생각하지 않았습니다. 즉 아사헬은 자기 혼자서만 공을 세우려고 다른 사람의 도움받을 생각을 하지 않았던 것입니다. 아사헬은 아직 나이가 어리고 앞길이 창창한 사람이었지만 너무 요령이 없었고 경험이 없었습니다. 그래서 아사헬은 아브넬의 뒤를 너무 바짝 붙어서 추격했습니다. 그러니까 아브넬이 자기가 들고 있는 창 뒤쪽 끝으로 아사헬의 배를 찔렀고, 아사헬은 뛰어가던 속도가 있으니까 그 창이 그의 배를 찌르고 등까지 꿰뚫고 나오면서 아사헬은 쓰러져 죽었습니다. 그렇지 않아도 아사헬은 아브넬의 적수는 되지 못했습니다. 다윗 쪽에는 아사헬이 사람들의 사랑도 많이 받았고 앞길이 유명한 청년이었습니다. 이런 아까운 청년이 아브넬 같은 노련한 장수의 손에 단번에 죽어버리니까 너무 아까워서 다윗 쪽 사람들은 아브넬 사람들을 추격하다가 멈추어 서게 되었습니다.

그런데 그의 형인 요압과 아비새가 너무 화가 나서 맹렬하게 아브넬을 추격했지만 아브넬은 만만하지 않았습니다. 이때 해가 지니까 아브넬은 산꼭대기에서 요압을 불러서 "언제까지 칼이 사람을 죽이기만 하겠느냐. 우리는 같은 형제인데 이 정도 싸우고 휴전하자" 고 제안했습니다. 요압도 생각해보니까 오늘 아브넬에게 복수하기에는 너무 늦었고 계속 싸우다가는 누가 누구인지도 모르고 서로 다 죽일 것 같으니까 나팔을 불어서 군대가 더이상 추격하지 않고 돌아오게 했습니다.

나중에 숫자를 헤아려보니까 다윗 쪽은 아사헬이 죽고 열아홉 명이 죽었습니다. 그 대신 아브넬 쪽은 삼백육십 명이 죽었습니다. 요압은 자기 멋대로 아브넬을 만나서 싸우는 바람에 아까운 자기 동생 아사헬만 죽었던 것입니다. 이것이 바로 요압의 생각이었습니다. 이들은 일단 해뜨기 전에 본부대에 돌아가야 했습니다. 아브넬은 남은 군인들을 챙겨서 밤새 걸어서 요단강을 건너 마하나임으로 돌아가고, 요압은 아사헬을 자기 조상의 묘까지 가서 거기 납골당에 장사 지내고 또 밤새도록 걸어서 해 뜰 때가 되어서야 헤브론에 도착했습니다.

이것이 바로 인간의 생각이었습니다. 그들은 당장 만나서 결판을 내어야 직성이 풀리는 것입니다. 그래서 말로 이기든지 아니면 끝까지 쫓아가서 상대방을 죽이고 항복을 받든지 해야 일이 된다고 생각했습니다. 그러나 하나님의 방법은 다릅니다. 하나님께서는 이스라엘 백성의 마음에 감동을 주셔서 모든 이스라엘 지파에서 몇천 명씩 심지어는 몇만 명씩 사울 집안을 버리고 다윗에게 오게 하심으로 다윗의 군대는 점점 강성해지게 되었습니다. 나중에는 베냐민 지파에서도 많은 사람이 다윗에게 넘어오게 됩니다. 그때 다윗이 "진짜 나를 도우러 오는 것이냐 아니면 나중에 나를 배반하려고 하는 것이냐?" 고 물었을 때 그들은 진심으로 당신 편이 되려고 하는 것이라고 대답을 했습니다.

모든 것이 당장 내 뜻이나 내 계획대로 되지 않아도 먼저 내 안에 부흥이 일어나면 하나님께서 강하게 하시고 이기게 하신다는 것을 믿으시는 성도들이 다 되시기 바랍니다.

05

아브넬의 야망

삼하 3:1-21

우리나라 대기업에 다니는 기술자 중에서 중국 회사로부터 스카우트 제의를 받는 사람들이 있습니다. 중국 회사에서 이 사람들에게 가기만 하면 월급도 몇 배나 올려주고 좋은 차도 주겠다고 유혹하니까 인생의 새로운 기회구나 생각해서 중국으로 가는데 가서 얼마 되지 않아서 그 회사에서 나가라고 한다는 것입니다. 그 이유는 그 회사는 그 사람을 통해서 한국 회사의 기술을 빼내고 방법을 알아내었으므로 더이상 이용가치가 없어졌기 때문입니다. 그래서 중국 회사의 달콤한 말에 속아서 기술만 뺏기고 회사에서 쫓겨나서 가지도 오지도 못하는 사람들이 있다고 합니다. 그래서 요즘 회사들은 자기 회사가 가지고 있는 고급 기술에 대한 단속을 많이 한다고 합니다. 아무리 복잡한 기술이라 해도 작은 칩 하나에 얼마든지 담아서 나갈 수 있기 때문입니다.

우리나라도 선거 때가 되면 국회의원이 되기 위해서 자기가 몸을 담았고 충성했던 당을 버리고 다른 당으로 넘어가기도 하고, 마음 맞는 사람들끼리 뭉쳐서 새 당을 만들기도 합니다. 그렇게 해서라도 국회의원이 되고 정치적인 세력을 더 오래 가지려고 욕심을 부리기 때문입니다. 사람들은 그렇게 하는 정치인들을 '철새 정치인' 이라고 합니다. 또 어떤 사람들은 이 나무 저 나무 자꾸 옮겨 다닌다고 해서 '원숭이 정치인' 이라 부르기도 합니다. 사실 그런 정치인들을 철새에 비유하는 것은 철새에게는 아주 모욕적인 발언입니다.

다윗은 사울이 죽으면 이스라엘은 자연스럽게 자기를 중심으로 하나 될 수 있을 줄 생각했던 것 같습니다. 그러나 하나님은 다윗을 사울 왕이 있던 기브아로 가라고 하시지 않고 헤브론이라는 변두리에 가서 7년 반을 기다리게 하셨습니다. 왜냐하면 사울 왕은 길보아 전투에서 죽으면서 이스라엘을 거의 다 망하게 했을 뿐 아니라 통치하면서 이스라엘의 부흥의 불을 꺼버렸기 때문입니다. 그래서 아무리 다윗이 왕이 된다고 해도 쉽게 그 불을 일으킬 수 없었습니다. 불이 꺼진 집에서는 아무것도 할 수 없습니다. 음식을 데울 수도 없고 방을 따뜻하게 할 수도 없고 따뜻한 물을 구해서 목욕도 할 수 없는 것입니다. 마찬가지로 이스라엘이나 교회에 부흥의 불이 꺼지면 서로 싸우고 말다툼하는 것 말고는 아무것도 할 것이 없습니다.

사울은 죽었지만 이스라엘은 여전히 다윗을 불신하고 배신자라고 의심하는 사람들이 적지 않게 있었습니다. 그중에서 가장 힘이 있으면서도 야망을 가진 자가 있었는데 바로 군사령관 아브넬이었습니다. 이 사람은 칼싸움이나 힘으로는 이길 사람이 없었지만 그는 곱게 다윗을 왕으로 세우기는 싫었습니다. 그래서 자기가 마음껏 쥐고 흔들 수 있는 사울의 살아남은 아들 이스보셋을 왕으로 세웠습니다. 물론 아브넬은 아무 힘이 없는 이스보셋을 마음대로 쥐고 흔들 수 있었습니다. 그러나 문제는 이스보셋이 너무 무능해서 재미도 없었고 비전도 없었던 것입니다.

다윗은 헤브론에서 중심을 잡은 것 같습니다. 그러니까 유다가 안정되면서 이스라엘이 차츰 회복되고 다른 지파에서도 다윗에게로 넘어오는 사람들이 엄청나게 많아지게 되었습니다. 모든 이스라엘 지파에서 웬만한 사람들은 다 다윗에게로 넘어왔습니다. 그러니까 이스라엘이 하나 되는데 가장 걸림돌이 되었던 아브넬조차도 마음이 흔들려서 다윗에게 넘어가려고 했습니다. 이것이 바로 하나님의 바람이 부는 것이었습니다.

1. 점점 강해지는 다윗

아마도 다윗과 사울의 부하들 사이에서는 계속 전투가 있었던 것 같습니다. 물론 다윗은 유다 전체와 이스라엘 전체가 싸우는 큰 전투는 어떻게 해서라도 피하려고 했기 때문에 큰 전쟁은 없었지만 작은 규모의 싸움은 계속되었던 것 같습니다. 우리나라와 북한 사이에도 6.25 이후에 전면적인 전쟁은 일어나지 않았지만 간첩을 보내서 싸운다든지 배를 침몰시킨다든지 소규모의 총싸움을 한다든지 하는 일들은 계속 있었던 것입니다.

그런데 놀라운 것은 다윗은 한 지파밖에 없었지만 점점 강해지고 사울의 집은 점점 약해져서 거의 껍데기만 남게 되었다는 점입니다.

3:1, "사울의 집과 다윗의 집 사이에 전쟁이 오래매 다윗은 점점 강하여 가고 사울의 집은 점점 약하여 가니라"

다윗은 자기가 하나님의 뜻을 따라서 이스라엘에 왔지만 오직 하나의 지파 유다 지파밖에 차지하지 못했습니다. 그리고 다른 지파들은 아직 다윗을 왕으로 받아들일 생각이 없었습니다. 그때 다윗은 실망하거나 하나님을 원망하지 않고 모든 것을 차근차근하게 하나님의 말씀대로 하기 시작했습니다. 다윗은 불이 꺼진 작은 집에 가서 물건들을 정리하고 청소를 깨끗하게 하고 불을 붙이는 것과 같은 일을 했던 것입니다. 다윗은 작은 헤브론이지만 모든 것을 하나님의 말씀대로 하고 기도에 힘쓰니까 부흥의 불이 일어나기 시작했습니다. 이것은 사람의 눈에는 보이지 않지만 얼마든지 느낄 수 있는 것이었습니다.

그래서 역대기를 보면 모든 이스라엘 지파에서 사람들이 수천 명 혹은 수만 명씩 심지어는 십만 명이 넘는 사람들이 다윗에게로 넘어간 것을 알 수 있습니다. 그래서 헤브론에는 사람들이 북적거렸고 굉장히 많은 사람이 다윗의 군대가 되려고 지원했습니다. 사람들이 헤브론으로 몰려오니까 어떤 사람들은 자진해서 먹을 양식을 가지고 오는 사람들도 있었습니다. 그래서 다윗이 있는 헤브론에서는 사람들이 넘쳐흘렀고 양식도 풍부했고 사람들의 사기도 아주 높았습니다. 거기에 비해 이스보셋이 통치하는 이스라엘은 사람들이 자꾸 빠져나갔습니다. 이스보셋이 너무 무능했고 모든 것이 엉망이었기 때문입니다. 그래서 사실 이스라엘은 거의 껍데기만 남다시피하고 똑똑하고 힘 있는 사람들은 다윗에게로 다 넘어가버린 것이었습니다.

그러나 다윗에게도 약점이 있었습니다. 이것은 사람들의 눈으로 보기에는 그럴 수도 있는 문제였지만 하나님의 눈으로 보기에는 장차 이스라엘의 큰 시험 거리가 될 수 있는 것이었습니다. 그것은 다윗의 여자에 대한 욕심이었던 것입니다. 다윗은 예쁘고 남편이 없는 젊은 여인만 보면 자기 여자로 만들어야 직성이 풀렸던 것입니다. 그래서 다윗은 이미 여러 여인을 부인으로 거느리고 있었습니다.

3:2-3, "다윗이 헤브론에서 아들들을 낳았으되 맏아들은 암논이라 이스르엘 여인 아히노암의 소생이요 둘째는 길르압이라 갈멜 사람 나발의 아내였던 아비가일의 소생이요 셋째는 압살롬이라 그술 왕 달매의 딸 마아가의 아들이요"

다윗이 헤브론에서 생활이 안정되고 나니까 부인을 여섯이나 데리고 살았습니다. 물론 사람은 누구든지 아름답고 멋있는 사람을 보면 관심을 가지게 되어있고 어떤 때는 정욕이 생길 때도 있을 수 있습니다. 그러나 하나님은 한 남자와 한 여자가 한 몸이 되어서 살라고 하셨고, 사실은 남녀가 사랑으로 연합하는 것이 가장 아름답고 행복한 것이었습니다. 그런데 다윗은 하나님의 율법을 그렇게 사랑한다고 하면서도 한 남자와 한 여자가 행복하게 사는 것을 알지 못했습니다. 그는 여자에 대하여 욕심이 많이 있었던 것입니다. 하기야 옛날이나 지금이나 중동 지방이나 아프리카 같은 곳에서는 일부다처제도가 있어서 돈 많은 사람은 여러 명의 부인을 데리고 살아갑니다.

아마도 다윗은 첫사랑이 행복하지 못했던 것 같습니다. 사람이 옷을 입으려고 하면 첫 단추를 바로 끼워야 하는데 다윗은 너무 명예욕에 빠져서 자기와는 너무 비교가 안 되는 왕의 딸 미갈을 사랑하고 결혼했지만 행복하지 못했던 것 같습니다. 미갈은 사상이 다윗과는 완전히 달랐기 때문입니다. 미갈은 하나님을 존중하지도 않았고 우상도 가지고 있었고 거짓말도 잘하고 콧대가 너무 높았습니다. 그러니까 그 후에 다윗은 몇 번이나 여자를 만나고 결혼하면서도 행복하지 않았던 것입니다. 그래서 하나님은 다윗의 결혼을 축복하지 않으셨습니다. 그래서 미갈은 자식이 없었고 다윗의 부인이 여섯 명인데 아이들도 여섯 명밖에 되지 않았습니다. 6명은 한 여자가 얼마든지 낳을 수 있는 숫자인데 다윗은 자식 복이 없었고 나중에 이 아들들이 대개 사고를 치면서 서로 죽이고 죽는 일이 그 가문에서 일어나게 됩니다.

다윗도 인간이기 때문에 잘생긴 여자를 보면 욕망이 생길 수도 있었습니다. 그러나 그가 왕의 신분이었기 때문에 그를 견제할 수 있는 사람이 없었던 것입니다. 사무엘이라도 있었으면 다윗에게 그렇게 해서는 안 된다고 했을지 모르겠지만 감히 누가 왕을 간섭할 수 있겠습니까? 그러니까 다윗의 부인은 점점 많아지게 되었습니다. 그래서 높은 자리에 올라간다고 하는 것은 참으로 두려운 일입니다. 왜냐하면 그에게 제재할 수 있는 사람이 없어지기 때문입니다. 다윗에게 부인이 여러 명이었다는 것은 그가 자기 절제하는 데 약점이 있었던 것을 보여주는 것입니다. 그러나 아무도 그를 제재할 수 없었던 것입니다.

2. 아브넬의 지나친 욕심

3:6, "사울의 집과 다윗의 집 사이에 전쟁이 있는 동안에 아브넬이 사울의 집에서 점점 권세를 잡으니라"

아브넬은 야망이 있는 사람이었습니다. 그는 사울 왕이 전쟁터에서 죽을 때 왕을 지켜야 할 책임이 있으면서도 혼자 살아서 돌아왔습니다. 그리고 나라를 자기 마음대로 쥐고 흔들기 위해서 무능하기 짝이 없는 이스보셋을 왕으로 세웠습니다. 아브넬은 모든 것을 자기 뜻대로 하니까 자기 생각이라면 이스라엘 안에서 못할 일이 없다고 생각했습니다. 그래서 결국 아브넬은 자기가 손을 대서는 안 되는 데까지 손을 대게 되었습니다. 그것은 바로 죽은 사울 왕의 첩이었습니다.

사울의 아들 이스보셋을 왕으로 세운 사람이 아브넬이니까 아브넬의 발언권은 강해질 수밖에 없었습니다. 그래서 이스라엘에는 사울의 아들 이스보셋이 왕으로 있었지만 실제로 모든 실권은 아브넬이 다 쥐고 흔들었던 것입니다. 아브넬의 권세가 점점 더 커지니까 아브넬은 드디어 더 큰 욕심을 가지게 되었습니다. 그것은 사울 왕이 데리고 있던 첩이 하나 있었는데 그 여자까지 손을 대었던 것입니다.

3:7, "사울에게 첩이 있었으니 이름은 리스바요 아야의 딸이더라 이스보셋이 아브넬에게 이르되 네가 어찌하여 내 아버지의 첩과 통간하였느냐 하니"

아브넬은 이스라엘 안에서 대단한 권력을 가지고 있었기 때문에 자기가 원하면 얼마든지 다른 여자를 첩으로 둘 수 있었습니다. 그러나 사람은 금지된 것에 훨씬 더 욕망을 느끼게 되어있습니다. 이것은 자식들이 부모가 하지 말라고 하면 더 하고 싶어지는 것이나 마찬가지입니다. 아마 이 리스바라는 여자는 젊고 아름다웠던 것 같습니다. 그러니까 아브넬이 욕심을 내고 있다가 어느 날 밤에 찾아가서 힘으로 했는지 아니면 거짓말로 꼬였는지 성관계를 가졌던 것입니다.

옛날에는 전 왕의 첩이나 부인은 아무도 손을 댈 수 없었습니다. 특히 이스라엘이나 중동 지방에서는 다음 왕이나 왕을 이긴 자만이 왕의 첩이나 부인을 가질 수 있었습니다. 그런데 아브넬이 왕의 신하이면서 사울 왕의 첩과 관계를 했다는 것은 자기가 실제적인 왕이든지 아니면 다음 왕이 되겠다는 야망을 품었다는 것을 보여주는 것입니다. 리스바는 자기가 아브넬에게 당했다는 것을 아마 집안에 이야기하고 왕인 이스보셋도 들었던 것 같습니다. 그런데 아무리 이스보셋이 바보 같다고 하더라도 아브넬이 자기 아버지의 첩을 건드리는 것은 참을 수 없었습니다. 그래서 이스보셋은 아브넬에게 사과를 받고 다시는 이런 일이 일어나지 않도록 다짐받으려고 아브넬에게 가서 "너는 왜 우리 아버지의 첩과 통간하였느냐?" 하며 따졌습니다.

그랬더니 그렇지 않아도 아브넬은 이스보셋을 바보 취급하고 우습게 알고 있었는데 이 바보 같은 것이 자기를 찾아와서 따지니까 "너는 나를 유다의 개머리로 생각하느냐?"고 하면서 도리어 불같이 화를 냈습니다. 옛날 개역성경에는 "개대강"이라고 했는데 개들 중에서 두목을 말하는 것입니다. "너는 내가 유다가 부리는 개두목인 줄 아느냐? 내가 너희 아버지가 죽고 나라가 망한 중에 너를 뽑아서 왕으로 세웠는데 여자 하나 건드렸기로서니 네가 나에게 와서 그것 가지고 따지느냐?"고 했습니다.

사실 아브넬의 가치는 개 중에서 두목밖에 되지 못했습니다. 그의 눈에는 왕도 보이지 않았고 왕의 첩도 보이지 않았던 것입니다. 아브넬이 얼마나 이스보셋을 우습게 알았던지 "나는 하나님이 다윗에게 맹세하신 대로 다윗에게 가서 이 나라를 다윗에게 넘겨주겠다"고 했습니다. 사실 누구라도 왕 앞에 가서 이 나라를 다른 사람에게 넘겨주겠다고 말하는 것은 반역이고 당장 죽임을 당할 수밖에 없을 것입니다. 그러나 아브넬이 너무 세력이 강하고 이스보셋은 무능했기 때문에 아브넬이 자기 앞에서 나라를 다윗에게 넘겨주겠다고 말하는데도 이스보셋은 아무 말도 하지 못했습니다.

3:11, "이스보셋이 아브넬을 두려워하여 감히 한 마디도 대답하지 못하니라"

이것을 보면 아브넬이 얼마나 무가치한 사람이며 얼마나 믿어서는 안 되는 사람인지를 알 수 있습니다.

3. 하나님의 바람

아브넬이 이스보셋 앞에서 이스라엘 나라를 다윗에게 넘기겠다고 큰소리친 것은 그냥 단순한 협박이나 공갈이 아니었습니다. 그는 이제 이스보셋은 껍데기만 남은 허수아비이고 너무나도 무능하고 비전이 없는 사람이라는 것을 알았던 것입니다. 그렇기 때문에 그는 다윗과 협상하려고 전령들을 다윗에게 보내었습니다.

3:12, "아브넬이 자기를 대신하여 전령들을 다윗에게 보내어 이르되 이 땅이 누구의 것이니이까 또 이르되 당신은 나와 더불어 언약을 맺사이다 내 손이 당신을 도와 온 이스라엘이 당신에게 돌아가게 하리이다 하니"

아브넬은 지금까지 다윗이 이스라엘의 왕이 되지 못하도록 방해했던 사람이었습니다. 그는 사울의 아들을 왕으로 세워서 자기 마음대로 주물럭거리다가 이제는 다윗과 연합하려고 했습니다. 그런데 여기서 중요한 것은 아브넬이 다윗의 부하가 되겠다는 것이 아니라는 것입니다. 아브넬은 하나님이 다윗을 이스라엘 왕으로 약속하셨기 때문에 무조건 복종하겠다는 것이 아니라 자기와 협상을 하자는 것이었습니다. 여기서 자기와 협상을 하자는 것은 자기의 지분을 인정해 달라는 뜻입니다. 즉 자기를 군사령관 시켜주든지 아니면 몇 지파를 다스릴 권한을 주든지 아니면 다음 왕이 되게 하겠다고 약속하든지 하여간 자기 지분을 인정해 달라는 것이었습니다.

그런데 다윗은 이것을 좋다고 생각했습니다. 왜냐하면 다윗은 어떻게 해서든지 이스라엘이 하나 되고 서로 싸우지 않는 것이 하나님의 뜻이라고 생각했기 때문입니다. 사실 아브넬이 다윗에게 붙으려고 한 것은 하나님께서 다윗 쪽으로 바람이 불게 하셨기 때문입니다. 다윗이 헤브론에서 하나님의 말씀대로 정의롭게 나라를 다스리니까 백성의 마음이 다윗에게 쏠리게 되고 많은 사람이 다윗에게 넘어가니까 아브넬도 이 기회를 놓쳤다가는 자기도 죽임당할지 모른다고 생각한 것입니다.

그런데 이때 다윗이 아브넬에게 한 가지 조건을 제시하는데, 그 조건은 쉽게 납득되지 않는 것이었습니다.

3:13, "내가 너와 언약을 맺거니와 내가 네게 한 가지 일을 요구하노니 나를 보러올 때에 우선 사울의 딸 미갈을 데리고 오라 그리하지 아니하면 내 얼굴을 보지 못하리라 하고"

이때는 이스라엘이 하나 되느냐 안 되느냐 하는 것을 결정하는 아주 중요한 순간이었습니다. 그러나 다윗이 아브넬에게 한 제안은 우리가 하나님을 믿는 믿음으로 하나 되자고 하든지 아니면 영적인 부흥을 가장 중요한 과제로 생각하자든지 하는 것이 아니었습니다. 다윗은 협상의 가장 중요한 조건으로 자기 부인 미갈을 데리고 와야 한다는 것을 제안했던 것입니다.

미갈은 다윗의 첫사랑이었고 첫 부인이었지만 사울 왕에 의해서 강제로 이혼했고 그 당시는 다른 남자와 결혼해서 살고 있었습니다. 율법에 의하면 아내를 한번 내보내었다가 다른 남자와 살고 있는 아내는 다시 관계하지 못하게 되어있었습니다. 이것이 하나님의 율법이었습니다. 그러나 하나님의 율법을 그렇게 사랑하는 다윗도 여자 문제에 있어서는 하나님의 말씀대로 살지 않았습니다. 다른 남자와 살고 있더라도 미갈을 데리고 와야 만나겠다는 것이었습니다. 이것을 보면 다윗이 여자에 대해 얼마나 집착하고 있었고 절제가 되지 않았는가 하는 것을 알 수 있습니다. 아브넬의 반응이 신통치 않았는지 다윗은 이스보셋에게 사신을 따로 보내었습니다. 미갈을 돌려달라고 하면서 미갈은 자신이 블레셋 사람들 생식기 백 개로 결혼한 여자라고 했습니다.

이때 이미 이스보셋은 아무 힘이 없었기 때문에 사람을 보내어 미갈의 남편에게 너의 부인 내놔라고 했습니다. 이 남편도 미갈을 좋아했지만 힘은 없고 미갈을 주지 않을 수도 없으니까 울면서 미갈을 따라갔습니다. 그러나 아브넬이 돌아가라고 하니까 결국 울면서 돌아가고 말았습니다. 다윗은 이 중요한 순간에 미갈을 내놓으라고 했던 것입니다. 하나님께서 사람들을 보내시고 악한 아브넬의 마음까지 돌이키시는 것을 보면 미갈은 나중에라도 얼마든지 만날 수 있는 문제였는데 다윗은 첫사랑 미갈을 만나는 것이 급했던 것입니다. 다윗은 부인이 여섯 명이나 있는데도 미갈을 만나는 것이 나라만큼이나 중요했던 것입니다.

그러나 미갈도 변해있었습니다. 이 세상에 정지 상태로 가만히 있는 사람은 아무도 없습니다. 벌써 몇 년 지나면 얼굴도 늙게 되고 순수한 마음도 없어지게 되는데 다윗은 아직 미갈이 그대로 있는 줄 생각했던 것입니다. 옛날 그대로 남아 있는 것은 책갈피 속에 끼워놓은 흑백 사진밖에 없습니다. 늙지도 않고 변하지도 않고 사진 색깔만 퇴색된 채 그대로 남아 있습니다. 그러나 그런 사람은 없는 것입니다.

이제 아브넬은 다윗을 위하여 적극적으로 움직이기 시작했습니다. 아브넬의 말을 들어보면 이스라엘 장로들 중에서도 다윗을 왕으로 세우게 해 달라고 요구한 사람들이 있었던 것을 알 수 있습니다.

3:17, "아브넬이 이스라엘 장로들에게 말하여 이르되 너희가 여러 번 다윗을 너희의 임금으로 세우기를 구하였으니"

장로들 중에서도 하나님의 말씀을 기억하는 자는 이 무능한 이스보셋보다는 하나님께서 약속하신 다윗이 왕이 되어야 한다고 생각하는 사람들이 있었습니다. 그러나 처음부터 그랬던 것은 아니고 몇 년이란 세월이 지나면서 부흥이 일어나니까 그들의 마음이 변한 것이었습니다. 아브넬은 이스라엘 장로들에게 너희들이 원하는 대로 다윗을 왕으로 세우라고 했습니다. 그리고 이스라엘 지파 중에서 가장 설득하기 어려운 지파가 사울이 속한 베냐민 지파였는데, 아브넬은 이 베냐민 지파도 다윗에 대하여 좋은 말을 해서 설득을 시켰습니다.

이제는 다윗과 이스라엘이 합칠 수 있는 준비가 거의 다 되었습니다. 그래서 아브넬은 부하 이십 명만 데리고 다윗에게 가서 준비가 다 되었다고 하면서, 자기가 이스라엘 모든 지파를 다 모아서 왕과 언약을 맺게 하겠다고 장담합니다. 그러니까 다윗이 잔치를 열어서 아브넬을 대접했습니다. 그러나 이것을 다 깬 사람이 바로 요압이었습니다. 요압은 아브넬이 자기 동생 아사헬을 죽였기 때문에 앙심을 품고, 돌아가는 아브넬을 불러서 칼로 찔러 죽였습니다. 그래서 거의 다 되어가던 이스라엘이 하나 되는 것은 요압 때문에 다시 수포가 되게 되었습니다.

좌우간 다윗에게 부흥이 일어나면서 하나님의 바람이 불게 되었습니다. 그리고 하나님의 바람이 부니까 사람의 힘으로 안 되던 것이 하나님의 힘으로 이루어지게 되었습니다. 그러나 결국 모든 사람은 약점이 다 있습니다. 돈에 약점이 있는 사람이 있고 이성에 약한 사람이 있고 술이나 도박에 약한 사람이 있습니다.

자기 마음대로 모든 것을 할 수 있다고 무조건 좋은 것이 아닙니다. 이것은 교만한 것이고 교만은 멸망의 앞잡이입니다. 아직 다윗에게는 더 시간이 필요한 것을 보게 됩니다. 우리가 아무리 인간적으로 노력해도 하나님의 때가 안 되면 실패할 수밖에 없습니다. 우리는 하나님의 때를 기다릴 수 있어야 합니다.

06

아브넬의 죽음

삼하 3:22-39

때때로 모든 것이 뜻대로 다 되었다고 생각하는 순간 아주 작은 문제가 터지면서 그동안 쌓아 올렸던 공든 탑이 한순간에 무너져내리는 경우가 흔히 있습니다. 얼마 전 우리나라 어느 도시에서 큰 회사 물류창고를 짓는데 건물을 거의 다 짓고 오픈하기 바로 직전에 마지막 폴리우레탄 작업을 하는 중에 불꽃이 튀면서 건물 전체를 다 태우는 바람에 38명이나 죽는 대화재가 발생한 적이 있습니다. 건물은 다 지어졌고 모든 전자장치도 잘 설치되었고 바닥 처리만 하면 되는데, 그만 작은 불꽃 하나가 튀는 바람에 건물도 다 태워버리고 사람도 많이 죽었던 것입니다. 타 버린 건물도 그렇지만 갑자기 죽은 사람들을 어떻게 살려낼 수 있겠습니까?

목회자 중에도 이런 일들은 종종 있습니다. 어떤 분은 아주 유능해서 60세 되기도 전에 부총회장으로 당선되어 본인도 기뻐하고 교인들도 기뻐했습니다. 그런데 이 사람이 부총회장으로 있으면서 교만한 마음이 들었던 것 같습니다. 그래서 아는 목회자들과 함께 노래방을 갔는데 그곳은 술도 팔고 서비스하는 여자도 들어오는 노래방이었던 것 같습니다. 그 사실을 같이 갔던 사람이 폭로하는 바람에 그 사람은 일 년 내내 시달리고 모든 크리스천으로부터 타락한 총회장이라는 비난을 받고 나중에는 시무하던 교회에서도 사임해야 했습니다. 그는 평생 잘 달리는 것 같았지만 끝에 가서 한 가지 행동을 잘못하는 바람에 한평생 이루어놓은 것을 다 망쳐버리고 말았습니다.

어떤 젊은 목사는 얼마나 유능하고 열심이 많았는지 책만 쓰면 베스트셀러가 되었고 교인들도 젊은이만 이만 명 정도가 되었습니다. 그는 젊은이 사역을 잘하는 분으로 아주 유명했습니다. 키도 크고 말도 잘하고 운동도 얼마나 많이 하는지 자전거 전도사라고 할 정도로 자전거도 잘 탔습니다. 사람들은 그가 다음 세대에 한국 교계를 이끌 사람 중의 하나라고 칭찬하기도 했습니다. 그러나 그가 교만한 마음이 생겨서 교회의 여성 청년과 잘못된 관계를 갖는 바람에 우리나라에서 가장 욕을 많이 먹은 타락한 목사가 되었습니다. 이것이 바로 우리 인간이 가지는 한계입니다.

우리는 어떤 일이 잘되었다고 생각했는데 일이 완성되기 직전에 전혀 생각하지도 못했던 사고가 터지면서 모든 것이 쫄딱 망해버리는 경우가 많은 것입니다. 여기서 우리가 생각하게 되는 것은 과연 우리의 인생이 이런 식으로 실컷 고생하고 난 후에 갑자기 망하지 않을 수 없느냐 하는 것입니다.

다윗은 사울이 죽은 후에 하나님이 헤브론으로 가라고 하셔서 갔지만 이스라엘 전체의 왕이 되지는 못했습니다. 그 대신 사울의 군사령관이었던 아브넬이 사울의 아들 이스보셋을 왕으로 세우는 바람에 이스라엘에 두 왕이 생기게 되었고, 다윗은 여전히 이스라엘 열두 지파 중의 하나인 유다 지파의 왕에 불과했습니다. 그런데 하나님은 아브넬의 교만을 사용하셨습니다. 아브넬은 자기가 이스라엘에서는 왕이나 마찬가지이니까 마음이 점점 교만해졌습니다. 이스보셋은 너무 무능해서 왕이긴 하지만 제구실을 하지 못하고 있었기 때문입니다.

그래서 아브넬은 왕이나 마찬가지의 권력을 가졌기 때문에 죽은 사울의 첩 리스바와 관계를 했습니다. 그러니까 바보 같은 왕 이스보셋이라도 이것은 참을 수 없었는지 아브넬에게 "네가 왜 우리 아버지의 첩을 건드리느냐?" 하면서 따졌습니다. 이 말에 화가 머리끝까지 난 아브넬은 "내가 너를 죽는 자리에서 꺼내어서 왕으로 세웠는데 여자 하나를 가지고 나더러 잘못했다고 하니 나는 이제부터 다윗을 이스라엘 왕으로 만들겠다"고 하면서 아예 이스보셋 얼굴에 대놓고 배반하겠다고 큰소리쳤습니다. 그리고 아브넬은 말만 그렇게 한 것이 아니라 실제로 이스라엘을 돌아다니면서 다윗이 진짜 왕이라고 선전하고 철저한 사울파였던 베냐민 지파까지 설득해서 다윗을 찾아갔습니다.

이때 다윗에게도 문제가 있었던 것을 보게 됩니다. 다윗은 '아, 인간이 할 수 없는 일을 하나님께서 하시는구나. 끝까지 사탄이 틈타지 못하도록 기도해야 겠다'라고 생각하고 기도해야 했는데, 아브넬과의 협상에서 오히려 자신의 첫사랑 미갈을 데려와야 한다는 무리수를 두고 말았습니다. 다윗은 아마 자기가 이스라엘의 왕이 되려고 하면 옛날 자기 부인 미갈이 와야 한다고 생각했던 것입니다. 여기에는 하나님의 영광도 찾아볼 수 없고 기도나 겸손도 찾아볼 수 없었습니다. 그때 생각지도 못했던 불상사가 터지면서 이스라엘이 하나 되는 꿈은 물거품이 되어버립니다.

1. 아브넬의 경솔한 행동

아브넬은 이스라엘의 최고의 무사였습니다. 그래서 아브넬과 정면으로 붙어서 이길만한 사람은 이스라엘 안에는 없었습니다. 그러나 그는 교만한 것이 흠이었습니다. 아브넬은 다윗이 자기보다 부족하다고 생각했는지 하나님의 말씀에도 불구하고 다윗을 왕으로 세우는 것을 거부했습니다. 그래서 세상적인 사고방식을 따라서 사울의 살아남은 아들 이스보셋을 왕으로 세워서 자기 마음대로 이스라엘을 주물렀습니다. 아브넬은 이스라엘의 뛰어난 용사였고 사울의 군사령관이었지만 이스라엘이 전쟁에 패배하고 자기가 모시던 왕이 죽었다면 좀 더 자숙하고 입을 다물고 있는 것이 현명했을 것입니다.

그러나 아브넬이 힘은 세고 칼싸움은 잘하는지 몰라도 신중한 사람은 되지 못했습니다. 그래서 요압을 불러서 기브온 못가에서 괜히 쓸데없이 한판 붙자고 하는 바람에 요압의 동생 아사헬을 죽이게 됩니다. 요압은 세 형제가 있었는데 형제의 우애가 아주 좋았습니다. 그러니까 괜히 아브넬은 기브온 못가에서 싸울 필요도 없는 싸움을 하느라고 요압과 철천지원수가 된 것입니다. 그런데 대개 상처를 준 사람은 자신이 남에게 상처를 주었다는 것을 금방 잊어버리지만 상처받은 사람은 그 상처받은 것을 절대로 잊지 못할 때가 많이 있습니다. 아브넬은 자기가 요압의 동생을 죽인 것을 그렇게 심각하지 생각하지 않았던 것 같습니다.

그리고 아브넬은 자기가 이스보셋을 왕으로 세웠으면 자기가 아무리 힘이 있다고 해도 신하의 선을 넘지 말아야 했습니다. 그러나 그는 자기가 왕보다 강하다고 생각했는지 죽은 왕 사울의 첩 리스바와 통간했습니다. 이것은 자기가 왕이나 마찬가지라는 뜻이었습니다. 그러니까 이스보셋이 아브넬을 찾아가서 이를 따지니까 "내가 개 두목인 줄 아느냐?" 고 하면서 이 나라를 다윗에게 바치겠다고 공언한 것입니다. 아브넬이 지금까지 다윗에게 그렇게 가시 노릇을 하다가 마음이 180도 바뀌어서 다윗에게 나라를 바치겠다고 한 것은 사울의 첩과 관계해서 욕을 먹고 이미지가 나빠졌기 때문이었습니다.

아브넬이 이제는 이스라엘에서 단물 다 빨아먹고 나니까 재미가 없고 또 사울의 집이 자꾸 기울어져 가니까 이제 다윗의 집에서 한자리를 해보려고 이스라엘을 하나로 합치자고 한 것이었습니다. 즉 아브넬은 지금까지 이스라엘의 군사령관을 한 것으로 만족하지 못하고 더 오래 사령관을 할 욕심으로 나라를 합치자고 제안한 것이었습니다.

그러나 하나님은 악한 자도 도구로 쓰시는 하나님이십니다. 아브넬은 자기 나름대로 이스라엘을 하나로 합치기 위해 노력을 많이 했습니다.

그래서 이스라엘 장로들을 찾아가면서 다윗이 왕이 되어야 한다고 설득도 하고, 베냐민 지파도 설득하고, 다윗이 요구한 조건으로 내세운 미갈도 찾아서 남편을 쫓아버리고 다윗에게 데려다주었습니다. 이제는 다윗도 만족했는지 아브넬을 잘 대접해서 큰 잔치를 배설하고 편안하게 보내었습니다. 그런데 아브넬이 헤브론에 와 있는 동안 그 자리에 요압이 없었습니다. 요압은 여전히 다른 부족들을 약탈하러 갔던 것입니다.

3:22-23, "다윗의 신복들과 요압이 적군을 치고 크게 노략한 물건을 가지고 돌아오니 아브넬은 이미 보냄을 받아 평안히 갔고 다윗과 함께 헤브론에 있지 아니한 때라 요압 및 요압과 함께 한 모든 군사가 돌아오매 어떤 사람이 요압에게 말하여 이르되 넬의 아들 아브넬이 왕에게 왔더니 왕이 보내매 그가 평안히 갔나이다 하니"

일단 아브넬은 절묘한 때에 다윗을 찾아와서 요압과 충돌하지 않고 무사히 돌아갈 수 있었습니다. 여기까지는 정말 하나님의 은혜대로 일이 순조롭게 잘 진행되고 있었습니다. 그런데 아브넬이 떠나고 난 후 요압이 약탈하고 돌아와서 아브넬이 여기에 왔다가 아무 일 없이 잘 돌아갔다는 말을 듣게 되었습니다.

2. 아브넬의 죽음

아브넬은 일단 일을 잘 마치고 돌아가는 중이었더라면 서둘러서 자기 성으로 돌아갔어야만 합니다. 왜냐하면 중요한 일에는 항상 생각하지 못했던 변수가 생겨서 일을 망치기 때문입니다. 그러나 아브넬은 중간에 있는 우물가에서 쉬고 있었습니다. 그러다가 요압이 보낸 부하들이 와서 다시 부른다고 하니까 당장 따라갔다가 죽게 됩니다.

요압은 아마도 다윗도 자기와 같은 생각을 가졌다고 생각한 것 같습니다. 지금까지 아브넬은 다윗으로 하여금 이스라엘 왕이 되지 못하도록 가시 노릇을 해왔고, 또 자기 동생 아사헬까지 죽였으니까 아무리 이스라엘을 합치러 왔다고 해도 다윗이 아브넬을 죽이든지 자기가 올 때까지 잡아 가두어 놓을 것이라고 생각했던 것 같습니다.

그러나 다윗이 아브넬을 평안히 보내었다는 말을 듣고 요압은 불같이 화를 내게 됩니다. 왜냐하면 아브넬은 자기 동생을 죽인 원수이기 때문입니다. 그래서 요압은 일단 다윗을 찾아가서 "아브넬이 온 것이 좋은 의도인 줄 아십니까? 아브넬은 왕을 속여서 이스라엘을 합치는 체하고 헤브론을 정탐하러 온 것입니다"라고 비난하는 말을 했습니다. 그리고 요압은 다윗의 허락도 받지 않고 자기 멋대로 부하를 보내어서 이미 돌아가고 있는 아브넬을 다시 데리고 오라고 했습니다.

3:26, "이에 요압이 다윗에게서 나와 전령들을 보내 아브넬을 쫓아가게 하였더니 시라 우물 가에서 그를 데리고 돌아왔으나 다윗은 알지 못하였더라"

아브넬이 더 빨리 자기 나라로 돌아갔더라면 좋았을 텐데, 그는 우물가에서 쉬고 있었습니다. 그냥 우물가에서 물만 마시고 부지런히 가버렸다면 요압의 부하들을 만나지 않을 수도 있었을 것입니다. 그래서 하나님은 선지자를 보내실 때도 절대로 대접을 받지 말고 심지어 물도 마시지 말고 갔던 길로 가지 말고 다른 길로 돌아오라고 말씀하실 때가 많은 것입니다. 왜냐하면 일이 잘되어가다가 사탄이 틈탈 때가 있기 때문입니다.

이스라엘의 여로보암 왕이 금송아지를 만들어서 제사 지낼 때 하나님은 한 선지자를 보내셔서 "떡이나 물도 마시지 말고 갔던 길로 오지 말고 다른 길로 오라"고 명령하셨습니다. 그 선지자는 여로보암의 팔을 낫게 했고 자기 집에 가자는 요청은 거절했지만, 중간에 늙은 선지자가 자기도 선지자라고 하면서 하나님이 천사를 보내어서 대접하라는 말을 했을 때 가서 음식을 먹고 오다가 사자에게 물려 죽게 됩니다. 또 아기 예수님을 찾아갔던 동방의 박사들은 아기 예수를 만난 후 천사로부터 돌아갈 때 다른 길로 돌아가라는 지시를 받고 딴 길로 돌아가게 됩니다. 헤롯이 자기에게 아기가 있는 곳을 알려달라는 말이 거짓말이고 아기를 죽이려고 계획하고 있었기 때문입니다.

그런데 아브넬은 신중하지 못했습니다. 그는 시라 우물가에서 쉬고 있었습니다. 그리고 더욱 그가 신중하지 못했던 것은 요압이 전령들을 보내어서 왕이 다시 보자고 한다고 해서 아무 의심 없이 다시 돌아온 것이었습니다. 그가 좀 신중한 사람이었다면 요압과 자기는 원수라는 것을 알고 일단 일차로 이야기가 끝났으니까 돌아가지 않았을 것입니다. 만일 더 할 말이 있다면 다음에 다시 정식으로 만나서 이야기하면 될 것입니다. 그러나 아브넬은 다윗이 오라고 한다고 해서 다시 돌아갔습니다. 또 무엇인가 선물을 주려고 하는가 하는 기대가 있었기 때문입니다. 아브넬은 조심성이 없고 탐욕만 있는 사람이었습니다. 사실 요압이 없을 때 갔다 온 것은 하나님의 특별한 은혜인데 또 무엇이 있는가 해서 갔다가 요압을 만나게 되었던 것입니다.

다윗은 어떻게 해서라도 이스라엘 전체가 하나로 통일되는 것을 생각하고 있었지만, 요압은 개인적인 복수심이 강했습니다. 그래서 아브넬이 돌아오자 조용히 무슨 할 말이 있는 것처럼 성문 안으로 데리고 들어가서 방심한 틈을 타서 칼로 배를 찔러 죽여 버렸습니다. 지금 아브넬은 이스라엘을 하나로 만드는 일에 앞장서서 다윗에 대한 이스라엘 장로들의 오해를 없애려고 노력하고 있었는데, 아브넬이 다윗을 찾아갔다가 죽어 버리니까 이스라엘을 하나로 만들려고 하는 계획은 잘되어가다가 끝에 가서 완전히 실패로 끝나고 말았던 것입니다.

여기서 중요한 것이 바로 이것입니다. 우리 인간이 실수 없이 이런 계교에 넘어가지 않을 수는 없느냐 하는 것입니다. 아무리 다윗이라고 해도 허점이 없을 수 없습니다. 또 다윗은 자기도 모르는 가운데 요압이 사람을 보내어서 아브넬을 불러 칼로 찔러 죽일지는 꿈에도 생각하지 못했습니다. 그래서 우리에게는 언제나 기도의 용광로에 불이 붙어있어야 합니다. 기도의 용광로가 불이 붙어있으면 설사 실수를 하고 누군가가 악한 의도로 방해하려고 해도 하나님이 막으십니다.

그러나 아브넬이 이스라엘을 통일시키려고 한 것은 순전히 인간적인 노력이었습니다. 그는 사울 왕의 첩을 건드리고 욕을 먹으니까 기분이 나빠서 다윗에게 붙으려고 한 것이고, 또 다윗은 하나님에게 묻는 것보다는 옛날 애인 미갈을 찾는데 더 신경을 쓰고 있었습니다. 그리고 요압은 왕도 겁내지 않고 오직 자기 동생의 죽음을 복수하는 일에 정신이 빠져있었던 것입니다. 우리는 인간인 이상 약점이 없을 수 없습니다. 결국 인간적인 노력으로 하는 것은 우연찮은 일로 인해 실패할 수밖에 없습니다.

아마 이번에 많은 인간적인 계획을 세웠던 사람 중에 생각지도 않았던 코로나바이러스 때문에 실패한 분들이 많이 있을 것입니다. 도쿄 올림픽도 연기되었습니다. 미국의 야구대회나 유럽의 축구대회 모두 중단되었습니다. 단지 한국 프로야구만 무관중으로 야구 하고 있습니다. 우리 인간의 머리나 꾀로는 한계가 있고 언젠가는 그 정체가 드러날 때가 있습니다. 그래서 아직 다윗의 때는 멀었던 것입니다. 아직 다윗은 이스라엘 전체의 왕이 되기에 빠른 것이었습니다.

3. 다윗의 신중한 행동

다윗은 아브넬이 자기 부하 요압에 의해서 죽었다는 말을 듣고 심각해지게 되었습니다. 다윗은 요압이 자기에게 말도 하지 않고 자기 멋대로 아브넬을 불러서 칼로 찔러 죽인 것을 보고 놀랐습니다. 그러나 다윗은 요압을 죽일 수 없었습니다. 왜냐하면 자기 부하들이 거의 다 요압의 부하였기 때문입니다. 다윗이 만일 요압을 죽이면 다른 이스라엘 사람들은 좋아하겠지만 자기 부하들이 다윗을 배신할 것입니다. 그렇다고 해서 다윗이 요압을 그대로 두면 그렇지 않아도 이스라엘 모든 장로들은 다윗이 자기를 죽일 것이라고 의심하고 있는데 더 의심하게 될 것입니다. 이때 다윗은 모든 것을 하나님께 맡기고 자기가 할 수 있는 범위 안에서 최선을 다해서 아브넬의 장례를 치렀습니다.

우선 다윗은 요압을 저주했습니다. 왜냐하면 전쟁 때도 아닌데 과거의 원한을 가지고 평화를 위해서 찾아온 아브넬을 죽였기 때문입니다. 물론 아브넬이 지금까지 한 행동이 잘한 것은 아니었습니다. 그러나 다윗은 그런 것을 생각하지 않았습니다. 다윗은 자기가 하나님이나 되는 것처럼 모든 잘잘못을 따지려고 하지 않았고, 단지 지금 그가 이스라엘의 평화를 위해서 왔다는 사실만 생각했습니다. 그리고 요압이 아무리 자기가 신뢰하는 부하라고 하지만 아브넬을 죽인 것은 잘못이라고 하면서, 그 피가 자기 머리로 돌아갈 것이며 그 후손 중에서 병자나 거지들이 그치지 않을 것이라고 저주했습니다.

그리고 이미 아브넬에 의해서 이스라엘이 하나 되는 것은 물 건너간 일이 되고 말았지만, 그럼에도 다윗은 아브넬을 위해 정성을 다해서 장례를 치렀습니다. 다윗은 자기 옷을 찢고 백성에게도 허리에 굵은 베를 띠라고 하며 애곡하면서 상여를 따라갔습니다. 그리고 아브넬의 무덤 앞에서는 소리를 높여서 울었습니다.

다윗은 아브넬을 위하여 애가도 지었습니다.

> 3:33-34, "왕이 아브넬을 위하여 애가를 지어 이르되 아브넬의 죽음이 어찌하여 미련한 자의 죽음 같은고 네 손이 결박되지 아니하였고 네 발이 차꼬에 채이지 아니하였거늘 불의한 자식의 앞에 엎드러짐 같이 네가 엎드러졌도다 하매 온 백성이 다시 그를 슬퍼하여 우니라"

온 백성에게 그 애가를 따라 하게 했습니다. 그리고 다윗은 맹세하기를 해가 지기 전에는 물이나 음식을 먹지 않겠다고 했습니다. 물론 다윗을 의심하는 자들 중에는 다윗이 이렇게 하는 것은 쇼라고 생각하는 사람도 있었을 것입니다. 그러나 다윗은 남이야 어떻게 생각하든지 간에 이번 실패를 통해서 하나님 앞에서 진실하기를 원했습니다.

그런데 이때 작은 유혹의 사건이 있었습니다. 그것은 누군가가 다윗 왕의 건강을 생각한다고 하며 해가 지려고 할 때 다윗에게 음식을 먹으라고 권한 것입니다. 지금 해가 지려고 하고 있었기에 어떻게 보면 해가 진 것이라고 할 수도 있었습니다. 그러나 다윗은 다시 맹세하기를 해가 완전히 지기 전에는 떡을 먹지 않겠다고 했습니다. 이것을 본 백성은 '다윗 왕이 단지 쇼로 슬퍼하는 것이 아니라 진심으로 아브넬의 죽음을 슬퍼하는구나. 다윗이 요압에게 몰래 아브넬을 죽이라고 한 것이 아니구나' 하는 것을 믿게 되었습니다.

그리고 다윗은 "내가 왕이지만 나는 아직 힘이 약해서 요압 하나도 마음대로 처분하지 못하고 있다"고 말을 했습니다.

3:39, "내가 기름 부음을 받은 왕이 되었으나 오늘 약하여서 스루야의 아들인 이 사람들을 제어하기가 너무 어려우니 여호와는 악행한 자에게 그 악한 대로 갚으실지로다 하니라"

우리가 사람의 머리로 어떤 일을 하면 다 된 것 같지만 끝에 가서 생각하지도 못한 일로 인해서 실패할 때가 많습니다. 이것이 바로 자기 머리를 믿고 잘 난 체하는 자의 말로입니다. 다윗은 이러지도 못하고 저러지도 못하는 어려운 때에 하나님께 모든 것을 맡기고 자기의 진정성 있는 행동을 백성 앞에서 보여주었습니다. 그랬더니 백성들이 다윗의 진심을 믿게 되었고 하나님은 다시 일하기 시작하셨습니다.

우리가 어떻게 할 수 없는 억울한 일을 당했을 때 하나님 앞에서 진정으로 행동하시기 바랍니다. 그리고 행동이 가벼운 자와 일을 하면 결과가 좋지 못한 것을 항상 깨닫고 사람을 의지하지 않으시기를 바랍니다.

07

하나님의 때

삼하 4:1-12

오래전에 〈모래시계〉라는 드라마가 인기를 끈 적이 있었습니다. 사람들은 때때로 인생 자체를 모래시계에 비유하기도 합니다. 모래시계는 중간에 잘록하게 된 유리로 만든 시계인데 위에서 모래가 아래로 내려가다가 다 내려가면 끝나는 것입니다. 그런데 처음에는 너무 모래가 안 내려가는 것 같은데 반쯤 내려가고 나면 그때부터는 너무나 빨리 내려가게 되고 나중에 모래가 얼마 남지 않았을 때는 좀 천천히 내려갔으면 좋겠는데 인정사정없이 내려가서 끝이 나버리고 마는 것입니다.

그래서 한때는 그렇게 세상을 떠들썩하게 하고 나라를 쥐고 흔들던 사람들도 자기 시계가 다 되면 죽든지 권력을 잃어버려서 있는지 없는지도 알 수 없는 미미한 존재가 되고 마는 것입니다. 그래서 때때로 너무나 악한 정치인이 권력을 쥐고 독재하고 사람을 죽이고 나라를 망쳐도 너무 걱정하지 않는 이유는 그 사람에게 있는 그 모래시계가 끝나면 갑자기 몰락하든지 죽든지 해서 없어져 버리기 때문입니다. 물론 우리 모두에게도 하나님의 모래시계가 있습니다. 우리는 늘 젊을 것 같고 늘 힘이 있을 것 같지만 하나님의 모레시계가 다 되어가면 어느 순간 늙어지게 되고 힘이 없어지게 되며 나중에는 죽어서 땅에 파묻히게 될 것입니다.

전에 신학을 하던 청년이 전투경찰에 차출이 되어서 데모 진압을 주로 했다고 합니다. 그는 데모하는 청년을 붙들고 가면서 "정말 죄송합니다" 라고 말을 했다는 것입니다. 어떤 학생은 전투경찰이 되어서 자기 모교로 데모 진압을 하러 가서 친구들은 자기에게 돌을 던지고 자기는 친구들에게 최루탄을 쏘았다고 했습니다. 그러나 모든 것은 다 지나가게 되어있습니다.

히틀러도 죽었고 모택동도 죽었고 김일성도 죽었고 박정희도 죽었고 스탈린도 죽었습니다. 지금 큰소리치는 정치인들도 얼마 가지 않으면 다 죽을 것입니다. 그런데 인간은 마치 자기 권력이나 힘이 영원히 지속될 줄 알고 마음대로 나라를 쥐었다 폈다 하는 것을 보게 됩니다.

다윗은 하나님의 뜻에 따라 헤브론으로 갔는데 그는 거기서 이스라엘 전체의 왕이 되지 못했습니다. 오히려 이스라엘 열한 지파의 왕은 사울의 아들 이스보셋이 되었습니다. 다윗은 헤브론에서 계속 기다려야만 했습니다. 중간에 다윗이 전체 이스라엘의 왕이 될 뻔한 적이 있었습니다. 그때는 아브넬이 이스라엘을 다윗에게 바치겠다고 해서 앞장서서 일했을 때였습니다. 그러나 요압이 아브넬을 죽이는 바람에 그 모든 계획도 수포가 되고 말았습니다.

사람이 기다린다고 하는 것은 참 어렵습니다. 다윗은 무려 칠 년 반이나 기다려야만 했습니다. 그러나 드디어 이스보셋의 모래시계가 다 되었습니다. 그는 그것도 모르고 낮잠 자다가 부하들의 칼에 배가 찔려서 죽었고 부하들은 그의 목을 베여서 다윗에게 가져왔습니다.

1. 부당한 통치자

사람에게는 때와 시기라는 것이 아주 중요합니다. 농사짓는 사람에게는 씨를 뿌릴 때가 있고 뿌리지 말아야 할 때가 있습니다. 기업하는 사람에게는 투자해야 할 때가 있고 투자하지 말아야 할 때가 있습니다. 또 기업가 중에는 정치인을 만나야 할 때가 있지만 만나지 말아야 할 때도 있습니다. 그러나 우리나라 기업가 중에는 정치인을 잘못 만나서 나중에 감옥에 가고 엄청나게 고생하는 사람들이 많이 있습니다.

예수님은 하나님의 때를 아주 중요하게 생각하셨습니다. 예수님은 가나의 혼인 잔치에서 어머니 마리아가 그들에게 포도주가 없다고 하니까 "여자여, 나와 무슨 상관이 있나이까? 내 때가 아직 이르지 아니하였나이다"(요 2:4)라고 말씀하셨습니다. 우리의 의지와 하나님의 때가 맞으면 마치 폭탄의 뇌관을 때리는 것처럼 무시무시한 폭발이 일어나게 됩니다.

이스라엘의 왕이 되려고 하면 누구든지 하나님에 의해서 머리에 기름 부음을 받아야만 했습니다. 그러나 이스라엘에 하나님의 기름 부음을 받지도 않은 자가 아버지가 사울이었다는 이유로 무려 열한 지파를 다스리고 있었습니다. 그러나 다윗은 하나님을 믿고 기다리고 또 기다렸습니다.

4:1, "사울의 아들 이스보셋은 아브넬이 헤브론에서 죽었다 함을 듣고 손의 맥이 풀렸고 온 이스라엘이 놀라니라"

이스라엘에는 두 왕이 통치하고 있었습니다. 다윗은 하나님의 기름 부음을 받은 자였지만 이스라엘 백성의 인정을 받지 못하고 유다 지파 한 지파만 다스리고 있었습니다. 거기에 비해 사울의 아들 이스보셋은 하나님의 기름 부음을 받지도 못했지만 사울의 아들이라고 해서 무려 이스라엘 열한 지파를 다스리고 있었습니다.

우리는 때때로 이 세상에서 부당한 왕이나 대통령이 나라를 완전히 엉터리로 끌고 가는 것을 볼 때가 있습니다. 이때 사람들은 데모해서 그 대통령을 쫓아내고 아니면 쿠데타를 일으키든지 아니면 암살을 해서라도 쫓아내고 싶을 것입니다. 그러나 우리가 알아야 할 것은 그에게도 하나님의 모래시계가 흘러내리고 있다는 사실입니다.

중간에 이스보셋이 왕의 자리에서 쫓겨날 뻔했던 적이 있습니다. 그것은 아브넬과 이스보셋이 사울의 첩 문제로 싸워서 아브넬이 이스라엘 나라를 다윗에게 바치려고 했기 때문입니다. 그때 거의 성공하는 것 같았는데 생각지도 못하게 요압이 아브넬을 칼로 찔러 죽이는 바람에 실패하고 말았습니다. 다윗에게는 이것보다 더 안타까운 일이 없었을 것입니다. 우리 속담에도 "다 된 밥에 코를 빠트린다"는 말이 있듯이 거의 다 된 것 같았는데 요압의 개인적인 감정 때문에 다윗이 이스라엘 전체의 왕이 되는 일은 실패하고 말았던 것입니다. 그러나 실제로는 아직 이스보셋에 대한 하나님의 때가 덜 되었기 때문에 실패한 것입니다.

하나님은 이스보셋에게 시간을 주셨습니다. 그것은 회개할 시간이었습니다. 그의 아버지 사울은 하나님의 말씀에 불순종했습니다. 그는 인간적인 통치를 하였고 주위에 힘 있는 사람들을 모았고 제사장들을 죽였으며 나중에는 무당에게 가서 사무엘 귀신의 소리를 들으려고 했습니다. 만약 이스보셋이 살기를 원한다면 이것을 철저하게 회개해야 합니다. 즉 그는 아버지의 잔재를 완전히 파내어야 하고 밑바닥에서부터 다시 시작해야 합니다. 그때 필요한 자세가 "형제들아, 우리가 어찌할꼬!"라는 말입니다.

아브넬이 그를 왕으로 추대했지만 이스보셋은 그 왕관을 내려놓고 밑바닥에서부터 다시 시작해야 하는 것입니다. 그는 아버지의 덕을 조금이라도 보려고 해서는 안 됩니다. 그는 거지 같은 옷을 걸치고 방황하면서라도 하나님의 말씀을 찾아야 했던 것입니다. 그러나 그는 아버지의 덕을 그대로 다 물려 받았고 왕으로 행세하고 있었습니다. 하나님께서 무려 칠 년을 넘게 기다리셨지만 이스보셋은 자신의 삶을 바꿀 생각을 하지 않았습니다.

이스보셋은 아브넬이 죽었다 함을 듣고 손에 맥이 풀렸다는 것을 보면 그가 얼마나 사람을 의지했는지 알 수 있습니다. 그는 계속 아버지의 덕을 보려고 했고 이스라엘의 왕으로 있으려고 했습니다. 그러는 동안에 이스보셋의 모래시계는 끝이 나고 말았던 것입니다. 이스보셋과 사울 집안의 종말은 생각하지도 못한 순간에 찾아왔습니다. 그것은 그의 부하 두 사람이 우연히 양식을 가지러 이스보셋의 집에 갔다가 그가 자는 것을 보고 칼로 배를 찔러 죽여 버린 것입니다.

디트리히 본회퍼(Dietrich Bonhoeffer, 1906-1945)는 히틀러를 미친 운전자라고 하면서 그가 사람들을 더 죽이기 전에 죽여야 한다고 생각해서 히틀러 암살단에 가입했다가 붙들려서 사형을 당하게 됩니다. 우리는 악한 자와 협력을 해서는 안 됩니다. 그러나 악한 자를 죽이려고 해서는 안 됩니다. 왜냐하면 악한 자에 대한 하나님의 때가 있기 때문입니다.

왜 하나님은 다윗으로 하여금 칠 년이 넘도록 기다리게 하셨을까요? 그것은 아직 이스라엘에 부흥의 불이 제대로 붙지 않았기 때문입니다. 불도 제대로 붙지 않았는데 밥을 한다고 솥을 올려놓으면 연기만 잔뜩 나서 눈물만 나고 밥은 밥대로 되지 않고 설익고 마는 것입니다.

2. 베냐민 족속의 배반

이스보셋에게는 그가 신뢰했던 군지휘관이 두 명 있었습니다. 한 사람은 바아나이고 다른 한 사람은 레갑이었습니다.

4:2상, "사울의 아들 이스보셋에게 군지휘관 두 사람이 있으니 한 사람의 이름은 바아나요 한 사람의 이름은 레갑이라 베냐민 족속 브에롯 사람 림몬의 아들들이더라"

원래 베냐민 지파는 골수 사울파였습니다. 그래서 이스보셋은 베냐민 족속의 두 사람 바아나와 레갑을 아브넬을 대신해서 군지휘관으로 삼았습니다. 그런데 이 두 사람은 군지휘관이 되고 난 후에 두려움에 빠지게 되었습니다. 왜냐하면 아브넬이라는 유명한 장수도 다윗을 찾아갔다가 칼에 배가 찔려서 죽었다고 하는데, 자기 같은 사람들은 도무지 다윗과는 상대가 되지 않는다고 생각했던 것입니다. 그래서 이들은 두려움에 떨고 있다가 이스보셋이 낮잠을 자는 틈을 타서 그를 칼로 찔러 죽이고 그의 머리를 가지고 다윗에게 가서 한자리하려고 했습니다. 이들은 자기 주인을 배반한 자들이었습니다.

거기에 비해 요나단에게는 두 다리를 쓰지 못하는 장애인 아들이 있었습니다. 그런데 옛날 다윗이 무명의 시절에 요나단과 우정을 맺으면서 서로 후손들을 죽이지 않고 돌보아 주도록 언약을 맺었습니다. 그런데 요나단에게 두 다리를 못 쓰는 장애인이 살아남아 있었던 이유는 그가 장애인이어서 전쟁에 나갈 수 없었기 때문입니다. 그래서 때로는 신체적인 장애가 유리할 때가 있습니다. 즉 사람이 너무 똑똑한 것보다는 중간쯤 되는 것이 유리할 때가 있는 것입니다.

4:4, "사울의 아들 요나단에게 다리 저는 아들 하나가 있었으니 이름은 므비보셋이라 전에 사울과 요나단이 죽은 소식이 이스르엘에서 올 때에 그의 나이가 다섯 살이었는데 그 유모가 안고 도망할 때 급히 도망하다가 아이가 떨어져 절게 되었더라"

사울과 요나단이 죽을 때 므비보셋은 다섯 살이었으니까 칠 년이 지난 지금은 열둘이나 열세 살쯤 된 청소년이었을 것입니다. 유모가 사울 왕과 요나단이 죽었다는 소식을 듣고 아이를 안고 도망치다가 넘어졌는데 아마 그때 아이의 다리가 부러졌던 것 같습니다. 이 아이는 두 다리가 장애인이었기 때문에 왕이 될 가능성이 없었습니다. 다윗은 나중에 므비보셋을 찾아서 왕자와 같이 대우를 해줍니다.

그런데 므비보셋에게도 위기가 오게 되었습니다. 그것은 다윗이 압살롬의 반란으로 도망칠 때 므비보셋은 장애인이므로 같이 가지 못했기 때문입니다. 그때 사울 집안의 종 시바는 므비보셋이 딴마음을 먹고 같이 가지 않았다고 모함했는데, 그로 인해 므비보셋은 다윗의 신뢰를 잃을 뻔했습니다. 그러나 므비보셋은 진실한 사람이었습니다. 그래서 다윗이 돌아올 때까지 한 번도 세수를 하지 않고 수염도 깎지 않고 새 옷도 입지 않고 거지 같은 차림으로 기다리고 있었습니다. 그것 때문에 므비보셋은 다윗의 신뢰를 회복하게 됩니다. 그래서 고난에 동참한다는 것은 아주 중요한 것입니다.

사울 집안의 몰락은 갑자기 찾아오게 되었습니다. 아주 날씨가 좋아서 볕이 쬐는 날에 레갑과 바아나가 이스보셋의 집에 양식을 가지러 간 것 같습니다. 그때 이스보셋은 침상에서 볕을 쬐면서 낮잠을 자고 있었습니다. 이것을 보고 레갑과 바아나는 밀을 가지러 간 체하고 집 가운데 들어가서 이스보셋의 배를 칼로 찌르고 도망갔습니다.

우리가 이것을 보면 이스보셋이 얼마나 무기력하고 생각이 없는 줄 알 수 있습니다. 지금 이스보셋은 잠을 잘 때가 아닙니다. 그는 어떻게 해서든지 군사를 모으든지 해서 나라를 세울 생각을 해야 하는데, 날씨가 좋다고 해서 침상에서 잠을 자고 있었습니다. 물론 잠을 잘 수도 있었지만 그에게는 경호원이 아무도 없었습니다. 왕은 자기 하나의 목숨이 아니기 때문에 잘 때도 반드시 경호원을 세워야 하고 아무 데서나 잠을 자서는 안 되는 것입니다. 왕이 잠을 잘 때는 아무리 군지휘관이라도 반드시 그를 깨우게 해서 들어가야 하는데 그는 아무런 제지도 없이 들어갈 수 있었습니다. 그 이유는 이스보셋의 모래시계가 끝나버렸기 때문입니다.

그래서 레갑과 바아나는 일단 이스보셋의 배를 칼로 찔러 죽이고는 도망을 쳤습니다. 그러나 얼마나 이스보셋의 경호가 엉망이었던지 레갑과 바아나가 이스보셋을 죽은 후에 한참 있다가 가 보니까 왕은 그대로 죽어있고 아무도 모르고 있었습니다. 즉 왕은 죽은 채로 방치되어 있었던 것입니다. 이것을 보면 이미 제대로 된 나라가 아니었습니다. 하나님의 때가 다 되었을 때 하나님은 악한 자를 사용하셔서 악한 자를 죽이게 하셨습니다. 그러니까 다윗은 기다리고 있기만 하면 되었던 것입니다. 레갑과 바아나는 아예 왕의 목을 잘라서 그 머리를 가지고 밤새도록 헤브론으로 가서 다윗에게 항복하려고 했습니다.

3. 다윗의 판단

다윗은 이스보셋이 왕의 자리를 차지하고 있으므로 이스라엘 전체의 왕이 되지 못하고 있었습니다. 이스보셋은 다윗에게 큰 걸림돌과 같았습니다. 그런데 이스보셋의 부하 둘이 이스보셋의 머리를 가지고 와서 항복한다면 그것은 크게 환영해야 하고 상을 주어야 할 일일 것입니다.

4:8, "헤브론에 이르러 다윗 왕에게 이스보셋의 머리를 드리며 아뢰되 왕의 생명을 해하려 하던 원수 사울의 아들 이스보셋의 머리가 여기 있나이다 여호와께서 오늘 우리 주 되신 왕의 원수를 사울과 그의 자손에게 갚으셨나이다 하니"

자기가 이스라엘 왕이 되는데 가장 걸림돌이 되는 이스보셋을 죽이고 그의 머리를 가지고 온 이스보셋의 두 신하가 다윗에게 큰 도움이 되는 것은 틀림없을 것입니다. 그들은 다윗을 두려워하였고 다윗의 신하가 되고 싶어서 이스보셋의 머리를 들고 온 것입니다. 그러나 다윗은 생각해 보았습니다.

'신하가 자기 왕을 배반하는 것이 과연 옳은가? 더욱이 그냥 오면 자기들을 안 받아줄 줄 모르니까 잠을 자는 왕을 칼로 찔러 죽이고 그 머리를 가지고 온 것이 옳은가? 이들이 한번 배반했다면 앞으로도 얼마든지 또 배반할 수 있는 것이 아닌가? 이 사람들은 자기 왕의 머리를 베어가지고 와서 나에게 무엇을 요구하려고 하는가?'

다윗은 칠 년이라는 시간을 보내면서 자기가 왕이 되거나 안 되는 것은 하나님께서 결정하실 일이지, 사람이 결정할 일이 아니라는 것을 알게 되었습니다. 더욱이 그는 왕이 되기 위해서 부정한 짓을 한 사람들과 굳이 손잡을 필요가 없다는 것을 알게 되었습니다. 다윗은 아브넬이 나라를 바치겠다고 해서 좋아했는데, 요압이 아브넬을 죽이면서 모든 것이 무산되었던 것을 보았습니다. 그래서 다윗은 내가 악한 자와 손을 잡아서 왕이 되려고 할 필요가 없다고 생각해서 이 두 사람에게 분명히 말을 했습니다.

다윗은 "내 생명을 모든 환란에서 건지신 여호와의 살아계심을 두고 맹세하는데 지난번에도 자기가 사울을 죽였다고 하면 내가 좋아할 줄 알고 왕관과 팔찌를 가지고 온 자를 내가 죽였는데 자기보다 의로운 왕을 그것도 침상에서 잠을 자는 자를 칼로 찔러 죽여서 그 머리를 가지고 온 사람을 내가 환영할 줄 알았느냐?"(9-11절)고 했습니다. 그들은 다윗을 몰라도 너무 몰랐던 것입니다. 다윗은 "내가 왕이 되거나 안 되는 것은 하나님의 손에 달린 것이지 너희 같은 기회주의자에게 달리지 않다"고 말한 것입니다. 그리고 "다른 사람을 자는 중에 암살한 자를 이스라엘 안에 살려주고 내가 왕이 된다면 얼마나 내가 악한 자들의 왕이 되겠느냐?"고 했습니다.

그래서 다윗은 이 두 암살자를 죽여서 수족을 베고 이스보셋의 머리는 아브넬의 무덤에 장사지내게 했습니다. 다윗에게는 불의를 원하는 자는 다 떠나도 좋다는 배짱이 있었습니다. 다윗은 "나는 불의한 방법으로 왕 되는 것을 원치 않는다. 나는 오직 하나님 한 분의 마음에 들겠다"는 것을 확실히 했습니다. 그때 이스라엘에는 부흥의 불이 붙기 시작했고 하나님의 바람이 불기 시작했습니다. 그리고 다윗은 드디어 이스라엘의 왕이 되었습니다.

하나님의 종들에게는 이런 믿음이 있어야 합니다. 즉 온 세상이 나를 비방하고 욕해도 나는 하나님만을 의지하겠고 하나님을 의지해서 버림받고 죽어도 좋다는 믿음이 있어야 합니다. 그때 부흥의 불이 붙게 되는 것입니다. 사람을 붙잡으려고 하면 사람에게 배신을 당하게 됩니다. 떠날 사람은 떠나더라도 하나님만 붙잡으면 하나님의 능력이 나타나게 됩니다.

08

꿈이 이루어지다

삼하 5:1-25

누구든지 꿈을 가진다는 것은 참 아름다운 것 같습니다. 그래서 어른은 자라는 어린이나 청소년에게 꿈을 심어주어야 합니다. 꿈을 심어주는 것은 아무것도 없는 땅에 꽃씨를 뿌리는 것과 같습니다. 처음에는 아무것도 없는 것 같지만 나중에는 그 밋밋하던 땅에 온갖 아름다운 꽃이 다 피게 되는 것입니다. 미국에 어떤 청소년은 백악관에 가서 대통령을 만난 후 자기가 언젠가는 미국 대통령이 되겠다는 꿈을 가지게 되었는데, 결국 그는 미국 대통령이 되게 됩니다.

미국의 흑인 인권 운동가 마틴 루터 킹(Martin Luther King, Jr., 1929-1968) 목사는 "우리에게는 꿈이 있습니다"라는 설교를 했습니다. 그 꿈이라는 것은 흑인들이 차별받지 않고 학교를 다니고 버스를 타고 사회생활을 할 수 있는 꿈이었습니다. 그 뒤에 흑인 운동선수 특히 복싱이나 농구나 야구 선수들이 많이 나왔고, 나중에는 흑인 대통령도 나오게 되었습니다.

다윗은 너무 가난한 집 목동 출신이어서 꿈을 가질 수 없었습니다. 그러나 다윗에게 꿈을 심어준 사람은 사무엘 선지자였습니다. 사무엘 선지자는 들판에서 양을 치던 다윗을 불러서 그의 머리에 기름을 부으면서 "너는 장차 이스라엘의 지도자가 될 것이다"라고 말을 했습니다. 이것이 바로 꿈을 심어주는 것인데, 하나님의 꿈을 심어주는 것입니다. 그러나 다윗의 꿈은 실현되기 불가능한 것처럼 보였습니다. 왜냐하면 이스라엘 왕인 사울이 다윗을 미워해서 그를 죽이려고 했기 때문입니다. 다윗은 모든 것을 잃고 왕궁에서 쫓겨나서 도망 다니는 신세가 되었습니다. 다윗은 결국 이스라엘에 있지 못하고 원수의 나라인 블레셋으로 망명을 떠나게 됩니다. 그리고 사울 왕이 죽고 난 후에도 다윗의 꿈은 이루어지지 않았습니다. 다윗의 꿈은 이루어질 것 같다가 실패하곤 했습니다.

그러나 다윗은 낙심하지 않고 꾸준히 기다렸습니다. 다윗은 무려 칠 년 반이라는 세월을 헤브론에서 기다렸습니다. 그런데 하나님께서 다윗의 꿈을 이루어주셨습니다. 어느 날 갑자기 이스라엘 지도자들의 마음이 하나 되더니 모두 한마음으로 다윗에게 와서 "원래 하나님이 당신을 이스라엘의 왕으로 정하셨다"고 하면서 이스라엘의 왕이 되어달라고 간청했습니다. 다윗이 인간적인 방법으로 이스라엘의 왕이 되려고 했을 때는 되지 못했는데, 하나님의 때를 끈질기게 기다리니까 하나님께서 다윗을 이스라엘의 왕으로 세워주셨습니다. 다윗이 이스라엘의 왕이 되면서 이스라엘은 마치 독수리의 날개를 단 것처럼 날아가기 시작했습니다. 즉 이스라엘에 큰 부흥이 일어나기 시작한 것입니다.

1. 드디어 다윗의 꿈이 이루어지다

꿈이라는 것은 실력과 노력이 뒷받침되어야 하는 것이지 막연히 뭐가 되고 싶다는 꿈을 꾼다고 해서 그 꿈이 이루어질 수 있는 것은 아닙니다. 그러나 하나님은 하나님의 말씀을 사랑하는 자들에게 꿈을 주십니다. 하나님은 꿈을 주실 뿐만 아니라 그 꿈을 이룰 수 있는 훈련을 시켜주시고 나중에는 그 꿈을 이루어주십니다.

저 같은 경우에도 너무나 집안이 가난했기 때문에 꿈이라는 것을 가질 수 없었습니다. 대학은 꼭 들어가고 싶었는데 도저히 들어갈 방법이 없었습니다. 그러나 저는 열심히 교회에 다니면서 죽자고 공부를 했습니다. 그런데 하나님께서 대학에 들어갈 길을 열어주셨습니다. 저는 목사가 된 후에 신구약 성경 전체를 설교하고 싶었습니다. 그러나 그것은 불가능한 꿈이었습니다. 성경은 너무 방대하고 어려운 말씀이었기 때문입니다. 그러나 미친 사람처럼 꾸준히 성경을 강해하니까 십몇 년 만에 다 할 수 있게 되었습니다. 마지막에 너무 어려워서 포기하고 싶었던 성경이 있었는데 그것은 잠언과 레위기였습니다. 그러나 그것까지도 다 마칠 수 있게 되었습니다.

아마도 다윗은 어렸을 때 꿈이 없었을 것입니다. 꿈을 가지기에는 다윗의 형편이 너무 가난하고 어려웠기 때문입니다. 그는 동네 여자들에게도 인정을 받지 못하고 거의 병신 취급을 당했던 것 같습니다. 그래서 나중에 다윗은 여러 여자와 결혼하게 되고, 또 자신이 장애인에 비유되는 것을 굉장히 싫어하게 됩니다.

그런데 다윗에게 꿈을 주신 분은 하나님이셨습니다. 다윗은 양을 치는 목자였는데 하나님의 말씀을 너무 사랑했습니다. 그래서 하나님의 말씀을 줄줄 외웠습니다. 다윗에게는 재주가 있었는데 하나는 물맷돌을 정확하게 던지는 능력이었고 또 하나는 악기를 만들어서 노래를 부르는 재주였습니다. 그러나 그런 재주는 그 당시에 아무도 알아주지 않았습니다. 그러나 하나님은 꿈이 없는 다윗에게 이스라엘의 지도자가 된다는 꿈을 주셨습니다. 하나님은 다윗의 동네에 사무엘 선지자를 보내서 다윗의 머리에 기름을 붓고 그에게 꿈을 주셨습니다. 이때부터 다윗에게는 성령이 강하게 역사했습니다.

다윗은 물맷돌 던지는 실력으로 블레셋의 거인 장군 골리앗의 이마를 때려서 죽였습니다. 다윗은 수많은 시를 지었고 노래를 만들었습니다. 다윗의 꿈은 빨리 실현되는 것 같았습니다. 다윗은 심지어 사울 왕의 사위까지 되었습니다. 그러나 어느 순간 사탄이 사울 왕의 마음에 들어가면서 다윗의 꿈은 깨어지고 말았습니다. 다윗은 사울 왕의 미움을 받아서 쫓기는 신세가 되었고 나중에는 더이상 도망칠 곳이 없으니까 원수의 나라인 블레셋으로 도망치게 되었습니다.

다윗도 인간적으로 왕이 될 뻔한 적이 있었습니다. 우선 다윗은 사울 왕에게 쫓기면서 두 번 사울을 죽일 기회를 얻게 되었습니다. 그러나 다윗은 하나님을 믿고 사울을 죽이지 않았습니다. 다윗은 사울이 길보아 산에서 죽었을 때 자신이 왕이 될 줄 알았습니다. 그러나 왕이 되지 못했습니다. 또 다윗은 아브넬이 자기에게 찾아와서 이스라엘 왕이 되게 하겠다고 했을 때 자신이 왕이 될 줄 알았습니다. 그러나 되지 못했습니다. 다윗은 사울의 아들 이스보셋이 죽었을 때도 왕이 될 줄 알았습니다. 그러나 다윗은 왕이 되지 못했습니다. 이제 다윗이 이스라엘 왕이 되는 것은 불가능하게 보였고 유다 왕으로 만족해야 할 것처럼 보였습니다.

그러나 어느 날 하나님은 이스라엘 모든 지파의 지도자들의 마음을 하나 되게 하셨습니다. 그래서 그들은 모두 다 같이 다윗을 찾아와서 "우리는 모두 같은 민족이니까 이렇게 갈라져서 싸울 것이 아니라 당신이 이스라엘의 왕이 되어야 한다"고 하며 왕이 될 것을 요청했습니다.

5:1, "이스라엘 모든 지파가 헤브론에 이르러 다윗에게 나아와 이르되 보소서 우리는 왕의 한 골육이니이다"

다윗이 그렇게 왕이 되고 싶어서 사울 왕에게 충성하고 이스라엘 족장들에게 잘 보이려고 노력할 때에는 이상하게도 왕이 될 수 없었습니다. 그러나 다윗이 그 모든 인간적인 노력을 포기하고 하나님만을 기다렸을 때 하나님은 다윗의 꿈을 이루어주셔서 이스라엘 모든 지파의 마음이 하나 되게 하셨습니다. 사실 이스라엘 모든 지파의 지도자들은 하나님께서 다윗을 왕으로 세운 줄 알고 있었습니다. 그러나 그들이 다윗을 마음으로 왕으로 받아들이는 데는 칠 년 이상의 시간이 필요했습니다.

그 가장 큰 이유는 불신이었습니다. 그들은 다윗을 믿지 못했습니다. 그들은 열심히 사울을 지지했기 때문에 다윗이 왕이 되면 자기들에게 복수할지 모른다고 의심했던 것입니다. 그리고 또 다른 이유는 이스라엘 지도자들은 다윗에게서 인간적인 매력이 부족하다고 생각했던 것입니다. 사울은 대단히 세상적인 사람이었고 인간적인 방법으로 나라를 다스렸기 때문에 재미가 있었습니다. 그러나 다윗은 너무 성경적인 사람이고 하나님의 율법밖에 몰랐기 때문에 인간적으로 답답하고 재미가 없었던 것입니다.

그런데 이런 불신이 사라지고 의심이 없어지는데 칠 년 반이라는 세월이 걸렸던 것입니다. 그리고 하나님이 이스라엘 지도자들의 마음을 하나가 되게 하시니까 그들이 모두 다 같이 다윗에게 나아와서 우리는 왕과 같은 민족이라고 하면서 하나님이 당신을 이스라엘의 목자로 삼으셨다고 인정했습니다. 이스라엘 백성에게서 이 인정이 나오는 데 칠 년이란 세월이 걸렸던 것입니다.

사람은 아무리 하나님의 뜻을 알아도 자기가 하고 싶은 대로 다 해보기 전까지는 하나님의 뜻을 잘 받아들이려고 하지 않습니다. 그런데 끝까지 가봐도 길이 없으면 어쩔 수 없어서 두 손을 들고 하나님께 돌아오게 되는 것입니다. 우리가 하나님의 말씀을 들었을 때 이것이 하나님의 뜻이라는 생각이 들었을 때 바로 순종하면 큰 부흥이 일어나고 하나님의 기적을 체험할 텐데 대개는 그렇게 되지 않습니다. 많은 경우 그것이 하나님의 뜻이라는 것을 인정하는 데 5년도 걸리고 10년도 걸리고 20년도 걸리는 것입니다. 그러다 보니까 맥이 다 빠져버려서 부흥의 시기를 놓쳐버리는 것입니다.

여기에 보면 이스라엘 지도자들이 왕을 "이스라엘의 목자"라고 말하고 있습니다(2절). 즉 세상 나라는 왕이 나라 전체를 자기 소유물로 생각하지만 이스라엘은 왕이 주인이 아니라 목자가 주인인 것입니다. 목자는 양을 말이나 개같이 훈련하지 않습니다. 목자는 양들을 푸른 풀이 있고 맑은 시내가 있는 곳으로 데리고 가면 양이 그것을 먹고 살이 찌고 새끼를 낳는 것입니다. 마찬가지로 하나님의 종들도 교인들을 하나님의 말씀이 있는 곳으로 데리고 가면 교인들이 그 말씀을 먹고 부흥이 일어나게 되고 축복이 일어나게 되는 것입니다.

다윗은 아주 오랜 시간을 기다린 것 같았는데 그가 왕이 되었을 때 나이가 30세였습니다. 그리고 그 이후 33년 동안 이스라엘 전체를 다스리면서 대부흥의 시기가 오게 했습니다. 우리는 하나님의 뜻을 기다릴 때 오래 기다리는 것 같지만 사실은 딱 맞는 시간이고, 하나님은 우리를 축복의 지름길로 인도해주시는 것입니다.

2. 가장 중요한 곳

다윗은 이스라엘의 왕이 되는 것 자체가 목적이 아니었습니다. 아마 왕이 되는 것이 목적이었다면 여기저기 건드리다가 시행착오만 하고 이스라엘을 만신창이로 만들었을 것입니다. 사울 왕이 한 일이 바로 그런 것이었습니다. 그는 이스라엘을 부흥시킨다고 이런저런 일을 했지만 결국 이스라엘을 망하게 했습니다. 그러나 다윗은 이스라엘의 핵심을 알고 있었기 때문에 시간을 허비하지 않았습니다. 그는 왕이 되자마자 마치 독수리의 날개를 단 것같이 바로 이스라엘의 부흥을 위하여 행동을 옮겼습니다. 그것은 바로 예루살렘을 차지하는 것이었습니다.

이스라엘은 고구마같이 길게 생긴 나라인데 그 중간에 예루살렘이 있습니다. 그런데 그 당시 이 예루살렘을 이스라엘 백성이 차지하지 못하고 있었습니다. 그 이유는 여부스 족속이 끈질기게 예루살렘을 지키고 있었기 때문입니다.

사실 예루살렘은 수도로서는 좀 부적합한 곳이기도 합니다. 대개 한 나라의 수도를 정할 때는 큰 강을 끼고 있거나 해변에 있는 도시를 선택합니다. 그래야 방어하기도 쉽고 무역하는 데도 용이하기 때문입니다. 그런데 다윗은 내륙지방에 강도 물도 없는 예루살렘을 수도로 생각했습니다. 왜냐하면 거기에 하나님의 말씀이 있었기 때문입니다. 그 옛날 아브라함이 이삭을 하나님께 번제물로 바치고 여호와 이레의 응답을 받은 모리아 산이 바로 예루살렘이었습니다. 그래서 다윗은 나라를 다스리는 데 있어서 가장 중요한 것은 하나님의 말씀이 임하는 것이라 생각해서 예루살렘을 택했던 것입니다.

원래 예루살렘은 여호수아가 가나안 땅을 공격할 때 점령했었는데 이 지역을 맡은 베냐민 족속이 그곳에 자리 잡은 여부스 족속을 몰아내지 못했던 것입니다. 그런데 사실 그 당시 예루살렘은 난공불락의 바위 성이었습니다. 우리가 부르는 복음송 중에 '주님 같은 반석은 없도다' 라는 것이 있는데 예루살렘이 바로 그런 바위 성이었던 것입니다.

다윗이 이스라엘 백성을 동원해서 예루살렘을 공격하러 갔을 때 여부스 사람들은 다윗을 조롱하면서 다리 저는 자와 맹인만 있어도 너희들을 충분히 몰아낼 수 있다고 비웃었습니다. 그것은 절대로 너희들은 예루살렘을 빼앗지 못한다는 뜻이었습니다. 그런데 다윗은 조롱당하는 것을 아주 싫어했고, 특히 장애인으로 비유되는 것을 싫어했습니다.

5:6, "왕과 그의 부하들이 예루살렘으로 가서 그 땅 주민 여부스 사람을 치려 하매 그 사람들이 다윗에게 이르되 네가 결코 이리로 들어오지 못하리라 맹인과 다리 저는 자라도 너를 물리치리라 하니 그들 생각에는 다윗이 이리로 들어오지 못하리라 함이나"

여부스 사람들은 바위 산만 믿고 교만한 마음을 가지고 있었습니다. 아마 여부스 사람들이 죽자 살자 다윗과 싸웠더라면 다윗이 예루살렘을 빼앗는 것은 어려울 수도 있었을 것입니다. 여부스 사람들은 아주 느긋했습니다. 그러나 다윗이 누굽니까? 목동 출신입니다. 예루살렘은 베들레헴에서 그렇게 먼 곳이 아닙니다. 아마 다윗은 양을 몰고 예루살렘 부근에 와서 구석구석을 다 돌아다녔을 것입니다. 그래서 다윗은 남들이 알지 못하는 예루살렘의 수로를 알고 있었습니다. 이것이 승리에 결정적인 요인이 됩니다. 다윗은 당장 부하들에게 "예루살렘의 수로를 내가 알고 있다. 거기로 올라가서 예루살렘을 치면 쉽게 이길 수 있을 것이다"라고 하며 여부스 사람들 몰래 군사들로 하여금 수로로 들어가게 했습니다.

5:8, "그 날에 다윗이 이르기를 누구든지 여부스 사람을 치거든 물 긷는 데로 올라가서 다윗의 마음에 미워하는 다리 저는 사람과 맹인을 치라 하였으므로 속담이 되어 이르기를 맹인과 다리 저는 사람은 집에 들어오지 못하리라 하더라"

다윗이 예루살렘의 비밀 통로를 알고 있는 이상 여부스 사람들은 다윗의 군대를 이길 수 없었습니다. 여부스 사람들은 성문만 지키고 있는 동안에 다윗의 군대는 수로로 모두 기어 올라갔습니다. 다윗은 예루살렘의 맹인과 장애인들을 먼저 다 죽이라고 했습니다. 우리가 어떻게 보면 장애인들은 돌보아 주어야 하는데 왜 다윗은 장애인들을 미워하여 다 죽였느냐 하며 부정적으로 생각할 수 있습니다. 그러나 다윗은 요나단의 아들 므비보셋이 장애인이었지만 자기 아들같이 사랑했습니다. 단지 여부스 사람의 장애인들은 장애인들조차 오만하고 악했기 때문입니다.

사람은 자신의 약점을 좋지 않은 것에 비교하면 굉장히 분노하게 됩니다. 예를 들어서 코가 딸기코인 사람을 '딸기'라고 부른다든지, 양계장 출신에게 '닭'이라고 부른다면 굉장히 화를 낼 것입니다. 옛날 어렸을 때 교회 나오던 아이 중에서 양계장 아들이 있었는데 제 친구가 그 아이만 보면 '어이. 계란 어디가?'라고 말을 거는데 그 아이는 자기를 계란이라고 부르는 것을 아주 싫어했습니다. 다윗은 열등감이 많은 사람이었습니다. 그래서 사람들이 '어이, 맹인!'이라고 부르든지 '어이, 장애인!'이라고 부르면 장애인도 아니면서 굉장히 화를 내었던 것 같습니다. 그것은 다윗이 어렸을 때 너무 인정받지 못하고 자랐기 때문에 그런 것 같습니다.

우선 다윗은 여부스 사람이 살던 성을 빼앗아서 다윗 성이라 이름하고, 다시 밀로에서부터 안으로 성을 둘러쌓아서 정말 난공불락의 성을 만들었습니다. 그러나 다윗은 왕이 되었지만 자기가 왕이라는 것을 실감하지 못했습니다. 왜냐하면 다윗이 너무 고생하면서 떠돌아다녔고 사람들의 무시를 당했기 때문에 자기가 왕인 것 같지 않았던 것입니다.

그래서 하나님은 다윗에게 선물을 보내어서 다윗을 위로해주시고 자아상을 회복시켜 주셨습니다. 그것은 바로 두로 왕 히람이 사절단과 백향목과 목수와 석수를 보내어서 왕궁을 지어준 것이었습니다.

5:11-12. "두로 왕 히람이 다윗에게 사절들과 백향목과 목수와 석수를 보내매 그들이 다윗을 위하여 집을 지으니 다윗이 여호와께서 자기를 세우사 이스라엘 왕으로 삼으신 것과 그의 백성 이스라엘을 위하여 그 나라를 높이신 것을 알았더라"

예를 들어서 어느 교인이 아무리 하나님께서 말씀으로 축복하시고 은혜를 주셔도 다른 사람의 인정을 받지 못하고 욕을 얻어먹는다면 그는 아름다운 자아상을 가지기 어려울 것입니다. 그때 하나님은 그 사람에게 구체적인 물질을 통해서 위로해주시고 축복해주십니다. 학교에서 일등을 했다든지 혹은 생각하지도 못한 좋은 선물을 받았다든지 누가 돈을 주었다든지 결혼 배우자가 생겼다든지 집이 생겼다든지 상을 받았다든지 하는 것을 통해서 위로를 해주시는 것입니다. 사람들은 신앙을 너무 이상적으로 생각하기 쉬운데 사실 우리에게는 이런 것이 필요합니다.

다윗도 그동안 너무 도망만 다니고 욕만 먹었기 때문에 자기가 왕이 되었지만 왕이라는 자리를 실감하지 못했는데 다른 나라 왕이 사신을 보내고 백향목으로 왕궁을 지어주었을 때, 비로소 자기가 이스라엘 왕인 것과 하나님께서 이스라엘을 축복하신 것을 깨닫게 되었습니다.

3. 가시가 빠지다

다윗은 열등감이 많은 사람이었습니다. 특히 여자에 대하여 열등감이 심했고, 키가 크고 잘생긴 사람에 대하여 열등감이 심했습니다. 그래서 다윗은 예루살렘에서 잘생긴 여인들과 또 결혼했습니다. 이미 다윗에게는 여러 명의 부인이 있었지만 그들은 이제 늙었고 또 젊은 여성들을 부인으로 받아들이기 시작한 것입니다. 다윗은 자기도 늙어간다는 것을 생각해야 하는데 그런 것을 생각하지 못한 것입니다.

하나님은 사랑하는 자에게 가시를 주셔서 교만하지 못하게 하십니다. 사도 바울도 자신의 지병을 두고 세 번이나 간절하게 기도했지만 주님은 낫게 하시지 않았습니다(고후 12:8). 왜냐하면 사도 바울이 하나님의 말씀을 가지고 그 병까지 나으면 너무 교만해질 가능성이 있었기 때문입니다.

다윗에게는 가시가 있었습니다. 그것은 바로 사울 왕이었습니다. 사울 왕은 다윗에게 영원히 빠지지 않을 가시 같았습니다. 사울 왕은 길보아 산에서 죽고, 아들 이스보셋이 다윗의 가시 노릇을 했습니다. 그러나 그 아들도 부하의 배반으로 죽었습니다. 이와 같이 교회에 부흥이 일어나면 가시가 빠지게 됩니다. 우리 몸에서 병이 낫고 가시가 뽑히게 되면 얼마나 좋은지 마치 새 인생을 사는 것 같습니다.

그런데 이스라엘 전체의 가시는 블레셋이었습니다. 블레셋 사람들은 이스라엘이라고 하면 자다가도 벌떡 일어나서 창을 들고 나올 정도로 이스라엘을 미워했습니다. 결국 사울 왕은 이 가시를 뽑지 못하고 이 가시에 찔려서 길보아 산에서 죽고 맙니다. 그런데 다윗이 왕이 되니까 또다시 이 가시가 이스라엘을 찌르기 시작했습니다. 블레셋 사람들은 다윗에게 "너는 우리의 신하였는데 왜 우리 허락도 없이 이스라엘의 왕이 되었느냐?" 고 하면서 다윗을 죽이려고 몰려왔습니다.

5:17, "이스라엘이 다윗에게 기름을 부어 이스라엘 왕으로 삼았다 함을 블레셋 사람들이 듣고 블레셋 사람들이 다윗을 찾으러 다 올라오매 다윗이 듣고 요새로

나가니라"

사울 왕과 세 왕자를 죽였던 그 가시가 또 다윗을 찌르려고 이스라엘로 올라왔습니다. 이때 다윗은 하나님께 여쭈었습니다. "지금 제가 블레셋 사람에게 가서 싸워야 하겠습니까?"라고 여쭈니까 하나님은 "올라가라. 내가 반드시 블레셋 사람들을 네 손에 넘기리라"고 말씀하셨습니다(19절).

이때 블레셋 사람들은 르바임 골짜기를 가득 채우고 있었는데, 다윗의 군대가 공격하니까 마치 물이 통에서 넘쳐서 흩어지듯이 흩어져버렸습니다. 그래서 다윗은 하나님께서 블레셋 사람들을 물을 흩음같이 흩으셨다고 해서 그곳 이름을 '바알브라심'이라 불렀습니다. 블레셋 사람들은 도망치면서 자신들의 신상을 전부 버리고 갔습니다. 그래서 이스라엘 백성은 그 우상을 모두 다 주워서 치워버렸습니다. 블레셋 신은 하나님 앞에서 쓰레기에 불과했습니다.

블레셋 사람들은 끈질겼습니다. 그래서 또다시 이스라엘을 쳐들어왔습니다. 이번에도 다윗은 또 하나님께 여쭈었습니다. 그랬더니 하나님께서는 지난번같이 싸우지 말고 이번에는 뽕나무 수풀 맞은 편에서 기습하되 뽕나무 꼭대기에서 사람들이 걸어가는 소리가 들리면 그때 공격하라고 하셨습니다. 그것은 바로 천사들이 진격하는 소리였던 것입니다. 다윗은 하나님의 말씀대로 해서 블레셋을 또 이기게 됩니다(22-25절).

부흥이 일어나면 하나님은 전쟁도 이기게 하시고 좋은 선물도 주시고 가시도 사라지게 하십니다. 전에 사울을 죽였던 가시지만 다윗은 이기지 못하는 것입니다. 우리에게는 기도가 가장 중요합니다. 이 기도의 불이 전염병을 이기고 핵무기를 이기고 암이나 우울증도 이길 것입니다. 이를 통해 우리와 자녀의 미래도 축복받기를 바랍니다.

09

하나님의 임재 앞에서

삼하 6:1-23

아무리 사랑하는 사람의 사진을 가지고 다니고 또 전화로 통화한다고 하더라도 직접 만나서 손을 잡거나 포옹하거나 키스하는 것과는 비교될 수 없을 것입니다. 사진은 살아서 움직이는 것이 아니고 종이일 뿐이며 전화도 사랑하는 사람의 목소리만 들을 수 있을 뿐이지 직접 손을 잡거나 포옹하거나 체온을 느끼면서 이야기를 할 수 없기 때문입니다. 사랑하는 사람들 사이에는 체온을 서로 느끼고 체취나 냄새를 서로 맡을 수 있다는 사실이 굉장히 기쁨인 것 같습니다. 그래서 여성도 남자를 만날 때에는 가장 예쁘고 얇은 옷을 입고 평소에는 신지도 않는 높은 구두를 신고 그래도 잘도 걸어가는 것을 보면 그 노력에 놀라지 않을 수 없습니다.

이것은 설교나 강연도 마찬가지입니다. 어떤 사람이 강연하는 내용을 텔레비전이나 동영상으로 보는 것도 좋지만 현장에 가서 청중의 반응을 보면서 강의를 들으면 자기 자신이 대단하다는 생각이 들 것입니다. 일전에 존 파이프라는 외국 목사가 강의하는 곳에 가 보았습니다. 역시 사람들이 가득 차 있는 곳에서 조명발을 받으면서 열강을 하는데 아주 은혜스러웠습니다. 영어 강의도 잘했고 통역하는 사람도 아주 잘했습니다. 그때 설교에서 하나님의 영광이 나타나는 것을 체험할 수 있었습니다.

이스라엘 백성에게 하나님의 임재를 나타내는 것이 있었습니다. 그것은 바로 하나님의 언약궤였습니다. 이스라엘 백성은 하나님의 언약궤 앞에서 하나님의 임재를 체험할 수 있었고 하나님께서 말씀하시는 것을 들을 수 있었습니다. 이것은 이스라엘 백성이 하나님과 데이트하는 것과 같았습니다. 그러나 이스라엘 제사장들이 세상에 오염되어서 하나님께 드리는 제사를 오염시켰습니다. 그래서 이스라엘 백성은 하나님의 언약궤를 블레셋에 빼앗기고 말았습니다. 즉 이스라엘 백성들과 하나님의 교제가 사라져버렸던 것입니다.

하나님의 언약궤가 이스라엘로 돌아오기는 했지만 이스라엘 백성은 그 언약궤를 아비나답이라는 제사장의 집에 처박아 놓고 20년 동안 한 번도 하나님의 임재 앞에 모이지 못했습니다. 사울은 아예 하나님과 전화통화도 하지 않았고, 다윗은 도망치거나 적과 싸울 때 제사장의 에봇으로 하나님의 간단한 대답만 들어야 했습니다. 이제 다윗은 하나님과의 간단한 대답만으로는 만족할 수 없었습니다. 다윗은 하나님과 만나기를 원했고 하나님 앞에서 노래도 부르고 찬양하기를 원했습니다.

처음 코로나가 창궐하면서 교회에서 주일 예배를 드릴 수 없었습니다. 저는 목사이지만 하나님의 임재 앞에 나아갈 수 없었습니다. 그때 아파트 뜰에 서서 하늘만 쳐다보았습니다. '세상에 이럴 수가 있는가?' 그때 하늘이 노랗게 보였습니다. 아는 사람 중에 군대 가 있는 동안 애인의 마음이 변했다는 말을 듣고 하늘이 노랬다는 말을 들었습니다. 그런데 저는 하나님의 임재가 없어졌을 때 하늘이 노랗게 변했습니다.

오늘 우리는 하나님의 임재 앞에 나와 있습니다. 하나님과 대화하시고 팔짱도 끼시고 하나님의 향취도 맡으시고 마음껏 하나님 앞에서 행복하시기 바랍니다.

1. 다윗의 갈망

사람들에게는 모두 자신이 갈망하는 것이 있습니다. 만일 그가 그렇게 갈망하는 것이 이루어지지 않으면 그것이 이루어질 때까지 견딜 수 없는 갈증과 답답함을 느낄 것입니다. 예를 들어서 어떤 사람이 외국에 있는 어느 대학에 유학 가려고 입학 원서를 내었는데 아무리 기다려도 소식이 없을 때 그 사람은 매일 그 학교로부터 소식을 기다리느라 마음이 초조할 것입니다. 그리고 어떤 사람이 어떤 차를 너무나 사고 싶거나 혹은 옷을 사고 싶은데 그것을 살 수 없을 때 그 차에 대한 인터넷 자료를 매일 보거나 아니면 그 옷에 대한 사진을 매일 보곤 할 것입니다. 이것이 바로 사모하는 마음이고 갈망하는 마음입니다.

다윗에게는 보통 사람과 다른 아주 갈망하는 마음이 있었습니다. 그것은 바로 하나님의 임재 앞에 나아가고자 하는 갈망이었습니다. 그래서 이제는 더이상 제사장의 에봇에 있는 우림과 둠밈으로 단답형의 하나님 말씀을 듣는 것이 아니라 하나님의 임재 앞에 나아가서 실컷 찬양하고 춤추고 하나님 말씀도 충분히 듣고 기도도 마음에 나오는 대로 실컷 하고 싶은 갈망이 있었습니다. 이것을 성경에서는 "주의 전을 사모하는 열심이 나를 삼키리라"(요 2:2)고 했습니다. 다윗은 얼마나 하나님의 전에 나아가고 싶었는지 그 열정에 삼킨 바 되었습니다. 그래서 다윗은 다른 갈망이 생기지도 않았고 생각할 수도 없었습니다. 그는 낮이나 밤이나 하나님의 임재 앞에 나아가서 실컷 기도하고 말씀 듣고 춤추고 싶었던 것입니다.

다윗은 그동안 제사장의 옷에 있는 우림과 둠밈으로 하나님의 단답형 말씀만 들었습니다. 이것은 마치 하나님과 잠깐 통화하는 것이나 마찬가지였습니다. 다윗은 하나님의 말씀을 충분히 듣고 싶었습니다. 그리고 하나님 앞에서 마음껏 기도하고 싶었습니다. 여기 본문에는 나오지 않지만, 역대기에 보면 다윗이 이스라엘 백성의 전체적인 의사를 물었던 것을 볼 수 있습니다(대상 13:2). "이스라엘 백성들아, 우리가 하나님의 임재 없이 이렇게 답답하게 살아야 되겠는가? 우리는 하나님의 임재를 나타내는 하나님의 언약궤를 이스라엘 구석에 처박아 놓고 찾지 않은 지 이십 년이 넘었는데 하나님의 언약궤를 예루살렘으로 옮겨야 하지 않겠는가?"

이스라엘 백성은 모두 다윗의 말에 찬성했습니다. 그 이유는 이스라엘 백성이 하나님의 임재 없이, 하나님의 축복 없이, 진정한 부흥 없이 사는 것은 살아도 산 것이 아니었기 때문입니다.

그래서 드디어 다윗은 하나님의 언약궤를 이스라엘 변방에 있던 아비나답의 집에서 예루살렘으로 옮겨오기로 했습니다. 그 일을 위해서 다윗은 우선 이스라엘 백성 중에서 삼만 명의 사람을 뽑았습니다. 이 사람들은 모두 하나님의 언약궤를 에워싸고 찬송하면서 함께 예루살렘으로 올라갈 사람들이었습니다.

그런데 여기서 중요한 것은 하나님의 궤를 옮기는 방법입니다. 모세의 율법에는 하나님의 궤를 옮기는 방법이 지시되어 있습니다. 하나님의 언약궤는 레위 자손 중에서 오직 고핫 족속만이 어깨로 매고 옮기게 되어 있었습니다. 그래서 하나님은 모세에게 다른 족속은 다 죽어도 적어도 고핫 자손은 네 명은 살려야 한다고 했습니다. 왜냐하면 고핫 자손이 다 죽으면 하나님의 궤를 옮길 사람이 없어지기 때문입니다.

그런데 다윗은 하나님의 말씀을 읽은 지 오래되어서 그런지 아니면 레위 사람들이 자기 사명을 다하지 않아서 그런지 모르지만 모세의 율법대로 하나님의 언약궤를 옮기지 않았습니다. 다윗과 이스라엘 백성은 이십 년 전에 블레셋 족속들이 하나님의 언약궤를 옮기는 것을 보니까 새로 만든 수레에 하나님의 언약궤를 싣고 옮기는데 멋도 있을 뿐 아니라 정성도 있어 보이고 또 좀 더 현대적으로 보였던 것입니다. 그리고 그 당시만 해도 블레셋은 아주 문명국이었습니다. 그래서 다윗은 옛날 방식인 모세의 방법대로 하나님의 궤를 옮길 것이 아니라 좀 더 현대화된 블레셋의 방식대로 소가 모는 수레로 하나님의 궤를 옮기기로 한 것입니다.

6:3, "그들이 하나님의 궤를 새 수레에 싣고 산에 있는 아비나답의 집에서 나오는데 아비나답의 아들 웃사와 아효가 그 새 수레를 모니라"

처음 시작은 좋았습니다. 다윗은 한 번도 사용하지 않은 새 수레에 하나님의 궤를 실었고 멋진 소로 궤를 끌게 했습니다. 그리고 아비나답의 아들 아효가 소를 끌었고 웃사가 옆에서 궤를 지켰습니다. 그리고 수많은 이스라엘 백성들이 여러 가지 악기를 연주했는데, 수금과 비파와 소고와 양금과 제금으로 하나님 앞에서 연주했습니다. 즉 오케스트라가 하나님을 찬양하는 연주를 했던 것입니다. 다윗은 아주 작은 하나님의 말씀을 어겼을 뿐이었습니다. 그러나 이 작은 불순종은 결국 큰 사고로 이어지게 되었습니다.

하나님의 궤가 나곤의 타작마당에 도착했을 때 갑자기 소가 뛰기 시작하는 바람에 언약궤가 수레에서 떨어지게 되었습니다. 그래서 웃사라는 청년이 하나님의 언약궤가 땅에 떨어지지 못하도록 손으로 그 언약궤를 잡았습니다. 그러나 하나님의 언약궤는 어느 누구도 손을 대지 못하게 되어있었습니다. 그래서 하나님께서 웃사를 치시니까 그는 거기서 즉사하고 말았습니다. 다윗은 그냥 가만히 있었으면 되는데 괜히 하나님의 언약궤를 옮기려고 했다가 청년 한 명만 죽게 하고 백성 앞에서 망신당하고 말았던 것입니다.

이때 다윗에게는 두 가지 감정이 폭발했는데, 하나는 분노였습니다. 그것은 "하나님, 우리는 할 만큼 했습니다. 하나님은 도대체 우리에게 얼마나 완전한 것을 요구하십니까? 하나님은 너무 까다로우십니다."라는 원망이 터졌던 것입니다. 결국 하나님의 임재를 원해서 언약궤를 예루살렘으로 옮기려고 했던 다윗의 계획은 아주 작은 말씀 하나를 불순종함으로 청년이 죽고 사람들은 절망하고 다윗은 분노함으로 인해 실패로 끝나게 됩니다. 그러나 다윗은 입때까지만 해도 자신이 실패한 원인을 잘 몰랐던 것 같습니다. 그냥 하나님이 갑자기 변덕을 부리셔서 웃사 한 명을 죽인 것으로 생각했습니다.

그리고 또 하나의 감정은 두려움이었습니다. 즉 "역시 나는 하나님의 임재 앞에 나아갈 수 없구나. 이스라엘 백성도 하나님의 임재 앞에 나아갈 수 없구나. 하나님은 너무나도 무서운 분이시구나."라고 생각하며 두려워했던 것입니다.

2. 다윗의 오해

하나님은 너무나도 자비로우신 분입니다. 여기서 자비롭다는 것은 너무나도 좋으신 분이라는 뜻입니다. 하나님은 우리에게 좋은 것을 다 해주고 싶어 하시는 사랑의 하나님이십니다. 그럼에도 불구하고 하나님은 다윗이 언약궤를 옮길 때 진노하셔서 웃사를 죽게 하시고, 다윗이 언약궤 옮기는 것을 중단하게 하셨습니다.

여기서 우리는 하나씩 생각해보아야 하겠습니다. 우선 소가 잘 가다가 나곤의 타작마당에서 미친 것처럼 날뛰었던 이유가 무엇일까요? 그것은 바로 그 소가 사람들이 보지 못하는 것을 보았기 때문입니다. 그것이 무엇입니까? 칼을 들고 자기를 죽이려고 서 있는 천사를 보았던 것입니다. 하나님의 천사는 더이상 다윗이 이 행사를 위해서 하나님의 말씀을 모독하는 것을 허용해서는 안 되겠다고 해서 이를 막으려고 칼을 들고 서 있었던 것입니다. 그런데 다윗이나 사람들은 아무도 그 천사를 보지 못하고 오직 소만 그 천사를 보았던 것입니다. 그래서 소는 천사가 너무나도 두려워서 날뛰었던 것입니다.

타작마당은 넓은 곳이기 때문에 소가 날뛰면 소를 멈추게 할 수도 있었을 것입니다. 그리고 만일 다윗이나 제사장이 천사가 칼을 들고 길을 막고 서 있는 것을 보았더라면 돌아갈 수도 있었을 것입니다. 그러나 그들은 아무도 천사를 보지 못했습니다.

이것은 발람 때와 비슷합니다(민 22:21-35). 발람은 하나님의 말씀도 예언하고 점도 치는 이상한 선지자였습니다. 그는 이스라엘 백성을 저주해

주면 돈을 많이 주겠다는 모압 왕의 말을 듣고 나귀를 타고 가는데, 나귀는 죽음의 천사를 보았지만 발람은 그 천사를 보지 못했습니다. 그래서 발람은 가지 않으려는 나귀를 막대기로 세 번씩이나 때렸습니다. 그때 나귀가 "너 왜 나를 때려? 저 앞에 서 있는 죽음의 천사가 안 보여?"라고 말을 한 것입니다. 나귀가 본 것을 선지자는 보지 못했습니다.

이와 마찬가지로 소가 본 것을 웃사나 그의 동생은 보지 못했던 것입니다. 하나님은 변덕을 부리시는 분이 아닙니다. 하나님은 참으시는 분입니다. 하나님은 나곤의 타작마당까지 다윗이 하나님의 말씀을 업신여기는 것을 참으셨던 것입니다. 그러나 하나님은 더이상 하나님의 언약궤로 인하여 업신여김을 당하는 것을 참으실 수 없었습니다.

그러면 하나님은 왜 블레셋 사람들은 하나님의 언약궤를 수레에 싣고 소가 끌고 오는 것을 내버려 두셨을까요? 그들은 이방인으로 하나님의 말씀을 몰랐기 때문입니다. 그래서 하나님의 말씀을 모르는 자들이 하는 것이 보기에 좋고 현대적이라고 해서 하나님의 말씀을 아는 자들이 따라하면 죽는 것입니다. 요즘 우리는 현대적이라는 말을 얼마나 좋아합니까? 그러나 그것이 하나님을 업신여기는 것이고 하나님을 무시하는 일인 것입니다. 하나님은 우리가 다른 사람들이 뭐라고 하든지 성경 그대로 하면 가장 기뻐하시고 좋아하시는 것입니다.

그러면 우리가 웃사라고 생각해봅시다. 나곤의 타작마당에 와서 갑자기 소가 뛰면서 하나님의 궤가 떨어지려고 할 때 하나님의 궤를 내버려 두고 보기만 해야 할까요? 아니면 그 궤가 떨어지지 않도록 손으로 붙잡고 죽어야 할까요? 아마 거의 대부분 성도는 하나님의 궤가 떨어지지 않도록 잡다가 죽어야 했을 것입니다. 결국 이것은 웃사가 잘못했다기보다는 하나님의 말씀을 중요하게 생각하지 않은 모두가 잘못한 것입니다. 또 웃사도 제사장의 아들인데 언약궤를 옮기는 방법이 율법과 달랐다면 이것이 옳지 않다고 말했어야 자기가 살 수 있는 것입니다. 그러나 그는 왕이 하니까 옳겠지 혹은 아버지가 하시니까 옳겠지 하고 세상적인 방법을 따라 하다가 아까운 목숨을 잃고 만 것입니다.

그래서 우리는 세상적인 방법을 교회 안에 끌어들이는 것을 아주 조심해야 합니다. 예배 볼 때 강대상에 초를 켠다든지 아니면 큰 십자가를 둔다든지 성경책을 펼쳐둔다든지 마리아상을 세워놓는다든지 하는 것은 모두 하나님을 모독하는 행위인 것입니다.

그러면 웃사가 하나님의 언약궤를 잡아서 죽었는데 그것이 그가 지옥에 간 것을 의미할까요? 그렇지는 않습니다. 하나님께서 치셔서 죽게 하셨다고 해서 모두 지옥에 가는 것은 아닙니다. 단지 하나님께서 그들을 징계하신 것뿐입니다. 오히려 성경에서는 하나님은 사랑하는 자를 징계하신다고 했습니다.

다윗은 하나님을 오해했습니다. 처음에 다윗은 하나님께 대하여 분노했습니다. 즉 하나님은 너무 까다롭고 변덕스러운 분으로 생각했던 것입니다. 그리고 다윗은 하나님을 두려워했습니다. 즉 아직 자기는 하나님의 임재 앞에 나아갈 정도로 신앙이 깨끗하지 못하다고 생각한 것입니다. 그래서 다윗은 사람이 죽었는데도 언약궤를 무리하게 옮기지 않았습니다. 그는 하나님께서 지금 이 행진을 좋아하지 않으신다고 생각하고 언약궤를 옮기는 것을 중단했습니다. 그리고 가까이 있는 오벧에돔이라는 사람의 집에 언약궤를 옮겨놓았습니다.

6:10, "다윗이 여호와의 궤를 옮겨 다윗 성 자기에게로 메어 가기를 즐겨하지 아니하고 가드 사람 오벧에돔의 집으로 메어 간지라"

가드 사람 오벧에돔이라면 블레셋 사람을 의미하는 것이 아닌가 생각하기 쉽습니다. 그리고 또 여호와의 궤 때문에 사람이 죽었고, 블레셋 사람들은 그 언약궤를 감당하지 못해서 독종 때문에 많이 죽었는데 이것을 자기 집에 갖다 두면 자기 집 식구들이 다 죽는 것이 아닐까 걱정할 수도 있었을 것입니다. 그러나 가드 사람이라고 해서 블레셋 사람을 말하는 것은 아닙니다. 그리고 오벧에돔의 자손들은 오래오래 성전을 지키는 일을 하는 것을 보면 그들이 레위인인 것을 알 수 있습니다.

오벧에돔은 하나님의 궤를 잘못 모시면 사람들이 죽는다고 생각하지만 그는 하나님을 사랑하는 마음으로 하나님의 궤를 자신의 집에 맞아들였습니다. 그들은 죽으면 죽을 각오를 하고 하나님의 임재를 자기 집에 모셨던 것입니다. 그런데 놀라운 것은 하나님의 궤가 오벧에돔의 집에 딱 석 달 있었는데 하나님께서 오벧에돔의 집에 무지무지한 복을 부어주셨던 것입니다.

6:11, "여호와의 궤가 가드 사람 오벧에돔의 집에 석 달을 있었는데 여호와께서 오벧에돔과 그의 온 집에 복을 주시니라"

역시 하나님은 좋으신 분입니다. 하나님은 죽을 각오를 하고 하나님의 궤를 자기 집에 모셨던 오벧에돔과 온 집안에 복을 주셨습니다. 오벧에돔은 다윗이 자기 성에 모시기를 주저했던 그 궤를 기쁨으로 모셨습니다. 하나님은 어떻게 오벧에돔의 집에 복을 주셨을까요? 하나님의 궤가 임한 그 날부터 온 가족에게 기쁨이 충만하기 시작했고 모든 질병이 다 나았으며 짐승 중에도 병든 것이 없었고 곡식도 엄청나게 잘 되었던 것입니다. 하나님의 축복은 확실히 눈에 띌만한 축복이었습니다. 아마도 오벧에돔이 기도하면 모든 기도가 다 이루어졌던 것 같습니다. 하나님은 오벧에돔에게 모든 좋은 것을 다 주셨던 것입니다.

3. 다윗이 새로 가진 용기

다윗은 처음에 하나님의 궤를 옮기면서 블레셋이나 벧세메스에서 일어났던 재앙의 징크스가 또 일어나는가 해서 굉장히 두려워했던 것 같습니다. 다윗은 '역시 하나님의 임재는 위험해. 함부로 하나님의 궤를 가까이하면 안 돼' 라고 생각했던 것입니다. 그런데 사람들은 오벧에돔의 집에 임한 하나님의 축복을 이야기하기 시작했습니다. 하나님은 기쁨으로 하나님의 궤를 모셨던 오벧에돔의 집에 복이란 복은 다 부어주셨던 것입니다.

그 말을 듣고 다윗은 조용히 생각해보았습니다. '역시 하나님은 좋으신 분이시다. 그런데 왜 첫 번째 언약궤를 옮기는 일은 실패했을까?' 다윗은 그것이 너무나도 분명한 하나님의 말씀을 무시하고 세상적인 방법, 즉 현대적인 방법으로 하나님의 궤를 옮기려고 했기 때문이라는 것을 알게 되었습니다. 즉 하나님의 궤는 반드시 고핫 족속 네 명이 어깨에 메야 했던 것입니다. 이제 다윗은 원인을 알고 나니까 자신감을 얻게 되었습니다. '역시 하나님은 좋으신 분이시구나. 문제는 우리가 하나님의 말씀을 무시하고 세상을 따라간 데 있었어!'

이제 다윗은 다시 용기를 내서 두 번째로 하나님의 궤를 옮기기로 계획했습니다. 다윗은 이번에는 율법의 말씀대로 고핫 자손들과 제사장들을 다 모아서 고핫 자손의 어깨에 하나님의 궤를 메서 옮겼습니다. 지난번에는 이상하게 하나님의 궤를 옮기면서 불안했는데 이번에는 완전히 하나님과 함께하는 데이트였습니다.

이번에 다윗은 하나님의 궤를 옮기면서 결코 서두르지 않았습니다. 오히려 소걸음보다 더 천천히 궤를 옮기게 했습니다. 그래서 언약궤를 맨 제사장이 여섯 걸음을 옮기면 그때마다 하나님께 소와 송아지를 잡아 제사를 드렸습니다. 백성들은 찬송을 부르고 다윗은 왕의 옷을 입은 것이 아니라 얇은 베 에봇을 입고 언약궤 앞에서 춤을 추었습니다. 제사장은 나팔을 불고 백성은 환호성을 질렀습니다. 이것은 하나님의 궤를 옮기는 것 자체가 일이 아니고 하나님의 궤 자체가 기쁨이었기 때문입니다. 사람들은 온종일 하나님의 궤를 보았고 노래를 불렀으며 기뻐했습니다.

그런데 이렇게 좋은 일에는 반드시 사탄이 틈을 탑니다. 다윗의 아내이며 사울의 딸인 미갈은 하나님의 궤를 옮기는 일에 참여하지 않았습니다. 오히려 그녀는 왕궁 창문에서 하나님의 궤 옮기는 것을 구경만 했습니다. 원래 사울은 하나님의 성전을 좋아하지 않았습니다. 그런 기질이 그 딸 미갈에게도 그대로 있었던 것입니다. 그리고 미갈은 다윗이 하나님의 궤 앞에서 얇은 옷을 입고 춤추는 것을 보고 그를 업신여겼습니다. "아니, 저 궤가 뭔데 왕이 채신머리없이 속이 다 비치는 옷을 입고 덩실덩실 춤을 춘단 말이야? 정말 창피해 죽겠네."라고 중얼거렸던 것입니다.

다윗은 하나님의 궤가 들어갈 장막을 준비해 놓았습니다. 아마 이것은 완전한 성막은 아니겠지만 하나님의 임재 앞에서 번제나 속죄제를 드릴 수 있는 장막이었던 것입니다. 다윗은 하나님의 궤가 정한 위치에 있게 되었을 때 하나님께 번제와 화목제를 드렸습니다. 이것이 진짜 하나님을 만나는 것이었습니다. 백성의 마음에는 기쁨이 임하고 하나님의 영감은 흘러넘치며 찬송과 예배가 회복되었던 것입니다.

다윗은 거기에 참여한 모든 백성에게 남녀구별 없이 떡 한 덩이와 고기 한 조각씩을 나누어주고 집으로 돌아가게 했습니다. 물론 그 떡과 고기는 다윗이 주는 것이지만 사실은 하나님께서 주신 것입니다.

나중에 그리스도께서 죽음을 이기시고 하늘에 입성하셨을 때 주님은 사로잡혔던 우리에게 선물을 주셨습니다. 그 선물은 자유와 성령과 모든 능력입니다. 우리는 지금 주님이 승리하신 선물을 받은 자들입니다. 옛날에 장군들은 전쟁에서 이기면 많은 전리품을 마차에 싣고 와서 환호하는 백성들에게 나누어 주었습니다. 주님은 이 세상 것도 빼앗아서 우리에게 나누어 주시는 것입니다.

이때 하나님의 임재 앞에서 사탄이 다윗을 시험했습니다. 다윗이 모든 행사를 다 마치고 식구들을 축복하려고 집에 들어왔을 때 사울의 딸 미갈이 왕을 맞으러 나오면서 "오늘 이스라엘 왕이 얼마나 영화로운지 염치없이 자기 몸을 거기에 있는 계집종들 앞에서 나타내었다"고 조롱하는 듯이 잔소리를 했습니다. 물론 미갈은 자기가 다윗의 부인이기 때문에 다윗이 하는 행동 중에서 보기 싫은 것을 잔소리하고 고쳐야 한다고 생각했을지 모릅니다. 그러나 다윗이 하나님의 궤 앞에서 얇은 옷을 입고 춤을 춘 것은 아이가 아버지를 만나 너무 좋아서 춤을 춘 것과 같고 부인이 수년 만에 남편을 만나고 목을 안고 우는 것과 같은 행동이었습니다. 하나님의 임재 앞에서 춤추고 우는 것은 다른 사람이 상관할 수 없는 일입니다.

6:21-22, "다윗이 미갈에게 이르되 이는 여호와 앞에서 한 것이니라 그가 네 아버지와 그의 온 집을 버리시고 나를 택하사 나를 여호와의 백성 이스라엘의 주권자로 삼으셨으니 내가 여호와 앞에서 뛰놀리라 내가 이보다 더 낮아져서 스스로 천하게 보일지라도 네가 말한 바 계집종에게는 내가 높임을 받으리라 한지라"

그래서 웬만했으면 다윗이 미갈의 말을 듣고 참았겠지만 이 말은 하나님의 말씀이 아니라 사탄의 말이라는 것을 알았습니다. 그래서 다윗은 "이것은 내가 하나님 앞에서 한 것이지, 사람 앞에서 한 것이 아니라"고 했습니다. 그리고 "오늘 하나님이 나를 만나시고 이스라엘의 주권자로 삼으셨기 때문에 나는 여호와 앞에서 뛰놀리라"고 하면서 "나는 이것보다 더 낮아지고 더 유치해져도 절대로 낮아지지 않는다"고 강조했습니다. 다윗은 미갈이 하는 말을 받아들이지 않았습니다. 다윗은 미갈의 말을 그 자리에서 배척해버렸습니다. 그래야 하나님의 일이 업신여김을 받지 않기 때문입니다.

자기 자신이 하나님의 임재 앞에서 하나님께 영광을 돌리고 하나님이 주시는 선물을 받아가야지 미갈처럼 창문에서 구경만 해서는 안 되는 것입니다. 하나님의 임재가 있어야 이스라엘이 이스라엘이 될 수 있습니다. 하나님의 임재 앞에서 우리는 하나님의 천사를 볼 수 있고 불말과 불병거도 볼 수 있습니다. 기쁨이 충만한 성도들이 다 되시기 바랍니다.

10

다윗의 언약

삼하 7:1-17

어른이 어린아이와 약속할 때는 주의해야 합니다. 왜냐하면 어린아이는 약속하면 그 약속을 잊지 않고 그것이 이루어질 때까지 지킬 것을 요구하기 때문입니다. 아이들에게 함부로 주말에 롯데월드에 놀러 가자고 하든지, 혹은 동물원에 데리고 간다는 약속을 하는데, 아이들은 일주일 내내 그 약속만 생각하기 때문에 약속을 지키지 않으면 굉장히 실망하게 됩니다. 그래서 외국 영화를 보면 아빠가 아주 중요한 회사 일이 있지만 아이와 어떤 약속을 했으면 그것을 지키려고 회사 일을 포기하는 것을 볼 수 있습니다. 아이는 아버지가 약속을 지키지 않으면 약속을 지키지 않는 사람으로 평생 기억하기 때문입니다.

어떤 사람이 학원을 시작하려고 하면 일단 적당한 건물을 찾아서 얼마 동안 사용한다는 계약을 맺어야 합니다. 계약을 맺지 않으면 그 건물을 사용할 수 없습니다. 그리고 계약을 맺은 후에는 그 건물 안에 책상과 의자도 갖다 놓고 학원 간판도 달고 학생들을 모아야 가르칠 수 있습니다. 주인도 계약 기간에는 함부로 입주자에게 나가라고 할 수 없습니다. 만일 우리가 어떤 집을 사서 완전히 내 집으로 만들려고 하면 먼저 주인과 그 집을 구입한다는 계약을 해야 합니다. 그러면 옛 주인은 약속된 날까지 집을 완전히 비워주게 되고 새 주인은 집을 완전히 뜯어고쳐서 자기 집으로 만들어서 들어가면 아무리 오래 살아도 되는 것입니다.

오늘날에는 계약이 아주 중요합니다. 예를 들어서 어떤 사람이 화재보험 계약을 맺으면 건물에 화재가 나서 다 태워버려도 모든 손해를 보상받을 수 있게 되어있습니다. 그런데 화재 계약을 맺지 않았는데 불이 나서 건물을 다 태우면 알거지가 되는 것입니다. 또 자동차 사고가 났을 때도 사람이 죽지만 않으면 치료비나 자동차 수리 보상비가 보험금에서 나오게 되어있습니다. 그런데 보험을 들지 않은 상태에서 사람이 다치거나 차가 부서지면 자기 돈으로 다 물어줘야 하는 것입니다.

하나님은 인간과 여러 번에 걸쳐서 계약을 맺으셨습니다. 물론 모든 사람이 그 계약을 다 알지는 못합니다. 왜냐하면 계약이라는 것은 대표자와만 맺으면 효력이 발생하기 때문입니다.

하나님은 다윗을 보았을 때 이스라엘 사람에 대한 생각이 달라지게 되었습니다. 다윗은 베들레헴이라는 보잘것없는 마을 출신이었고 가난한 집안의 여덟 번째 아들이었습니다. 그리고 그가 하는 일은 고작 양을 치는 것이었습니다. 다윗은 동네 처녀에게도 인기가 없었고 집에서도 인정을 받지 못했습니다. 다윗이 가지고 있는 재주가 있다면 악기를 만드는 재주 정도였습니다.

그런데 다윗에게는 특별한 것이 있었습니다. 그것은 거의 미치다시피 하나님의 말씀을 좋아한다는 것이었습니다. 다윗은 율법의 말씀을 너무 좋아해서 외우기도 하였고 그것으로 노래를 만들어 부르기도 했습니다. 하나님은 이스라엘 백성 중에서 하나님의 말씀을 이렇게 좋아하는 사람이 다 있는가 돌아보게 되었습니다. 그래서 하나님은 다윗을 양 치는 목동의 자리에서 이스라엘의 왕이 되게 하셨습니다. 보통 사람은 목동으로 있다가 왕이 되었으면 재물을 탐하든지 명예를 탐하든지 왕이라고 해서 거들먹거리든지 할 텐데 다윗은 왕이 된 후에도 하나님의 말씀을 더 사랑했습니다.

다윗은 너무 하나님의 말씀을 사랑해서 하나님의 성전을 지으려고 작정했습니다. 그때 하나님은 다윗 같은 사람이라면 이스라엘의 미래를 다 맡겨도 좋겠다고 생각하셔서 다윗과 언약을 맺으셨습니다. 그것이 바로 다윗의 언약이었습니다. 하나님은 다윗의 아들 중에서 성전을 지을 것이며, 다윗의 후손이 계속 이스라엘의 왕이 되게 하겠고, 다윗의 등불을 꺼트리지 않겠다고 약속하신 것입니다.

1. 하나님이 맺으신 언약

하나님은 여러 차례 인간과 언약을 맺으셨습니다. 인간은 자기들은 아무것도 만든 것이 없는 세상에 태어나서 모든 것을 다 차지하고 살기에 언제 주인이 나타나서 "너희들은 모두 이 지구를 떠나라"고 할지 모르기 때문입니다. 얼마 전에 테슬라 자동차사가 우주선을 쏘아 올렸는데 얼마 가지 않으면 화성에 인간이 살 수 있는 도시를 만들 것이라고 했습니다. 대개 이런 소리를 하는 사람의 말은 믿지 않는 것이 좋습니다.

하나님이 맨 처음 인간과 맺으신 계약은 생명의 언약이었습니다. 하나님은 인간을 만드신 후에 에덴동산에 살게 하시면서 하나님의 말씀에 완전히 순종해서 살면 죽지 않고 영원히 살게 하겠다고 약속하셨습니다. 그러나 인간은 뱀의 말에 속아서 그 선악과의 유혹을 이기지 못함으로 인해 영생을 사기당하게 됩니다. 그래서 인간은 에덴동산에서 쫓겨났을 뿐 아니라 결국 모두 죽게 되었습니다. 처음에 사람은 거의 구백 살 넘게까지 살았습니다. 그러나 그렇게 오래 사는 것이 결코 행복이 아니었습니다. 인간은 오래 살면 살수록 죄를 더 많이 짓고 악한 짓을 더 많이 했습니다.

결국 인간은 도저히 하나님이 참으실 수 없는 수준까지 죄를 지었습니다. 이 지구는 인간이 어느 수준 이상으로 죄를 지으면 자동적으로 재앙이 일어나도록 설계되어 있었습니다. 그래서 어느 날 갑자기 지구가 폭발하듯이 하늘에서 물이 쏟아지고 땅에서도 물이 터지더니 하나님의 말씀을 믿고 방주를 지은 노아와 그 아들들과 아내들과 그 배에 탄 동물들 외에는 전부 다 죽고 말았습니다. 노아의 대홍수는 홍수와 쓰나미가 합쳐진 것이었습니다. 그래서 지금도 에베레스트산에는 조개껍질이 있다고 합니다. 즉 옛날에는 그곳이 바다였던 것입니다. 하나님은 노아와 두 번째 언약을 맺으셨습니다. 그것은 세상 마지막 날까지 홍수로 인간을 멸망시키지 않겠다는 약속이었습니다. 즉 하나님은 세상 마지막 날까지 지구를 지켜주시겠다는 것입니다.

하나님께서는 이스라엘의 조상 아브라함과 세 번째 언약을 맺으셨습니다. 그것은 그가 하나님을 믿었기 때문에 그를 의롭다 하시고 그가 하나님의 말씀에 순종하기 때문에 하늘의 복을 독점적으로 주시겠다는 약속이었습니다. 그리고 그의 후손을 통해서 많은 민족이 복을 받게 된다는 언약이었습니다. 그러나 이스라엘 백성은 하나님을 믿기가 어려웠습니다. 왜냐하면 하나님은 눈에 보이지 않는 신이고 오직 불쑥불쑥 말씀만 하시는 신이었기 때문입니다. 그래서 야곱의 아들들은 모두 범죄자가 되었습니다. 그들은 동생을 팔아먹고 세겜 사람들을 다 죽였습니다. 르우벤 같은 아들은 성범죄까지 저질렀습니다. 그래서 이스라엘 백성은 애굽에 내려가서 사백 년 동안 노예생활을 하게 됩니다.

그리고 하나님은 네 번째로 모세와 언약을 맺으셨습니다. 그것은 이스라엘 백성이 오직 하나님의 율법에만 순종하면 가나안 족속들을 다 쫓아내고 이스라엘 백성이 가나안 땅을 차지하게 된다는 약속이었습니다. 그러나 이스라엘 백성은 하나님만 믿기에는 너무 불안했습니다. 그래서 광야에서도 계속 애굽에 돌아가서 종노릇 하겠다고 불평했고, 가나안 땅을 차지하고 생활이 안정이 되고 나니까 이방인에 대한 호기심을 이기지 못해서 우상숭배에 빠지곤 했습니다.

그런데 하나님은 다윗이라는 사람을 만나고 나서는 이스라엘에 대한 생각이 달라지게 되었습니다. 다윗은 하나님의 마음에 맞는 사람이라고 했습니다. 다윗은 돈도 없고 인물로 잘생긴 것도 아니고 공부도 많이 한 것이 아니었습니다. 그러나 다윗은 하나님의 말씀에 거의 미치다시피 했습니다. 다윗은 오직 하나님의 말씀을 자기 생명처럼 사랑했는데, 하나님의 말씀은 송이꿀보다 더 달고 정금보다 더 귀하다고 고백했습니다. 그래서 하나님은 아무 자격도 없는 다윗을 목동의 자리에서 이스라엘 왕이 되게 했습니다.

그런데 다윗은 돈도 좋아하지 않고 영토를 넓히는 것도 좋아하지 않고 오직 하나님의 율법을 더 사랑해서 하나님의 성전을 지으려고 했습니다. 하나님께서는 이스라엘 백성이 너무 하나님을 많이 속였기 때문에 이스라엘 백성과 특별한 약속을 하지 않으셨습니다. 하나님이 이스라엘 백성과 맺은 약속은 오직 모세의 언약뿐이었습니다. 이스라엘 백성이 하나님의 율법을 지키면 가나안 땅을 차지하고 복을 받는다는 약속이었습니다.

그런데 하나님은 다윗을 만나고 나서 생각이 변하셨습니다. 이렇게 하나님의 말씀을 사랑하는 사람이라면 그리고 이런 사람의 후손이라면 이스라엘의 왕위와 모든 것을 다 맡겨도 되겠다고 생각하셨던 것입니다.

2. 다윗의 하나님 생각

사람들은 자기가 가진 것이 아무것도 없으면 하나님을 많이 생각하고 감사를 하게 됩니다. 즉 사람들은 가진 것이 없어야 하나님을 가까이 느낄 수 있다는 것입니다. 그런데 돈이나 명예나 권력이나 세상적인 것을 조금 가지면 그때부터는 이것을 쓰고 싶어서 생각이 복잡해지게 됩니다. 그러면서 하나님으로부터 멀어지게 됩니다. 예를 들어서 어떤 사람이 집이 없다가 멋진 큰 아파트가 생기면 하나님께 감사하고 영광을 돌려야 하겠다고 생각하는 것이 아니라 온갖 장식으로 집을 꾸미는 일부터 합니다. 그리고 집값이 얼마나 올랐는가 신경을 쓰고 자기 자녀들이 공부를 얼마나 잘하고 성적이 얼마나 올랐는가에 신경을 쓰게 되는 것입니다.

제 자랑이 아닙니다. 저는 집에 마루 정도의 공간만 있으면 언제나 개척 교회를 시작했습니다. 한번은 어느 집에 세 들어 사는데 마루가 좀 넓었습니다. 거기서 우리는 교회를 시작했습니다. 거기 학생 출신 중에서는 미국에 가서 박사학위를 받고 교수가 된 사람도 있습니다. 나중에 그 집에서 다른 곳으로 이사 갈 때 동사무소 직원이 저희에게 그 집에 엄청나게 민원이 많이 들어왔었다는 것을 이야기해 주었습니다. 우리가 있는 동안 찬송가를 부르고 사람들이 많이 왔다 갔다 하니까 시끄러워서 주위에서 민원을 내었던 것입니다. 그런데 그 동사무소 직원이 교인이었든지 전부 잘 처리해주어서 우리에게 알려주지 않았고 우리는 그런 일이 있는 줄은 꿈에도 몰랐습니다.

하나님은 다윗을 사랑하셔서 모든 원수를 다 무찌르게 하셨습니다. 다윗의 시편을 보면 그가 쉽게 적을 무찌른 것이 아니라는 사실을 알 수 있습니다. 그는 수없이 죽음의 위기를 넘기면서도 하나님의 도우심으로 살아남았습니다. 다윗은 너무 많이 쫓겨 다녔기 때문에 왕이 되었지만 자기가 왕이라는 생각이 들지 않았습니다. 다윗은 자존감이 너무 낮았기 때문입니다. 그런데 하나님께서 두로 왕의 신하들을 보내어서 다윗의 왕궁을 지어주셨을 때 그때 비로소 '내가 이스라엘 왕이긴 왕이구나.' 라는 생각을 가지게 되었던 것입니다.

7:1, "여호와께서 주위의 모든 원수를 무찌르사 왕으로 궁에 평안히 살게 하신 때에"

이제 다윗의 적들도 모두 다윗에게 굴복했습니다. 또 두로 왕이 다윗에게 멋진 왕궁을 지어주었을 때 다윗은 이제 더이상 걱정할 것이 없었습니다. 대개 사람들이 평안하게 되면 시험이 들기 쉽습니다. 사람이 어떤 목표를 가지고 죽자 살자 노력할 때는 딴생각도 하지 않고 오직 목표 하나에만 전념을 하지만, 자기가 이루고자 하는 계획이 이루어지고 집에 걱정거리가 없어지게 되면 엉뚱한 짓을 생각하기 시작합니다. 만약 다윗도 다른 사람과 같았더라면 새로 지은 왕궁에 미인 하녀들을 더 많이 두고 자기 보좌를 상아로 새긴 보좌로 만들고 금 방패를 두고 아침저녁으로 조회하려고 했을 것입니다.

그러나 다윗은 왕궁에 살게 되었을 때 당장 하나님 생각을 했습니다. 즉 자기는 백향목으로 만든 왕궁에 사는데 하나님은 아직 다 낡아빠진 천막에 계신다는 안타까운 생각이 들었습니다. 그래서 다윗은 선지자에게 하나님의 뜻을 물어본 후에 이제는 하나님의 성전을 백향목으로 지어야겠다고 생각하게 되었습니다.

7:2-3, "왕이 선지자 나단에게 이르되 볼지어다 나는 백향목 궁에 살거늘 하나님의 궤는 휘장 가운데에 있도다 나단이 왕께 아뢰되 여호와께서 왕과 함께 계시니 마음에 있는 모든 것을 행하소서 하니라"

하나님은 나보다 더 높으신 분이신데 하나님의 궤는 초라한 천막에 있고 나는 번쩍번쩍 빛나는 백향목으로 된 왕궁에서 산다는 것이 말이 되지 않는다고 생각했습니다. 그래서 다윗은 나단 선지자에게 하나님의 성전을 백향목과 대리석으로 새로 짓고 싶은데 하나님께서 허락하시겠느냐고 물어보았습니다. 나단 선지는 아무리 생각해도 하나님의 성전을 멋있게 짓는 것은 좋은 일이니까 그것은 하나님께서 기뻐하실 일이니까 그렇게 하시라고 대답했습니다.

그러나 놀랍게도 그것은 하나님의 뜻이 아니었습니다. 그날 밤에 하나님께서 나단 선지에게 나타나셔서 다윗은 하나님의 성전을 지을 수 없다고 말씀하셨습니다.

3. 하나님의 언약

그러면서 하나님은 다윗이 하나님의 집을 지을 수 없는 이유를 말씀하셨습니다. 첫째 이유는 하나님은 너무 크시기 때문입니다.

7:5, "가서 내 종 다윗에게 말하기를 여호와께서 이와 같이 말씀하시되 네가 나를 위하여 내가 살 집을 건축하겠느냐"

하나님은 우주를 만드신 어마어마하게 크신 분이십니다. 하늘이 하나님의 보좌이고 땅은 하나님의 발등상이라고 했습니다. 온 우주가 하나님의 손안에 있습니다. 아무리 강대국이라고 해도 하나님 앞에서는 물통에 들어있는 물 한 방울에 불과합니다. 그런데 어떻게 인간이 하나님께서 사시는 집을 지을 수 있습니까? 성전은 하나님의 약속의 집이었습니다. 거기서 듣는 말씀은 하나님의 틀림없는 말씀이고, 거기서 기도하면 하나님이 분명히 들으시는 집인 것입니다.

하나님은 교회 안에만 계시는 분이 아닙니다. 하나님은 우주에 계시고 온 세상에 계시는 분입니다. 하나님은 이 세상 모든 것을 다 알고 계십니다. 예를 들어서 어떤 기술자가 자동차 엔진을 만들었다면 엔진의 모든 것을 다 알 것입니다. 한번은 우리나라가 엔진 기술자가 벤츠차 엔진에 대하여 설명을 하는데 그분은 엔진에 관한 모든 것을 다 아는 기술자였습니다. 하나님은 무지무지하게 크고 모든 것을 다 아시는 분이신데 어떻게 사람이 만든 집에 갇혀 계시겠습니까? 하나님은 교회 안에만 계시는 분도 아니고 성전에만 계시는 분도 아닙니다.

그렇지만 하나님은 이스라엘 백성에게 성막을 짓게 하셔서 이스라엘 백성들과 함께 움직이셨습니다.

7:6, "내가 이스라엘 자손을 애굽에서 인도하여 내던 날부터 오늘까지 집에 살지 아니하고 장막과 성막 안에서 다녔나니"

하나님께서는 한 곳에 고정해서 집 안에 계시는 것이 아니라 이스라엘 백성이 가는 곳에는 어디든지 같이 가시기를 원하셨습니다. 그래서 하나님이 이스라엘 백성에게 만들게 하신 성전은 조립식이었습니다. 그리고 하나님의 궤나 등잔대나 번제단이나 모두 들고 다닐 수 있는 형태였습니다. 즉 하나님은 하나님의 백성과 함께 움직이시는 하나님이신 것입니다. 그래서 하나님은 정적인 하나님이 아니라 동적인 하나님이십니다. 그래서 예수님은 "두세 사람이 내 이름으로 모인 곳에는 나도 그들 중에 있느니라"(마 18:20)고 말씀하셨습니다.

하나님은 다윗이 하나님의 말씀을 그렇게 사랑하는 것을 너무 좋아하셨습니다. 그래서 하나님은 다윗이 아무 자격도 없고 백성 중에서 지지리도 못난 사람이지만 그를 왕으로 세우셨고 대적하는 모든 원수를 멸하셨던 것입니다.

그러나 하나님은 시대가 변한 것은 인정하셨습니다. 즉 이제는 이스라엘 백성이 더이상 떠돌아다니지도 않고 쫓겨 다니지 않게 안식을 주실 것이기 때문에 천막은 시대에 뒤떨어지는 인상을 주는 것은 사실이었습니다. 특히 이방인이 볼 때 하나님은 엄청나게 낡은 하나님이시구나라고 생각할 수도 있을 것입니다. 그러나 성전을 지음으로 이스라엘 백성이 하나님을 성전 안에 갇혀 계신 분으로 생각할 수 있습니다. 천막이면 언제든지 쉽게 옮길 수 있지만 집으로 고정되면 옮길 수 없기 때문입니다. 등산하는 사람들은 산에 올라가도 텐트를 치고 잠을 잡니다. 그러면 엄청나게 춥고 불편하지만 그냥 바람을 맞는 것보다는 낫고 또 얼마든지 텐트는 접어서 이동할 수 있습니다. 그러나 텐트가 없으면 호텔에 가야 하고 호텔 안에서만 잠을 자게 됩니다.

하나님은 다윗이 하나님의 집을 짓는 것이 아니라, 하나님께서 다윗의 집을 지어주실 것이라고 했습니다. 이것은 두 가지 의미가 있습니다. 하나는 하나님의 집은 천국까지 닿아야 하는데 그것은 사람의 힘으로는 도저히 할 수 없습니다. 그래서 하나님은 앞으로 그리스도를 보내셔서 진짜 성전을 지으실 것입니다. 그래서 예수님이 십자가 위에서 죽으셨을 때 성전 휘장이 위에서 아래로 찢어져 둘이 되었습니다. 이제 우리는 예수님 안에서 하나님께 나아갈 수 있게 된 것입니다. 그러나 그 전에 하나님은 다윗의 한 아들을 정해서 눈에 보이는 성전을 짓게 하실 것입니다. 그러나 이것은 진짜 성전이 아니고 가건물입니다. 그러나 솔로몬은 성전을 지어서 복이란 복은 다 받은 사람이 되었습니다.

그리고 하나님은 다윗을 위해서 집을 지어주시겠다고 약속하셨습니다. 이것은 하나님께서 이스라엘의 모든 미래를 다윗의 후손에게 맡기겠다는 뜻입니다. 즉 이렇게 하나님의 말씀을 사랑하는 부모를 둔 자식이라면 무엇인가 다른 사람과 달라도 다를 것입니다. 그들이 다윗만큼만 하나님의 말씀을 사랑해도 하나님은 모든 이스라엘의 미래를 다 맡겨주실 것입니다.

7:13, "그는 내 이름을 위하여 집을 건축할 것이요 나는 그의 나라 왕위를 영원히 견고하게 하리라"

하나님은 다윗에게 모든 것을 다하게 하시지 않았습니다. 그에게는 하나님의 영감도 있었습니다. 그는 왕이었습니다. 그러나 그는 성전은 지을 수 없었습니다. 왜냐하면 그는 그리스도가 아니었기 때문입니다. 하나님은 다윗의 자손에게 성전을 짓게 했는데 그것은 가건물입니다. 그 대신 하나님은 이스라엘의 모든 미래를 이런 후손에게 다 맡기겠다고 하셨습니다.

하나님은 무엇보다 먼저 다윗의 후손을 하나님의 아들로 입양하시겠다고 하셨습니다.

7:14, "나는 그에게 아버지가 되고 그는 내게 아들이 되리니 그가 만일 죄를 범하면 내가 사람의 매와 인생의 채찍으로 징계하려니와"

하나님은 다윗의 후손을 하나님의 자녀로 입양하시겠다고 하셨습니다. 그래서 누구든지 다윗의 후손은 하나님의 아들인 것입니다. 우리가 하나님의 아들만 되면 겁날 것이 없습니다. 하나님의 아들이라면 시시하게 정치할 필요도 없고 감투를 쓸 필요도 없고 기업을 할 필요도 없습니다. 왜냐하면 하나님의 아들은 하나님의 아들로 충분하기 때문입니다. 그는 앞으로 큰일을 할 사람이기 때문입니다.

하나님은 우리를 하나님의 자녀로 입양하셨습니다. 우리는 하나님의 아들이기 때문에 사람의 매와 인생 채찍으로 맞는 것입니다. 우리는 일시적으로 어리석은 것 같습니다. 그러나 하나님은 다윗의 후손 한 사람만 바른 믿음을 가지면 모든 전쟁에서 이기고 부흥이 일어나게 하겠다고 약속하셨습니다. 하나님은 다윗의 등불을 영원히 꺼트리지 않겠다고 약속하셨습니다. 이것은 우리도 마찬가지입니다.

우리 한 사람이 바른 믿음을 지키면 모든 사람이 반대해도 부흥은 일어나고 축복은 부어지게 됩니다. 그 대신에 많은 사람으로부터 마음의 상처는 입을 것입니다. 단 한 사람의 다윗의 후손도 기름 덩어리입니다. 하나님이 불을 붙이시면 부흥이 일어나게 되는 것입니다. 다윗같이 하나님의 말씀을 사랑하시는 성도들이 다 되시기 바랍니다.

11

하나님이 지으신 집

삼하 7:11-29

요즘은 우리나라 건축술이 뛰어나서 집 전체를 유리로 지은 집들도 많이 볼 수 있습니다. 어떤 건물은 수십 층 되는데 유리로 지어서 건물에 하늘이나 구름이 비춰기도 합니다. 또 수십 층짜리 아파트도 유리로 지어서 집에서 보는 뷰가 좋게 만들기도 하고, 어두운 부분이 없이 온 집이 환하게 만들기도 합니다. 그러나 옛날 우리나라의 건축술이 이렇게 좋지 못해서 대개는 흙으로 벽을 만들고 볏단을 올려서 초가를 짓기도 했습니다. 그런데 부자들은 지붕에 기와를 올려서 고래 등 같은 기와집을 짓기도 했습니다. 그래서 우리나라에서 큰 집이라고 하면 주로 왕궁이든지 절이든지 아니면 큰 대문이었습니다.

집을 지을 때는 먼저 높은 기둥을 세우고 거기에 지붕을 연결한 후에 촘촘하게 벽을 만들고 창문을 만들고 계단을 만들게 됩니다. 요즘 우리나라에서도 해비타트라고 해서 집 없는 사람들을 위해서 집을 만들어주는 사람이나 단체가 있습니다. 우리 교인 중에서 그런 집에서 사는 사람이 있어서 한번 심방을 가보았더니 그런대로 꽤 괜찮게 지었습니다. 아마 오래 살지는 못하고 어느 정도 살다가 다른 사람에게 물려주고 나가야 할 것 같았습니다.

사람에게 집이 없다면 엄청나게 고생하게 됩니다. 떠돌이 생활을 하든지 비바람을 피하려고 다른 사람 집 처마나 동굴로 가야 할 것입니다. 이것은 장사하는 사람도 마찬가지입니다. 장사하는 사람이 가게가 없으면 보따리를 싸 가지고 동네 장날에 맞추어서 돌아다녀야 합니다. 이런 사람들을 장돌뱅이라고 합니다. 그런데 이런 사람들이 돈을 많이 벌어서 자기 가게를 가지거나 혹은 백화점 안에 자기 점포를 가지게 되면 그때부터는 사장이 되고 부자가 되고 여기저기 돌아다니지 않아도 될 것입니다. 그래서 자기 집이나 자기 공장이나 자기 점포가 있는 사람은 더이상 떠돌이 생활을 하지 않습니다.

다윗은 그동안 떠돌이 생활을 오래 했습니다. 그러다가 드디어 예루살렘에서 이스라엘 전체의 왕이 되었습니다. 하나님은 다윗을 위로하기 위하여 두로 왕 히람과 부하들을 보내어서 백향목으로 멋진 왕궁을 지어주셨습니다. 그런데 다윗은 하나님을 얼마나 사랑했던지 자기는 멋진 백향목으로 지은 왕궁에 사는데 하나님의 궤는 바람만 불면 펄럭이는 천막에 계신다고 하면서 하나님을 위하여 백향목 성전을 짓겠다고 생각했습니다. 이것이 바로 다윗의 열정이었습니다. 다윗은 하나님의 성전을 사모하는 열정이 얼마나 강했던지 그를 삼킬 지경이었습니다.

하나님은 다윗의 그 믿음을 보시고 "네가 나를 위하여 집을 짓겠다고 하느냐? 오히려 내가 너를 위하여 집을 지어주겠다"고 말씀하셨습니다. 여기서 하나님께서 지으시는 집은 과연 어떤 집일까요? 그것은 바로 위대한 이스라엘을 말하는 것입니다.

1. 하나님이 지으시는 집

다윗은 왕이라고 해서 백향목으로 지은 집에 평안히 있는 데 비하여,

하나님의 성막은 텐트로 지어진 집에서 아주 낡은 상태에서 방치되어 있는 것이 너무 마음이 아팠습니다. 그래서 다윗은 어떻게 해서든지 자기 왕궁보다 훨씬 큰 하나님의 집을 지어야겠다고 생각해서 나단 선지에게 하나님의 뜻을 물었습니다. 나단 선지는 처음에는 아주 좋은 생각인 것 같다고 하면서 하나님의 뜻대로 하시라고 하더니, 하룻밤 만에 안 된다고 했습니다. 왜냐하면 사람이 감히 하나님께서 살 집을 짓는 것이 불가능하기 때문입니다.

7:5, "가서 내 종 다윗에게 말하기를 여호와께서 이와 같이 말씀하시되 네가 나를 위하여 내가 살 집을 건축하겠느냐"

하나님께서는 다윗이 아무리 하나님을 사랑하고 사모하는 열정이 뜨겁다 하더라도 인간이 하나님이 계실 집을 지을 수는 없다고 하셨습니다. 왜냐하면 하나님은 너무나도 크신 분이시기 때문입니다. 그래서 하나님은 모세에게 장막을 짓게 하셔서 이스라엘 백성이 어디로 가든지 함께 움직이셨습니다. 그리고 하나님은 어느 사사나 이스라엘 지도자에게도 왜 내 집을 짓지 않느냐고 불평한 적이 없으셨다는 것입니다. 그 이유는 하나님이 인간과 함께 계시는 그 자체가 기적이기 때문입니다.

하나님은 태양보다 더 뜨거운 분이시고 우주보다 더 크신 분이십니다. 이런 하나님이 어떻게 인간이 지은 집에 계실 수 있겠습니까? 틀림없이 인간이 만든 성전은 홀랑 불에 다 타버리고 인간은 다 죽고 말 것입니다. 그런데 여기에 하나의 비밀이 있었습니다. 그것은 바로 제사장이나 이스라엘 백성이 죽을 각오를 하고 하나님의 말씀에 순종할 때 하나님은 그 성전에 거하신다는 것입니다.

그래서 이스라엘 백성이 광야 사십 년 동안 한 일은 하나님이 사람과 함께 있는 실험이었습니다. 처음 이스라엘 백성은 하나님의 음성과 나팔 소리에 죽을 것 같은 두려움을 느꼈고, 실제로 아론의 두 아들은 제단 불 외에 다른 불을 드렸다가 즉사하기도 했습니다. 또 이스라엘 백성은 금

송아지 우상을 만들었다고 모두 다 죽을 뻔하기도 했고, 하나님을 원망했다가 불뱀이 덮쳐 수많은 사람이 죽기도 했습니다. 그러나 이스라엘 백성들이 하나님의 말씀에 순종했을 때 반석에서 생수가 터져 나오기도 하고 만나와 메추라기가 내렸으며 요단강이 마르고 여리고 성을 무너트렸던 것입니다. 드디어 이스라엘 백성은 하나님을 모시는 데 성공한 것입니다.

그런데 이제는 다윗이 한 걸음 더 나아가서 하나님의 집을 백향목과 대리석으로 만들겠다고 하는 것입니다. 하나님께서는 다윗에게 하나님의 집이 대리석이냐 백향목이냐 하는 것이 중요한 것이 아니라고 말씀하셨습니다. 그 대신 하나님께서는 자신이 다윗의 집을 만들어주겠다고 말씀하셨습니다.

7:11하, "여호와가 또 네게 이르노니 여호와가 너를 위하여 집을 짓고"

하나님은 다윗을 위해 집을 지어주시겠다고 말씀하셨습니다. 이미 다윗에게는 백향목으로 된 집이 있었습니다. 그러나 하나님은 다윗을 위하여 더 좋은 집을 지어주시겠다고 말씀하셨습니다. 그것은 바로 눈에 보이지 않는 집이었습니다. 이것은 바로 하나님이 이스라엘을 축복하셔서 큰 나라가 되게 하실 뿐 아니라 다윗의 인생을 위대하게 만들어주시겠다는 뜻입니다.

어느 곳에는 집 위에 큰 집이 있는 경우가 있습니다. 예를 들어서 돔식으로 되어있는 야구장을 보면 경기장 위에 아주 큰 천막이 개폐식으로 설치되어 있어서 경기 중에 비가 오면 천막이 설치되고 불이 들어오면서 아무 탈 없이 경기를 치르게 됩니다. 마찬가지로 오페라 같은 것을 공연할 때 보면 오페라 장이 있는데 그 안에는 여러 가지 무대 장치가 있어서 큰 건물도 있고 계단도 있고 방도 있습니다. 텔레비전 드라마를 찍을 때 재미있는 것은 방에서 탈렌트들이 역적 음모를 하거나 맞선을 보거나 하는데 실제로는 그 방들이 전부 무대 세트이기 때문에 천정이 없다는 것입니다. 천정에는 전부 카메라가 왔다 갔다 하면서 드라마를 찍는 것입니다.

하나님께서 다윗에게 큰 집을 지어주겠다고 말씀하신 것은 더이상 다윗은 쫓겨 다니거나 엑스트라 역할을 하지 않고 이제부터는 다윗과 그의 후손은 역사의 드라마에서 주인공이 될 것을 의미하는 것입니다. 즉 누구든지 다윗의 후손이라면 그가 왕이든지 거지든지 쫓겨 다니고 있든지 하나님의 드라마에서 주인공이 된다는 것입니다. 그런데 오늘에 와서는 하나님의 말씀을 사랑하고 예배를 사랑하는 열정이 넘치는 사람들은 모두 다윗의 사람들입니다. 하나님은 이 사람들을 역사의 주인공으로 삼으시는 것입니다.

그 이유는 바로 여기에 있습니다. 하나님께서 다윗의 언약으로 주신 가장 중요한 것 중의 하나가 온 세상 사람들이 하나님의 말씀을 싫어하고 하나님의 통치를 반대한다고 하더라도 다윗의 자손 한 사람이 바른 믿음을 가지고 나가면 모든 신하나 백성이 반대해도 전쟁에서 이기고 영적인 부흥이 일어나게 된다는 것입니다. 이것이 하나님의 집의 법칙입니다.

우리가 하나님과 함께 동거한다고 하는 것은 불가능한 일입니다. 하나님은 태양보다 더 뜨겁고 핵무기의 수십억 배 되는 폭발력을 가지신 분인데 어떻게 우리가 하나님을 내 안에 모실 수 있겠습니까? 그러나 죽을 각오하고 하나님의 말씀을 붙들면 기적이 일어나게 됩니다. 하나님께서 우리에게 허락하시는 성전은 교인들이 모이는 교회입니다. 하나님의 말씀이 있는 교회는 성령의 기름이 흥건합니다. 여기에 불을 던지면 엄청난 불이 붙게 되는 것입니다. 그래서 사탄을 태우고 질병을 태우고 전쟁을 태우고 모든 시험을 태우는 것입니다. 그래서 교회를 세우는 것은 작은 원자탄을 하나 만드는 것과 같은 것입니다.

2. 하나님이 허락하신 성전

하나님께서는 다윗이 하나님의 성전을 새로 짓는 것을 허락하지 아니하셨습니다. 왜냐하면 한 사람이 모든 것을 다 할 수 없기 때문입니다. 또 다윗은 모든 전쟁에서 이긴 영웅인데 영웅이 성전을 지으면 다른 사람들은 하나님의 성전이 아니라 영웅의 성전으로 기억하게 될 것입니다. 그래서 하나님은 다윗이 죽은 후 그의 몸에서 나는 후손이 하나님의 이름을 위하여 집을 지을 것이라고 말씀하셨습니다.

7:12-13, "네 수한이 차서 네 조상들과 함께 누울 때에 내가 네 몸에서 날 네 씨를 네 뒤에 세워 그의 나라를 견고하게 하리라 그는 내 이름을 위하여 집을 건축할 것이요 나는 그의 나라 왕위를 영원히 견고하게 하리라"

여기서 다윗의 몸에서 나는 후손은 두 가지 의미가 있습니다. 그 하나는 그의 진짜 후손을 말합니다. 그래서 다윗의 몸에서 난 솔로몬은 하나님의 성전을 지었습니다. 그리고 솔로몬은 복이란 복은 다 받았습니다. 솔로몬이 지은 성전은 진짜 성전이 아니라 모세의 성전을 리모델링한 것이었습니다. 그러나 하나님의 성전을 짓는 사람은 모든 복을 다 받습니다. 우리가 교회를 바로 세운다는 것은 성전을 짓는 것이고 복이란 복은 다 받는 것입니다. 우리가 세상적으로 복 받았다는 사람들은 보면 돈을 많이 벌었다는 것이고 세상에서 일이 잘 풀렸다는 것이지, 모든 복을 다 받은 것은 아닙니다. 그들은 질적으로는 달라진 것이 없습니다. 그런데 하나님의 교회를 바로 세우는 사람은 그 자신이 보석으로 변하게 됩니다. 그리고 교인들 전부가 보석으로 변합니다. 이것은 세상에서 따지는 돈의 가치와는 비교가 되지 않는 것입니다. 하나님은 그들의 기도를 들어주시고 지혜를 부어주시며 안전하게 지켜주십니다.

또 다른 다윗의 몸에서 나는 후손의 의미는 하나님의 아들 예수 그리스도를 나타내는 것입니다. 예수님은 자신의 몸 안에 천국의 모든 복을 가지고 오셔서 손과 발이 못에 박히시고 옆구리가 창에 찔리심으로 하늘의 복을 우리에게 쏟아 부어주시고 새로운 성전을 만들어주시는 것입니다. 예수님은 화려하게 지으신 예루살렘 성전을 보시고 "너희가 이 성전을 헐라 내가 사흘 동안에 일으키리라”(요 2:19)고 말씀하셨습니다. 하나님은 그 몸 안에 하늘의 모든 복을 다 담아서 내려오셨습니다. 예수님이 십자가에 죽으시고 부활하심으로 우리가 성전이 되었습니다. 교인이 모이기만 하면 성전이 지어지는 것입니다.

또 하나님은 다윗에게 놀라운 약속을 하셨습니다. 그것은 다윗의 후손이 하나님의 아들이 된다는 것입니다.

7:14, “나는 그에게 아버지가 되고 그는 내게 아들이 되리니 그가 만일 죄를 범하면 내가 사람의 매와 인생의 채찍으로 징계하려니와”

이 말씀도 두 가지 의미가 있습니다. 하나는 솔로몬과 르호보암 같은 진짜 다윗의 자손들을 말합니다. 다윗의 자손들이 하나님의 말씀을 버리고 세상을 따라가면 하나님은 주위에 많은 가시를 일어나게 해서 그들을 괴롭히고 그들의 부를 빼앗아가게 하겠지만 완전히 망하게 하지는 않겠다는 것입니다. 솔로몬은 하나님의 성전을 짓고는 복이란 복은 다 받았지만 나중에 타락했습니다. 그는 우상숭배를 끌어들여서 예루살렘을 더럽혔습니다. 그래서 솔로몬 때 여로보암이라든지 여러 가시가 나타나기 시작했습니다. 그리고 솔로몬의 아들 르호보암 때는 이스라엘이 두 동강이 나게 됩니다. 그리고 애굽왕 시삭이 쳐들어와서 성전에 있는 금이나 왕 앞에서 쓰던 금 방패들까지 전부 다 빼앗아 가버립니다.

그런데 여기에서 보여주는 진정한 후손은 장차 오실 예수 그리스도를 의미합니다. 예수님은 죄가 없으시면서도 매를 맞으셨고 채찍에 맞으셨습니다. 그것은 모두 우리의 죄를 대신하기 위함이었습니다. 하나님은 때때로 우리에게도 사람의 가시를 주실 때가 있습니다. 그것은 우리가 더 하나님의 자녀답게 하기 위해서이지 미워서 그렇게 하시는 것은 아닙니다. 그런데 다윗의 자손에게는 엄청난 특권이 있습니다. 그것은 오직 다윗의 자손 한 사람만 바른 믿음에 서서 진리로 나아간다면 하나님은 전쟁에서 이기게 하시고 부흥의 불이 일어나게 하신다는 것입니다.

오늘날에는 성령 받고 하나님의 말씀을 사랑하는 자가 모두 다윗의 후손입니다. 이들은 다른 사람들이 아무리 조롱하고 반대해도 바른 믿음으로 나아가면 반드시 부흥이 일어나게 됩니다. 그 대신 그 사람은 많은 마음의 상처를 입고 육신의 상처를 입을 것입니다. 왜냐하면 주위 사람들이 그를 욕하고 조롱하고 상처를 주기 때문입니다. 예수님께서 십자가에 못 박히셨을 때 대제사장이나 바리새인들이 그를 조롱했습니다. "너는 남은 구원하였지만 자기는 구원하지 못하는구나. 지금 당장이라도 십자가에서 내려오라 그리하면 네가 메시야인 줄 믿겠노라"(마 27:42)고 비방했습니다. 그러나 예수님은 사람의 말을 듣지 않고 하나님의 말씀에 순종해서 돌아가셨습니다. 그리고 예수님은 사망과 마귀의 권세를 이기시고 하나님의 보좌 우편에 앉으셨습니다.

3. 하나님의 아들로 삼으심

오늘 중요한 것은 하나님이 우리의 아버지가 되셨다는 사실입니다. 우리는 하나님의 아들로 입양된 것입니다. 우리에게 어마어마하신 우주의 주인이 아버지가 되셨습니다. 우리가 왕의 아들이 되고 대통령의 아들만 되어도 아무것도 필요하지 않습니다. 왜냐하면 우리에게는 그런 신분이 있기 때문입니다. 우리는 하나님의 아들이기 때문에 어려운 사람들을 도와주고 의롭게 살아가기만 하면 되는 것입니다. 그래서 우리에게 가장 중요한 것은 하나님 아버지와 통신을 하는 것입니다. 우리는 하나님께 이 세상에서 이루어지는 모든 것을 기도로 보고하기만 하면 됩니다. 그리고 하나님의 뜻이 이루어지도록 기도하면 되는 것입니다. 그리고 우리에게는 일용할 양식만 있으면 되는 것입니다.

하나님은 다윗의 나라가 영원할 것이라고 약속하셨습니다.

7:15-16, "내가 네 앞에서 물러나게 한 사울에게서 내 은총을 빼앗은 것처럼

그에게서 빼앗지는 아니하리라 네 집과 네 나라가 내 앞에서 영원히 보전되고 네 왕위가 영원히 견고하리라 하셨다 하라"

하나님은 사울 왕에게는 은총을 주셨다가 빼앗으셨습니다. 그 이유는 그가 하나님보다는 사람의 인기를 더 좋아했기 때문입니다. 그는 하나님의 나라를 자기 나라로 빼앗았습니다. 즉 하나님의 나라를 도둑질한 것입니다. 그러나 장차 오실 다윗의 후손은 하나님의 나라를 도둑질하지 않을 것입니다. 그는 하나님의 나라를 위하여 자기 피와 살을 다 흘릴 것입니다. 그의 나라는 영원하며 그의 왕위는 영원할 것입니다.

우리가 이 세상을 보면 나라도 흔들리고 교회도 많이 흔들리는 것을 볼 수 있습니다. 그것은 바로 하나님의 말씀 위에 세워지지 않았기 때문입니다. 예수님은 누구든지 예수님의 말씀을 듣고 그대로 행하는 자는 반석 위에 집을 지은 지혜로운 자 같아서 큰 비가 오고 홍수가 나도 무너지지 않지만 말씀을 듣기만 하고 실천하지 않는 자는 모래 위에 집을 짓는 자 같아서 다 무너지게 될 것이라고 하셨습니다(마 7:24-27).

우리는 모두 인생의 집을 짓고 있습니다. 어떤 사람은 그 집을 유리로 멋지게 지었지만 유리가 너무 약해서 누가 돌을 던지면 다 부서지는 집들도 있습니다. 어떤 사람들은 성전을 짓기는 했지만 돈으로 짓고 욕심으로 짓는 바람에 하나님의 영광이 차지 않고 인간의 썩은 욕심으로 가득 찬 곳도 있습니다.

우리는 다윗의 후손같이 부흥을 일으킬 능력이 있는 사람입니다. 우리는 모두 성령을 받아서 기름 덩어리가 되어야 합니다. 이것이 현실과 부딪치면서 스파크가 일어나고 큰 부흥이 일어나게 됩니다. 다윗은 목동이었고 미래의 비전이 전혀 없었지만 하나님의 말씀을 사랑함으로 부흥의 주인공이 되었습니다. 우리 성도들도 이런 부흥의 주인공이 다 되시기 바랍니다.

12

다윗의 승리

삼하 8:1-18

코로나바이러스가 퍼지면서 세상은 많이 달라졌습니다. 우선 텔레비전에서 야구경기 중계하는 것을 보면 그 많던 관중이 한 명도 없습니다. 왜냐하면 야구 경기장에서 경기를 보면서 '치맥'을 먹고 침을 튀기면서 소리를 지르면 틀림없이 코로나 집단 감염이 걸릴 것이기 때문입니다. 그래서 코로나 시대에는 스포츠 경기를 하는데 중계방송을 위해 선수들과 심판들만 경기를 하고 있습니다.

그런데 야구 투수에게 있어서 명예로운 것은 대기록을 세우는 것인데 그중의 하나는 '노히트 노런' 기록을 세우는 것입니다. '노히트 노런' 이라는 것은 단 하나의 안타도 맞지 않고 상대팀에게 점수를 일점도 주지 않는 것입니다. 물론 사사구라든지 몸에 맞는 볼은 주지만 안타는 주지 않는 것입니다. 거기에 비해 더 큰 기록은 '퍼펙트' 게임입니다. 퍼펙트 게임은 투수가 안타를 하나도 맞지 않을 뿐 아니라 한 명도 베이스를 밟지 않게 하는 완전한 게임을 말합니다. 이런 기록은 아주 몇 년에 한 번 정도 있을까 말까 한 대기록입니다. 한국프로야구에서는 아직 퍼펙트게임은 기록된 적이 없습니다.

군인이 전쟁할 때 모든 전쟁에서 다 이긴다는 법은 없습니다. 특히 상대방이 월등하게 강한 무기를 사용하거나 탁월한 장군이 있을 때는 아무리 애를 쓴다고 해도 이길 수 없는 것입니다. 그런데 다윗은 모든 전쟁에서 다 이겼습니다. 더욱이 상대방은 연합해서 싸우기도 하고 말이나 병거를 사용하기도 하고 탁월한 장군이 지휘했음에도 불구하고 다윗은 모든 전쟁에서 다 이겼던 것입니다. 그 이유는 다윗이 뛰어났기 때문이거나 혹은 이스라엘 군대가 전쟁을 잘해서 이긴 것이 아닙니다. 다윗에게는 하나님의 능력을 끌어내는 재주가 있었기 때문입니다. 사람의 재주가 아무리 뛰어나다 해도 하나님의 능력과는 비교가 되지 않습니다. 결국 모든 전쟁에서 이기는 사람은 뛰어난 힘을 가졌거나 군대나 무기를 가진 장군이 아니라 하나님의 능력을 끌어내는 재주가 있어야 합니다.

오늘 본문에서 다윗이 모압 자손 중에서 키가 작은 자들만 살려 둔 이유는 그동안 지켜보니까 아무래도 키가 큰 자들이 싸움하려고 하는 경향이 강했던 것 같습니다. 그 대신 키가 작은 자들은 조금은 겸손했던 것 같습니다. 그래서 다윗은 키가 두 줄이 되는 자들은 다 죽이고 작은 자들만 살려두었던 것 같습니다.

1. 하나님의 약속

장군 중에는 원래 전쟁에 뛰어난 장수가 있습니다. 줄리어스 시저 같은 경우에는 전쟁하기 전에 언제나 적보다 먼저 유리한 자리를 차지했습니다. 그래서 시저의 군대는 밤이나 낮이나 구별 없이 추운 겨울에도 달려서 유리한 위치를 먼저 차지하고 전쟁했기 때문에 언제나 이길 수 있었습니다. 그리고 줄리어스 시저는 마병을 사용하는데 탁월했습니다. 그래서 주로 마병을 가지고 보병을 에워싸는 작전으로 많은 전쟁에서 이겼습니다. 나폴레옹 같은 경우에는 포병을 사용하는 데 탁월했습니다. 그는 원래 다른 과목은 잘하지 못하고 수학만 잘했다고 합니다. 그래서 어쩔 수 없이 포병으로 빠졌는데 나폴레옹은 포병을 잘 사용해서 많은 전쟁에서 이겼던 것입니다.

그런데 다윗은 마병은 아예 없었고 수학도 잘하지 못했습니다. 다윗은 그야말로 구닥다리 군대였던 것입니다. 그럼에도 불구하고 다윗이 모든 전쟁에서 다 이겼던 이유가 어디에 있었을까요?

다윗에게 가장 중요한 승리 비결은 그에게 믿음이 있었다는 것입니다. 하나님은 다윗에게 있어서 특별한 점을 보셨습니다. 그것은 다윗이 하나님 율법의 말씀을 너무 좋아해서 미친다는 것이었습니다. 그는 하나님의 율법을 송이꿀보다 더 달게 생각했고 정금보다 더 귀하게 생각했습니다. 그래서 하나님은 드디어 다윗에게 언약을 주셨습니다. 이것이 바로 다윗의 언약이었습니다.

다윗의 언약에서 겉으로 나타난 내용은 하나님께서 다윗의 집을 지어주시고 다윗의 후손이 하나님의 집 성전을 짓는다는 것이었습니다. 그러나 그 안에 들어있는 자세한 의미를 살펴보면 다윗의 후손 중에서 누구든지 다윗 같이 하나님의 말씀을 사랑하면 다른 사람들이 아무리 반대해도 하나님께서 그에게 부흥을 주실 것이고 그가 전쟁할 때 무조건 이기게 하신다는 것이었습니다. 그래서 다윗이 모든 전쟁에서 이길 수 있는 힘은 하나님으로부터 나오는 것이었습니다.

다윗은 하나님의 말씀을 너무 좋아해서 미칠 지경이었습니다. 물론 다윗의 신하들이나 백성들은 다윗만큼은 하나님의 말씀을 사랑하지 않았습니다. 아마 그들 중에는 다윗이 너무 지나치다고 생각하는 사람도 있었을 것입니다. 그러나 다윗이 하나님의 말씀을 사랑했을 때 하나님은 다윗과의 언약을 지키셨습니다. 그래서 다윗에게는 부흥의 불이 있었고 하나님의 능력이 있었던 것입니다.

8:1, "그 후에 다윗이 블레셋 사람들을 쳐서 항복을 받고 블레셋 사람들의 손에서 메덱암마를 빼앗으니라"

다윗은 맨 먼저 블레셋을 쳤습니다. 블레셋은 이스라엘의 가시였습니다. 그래서 블레셋은 이스라엘이 힘을 내려고 하고 부흥을 일으키려고 하면 쳐들어와서 모든 것을 다 부수어버렸습니다. 그러나 다윗이 왕이 된 후 이스라엘은 만만치 않았습니다. 블레셋은 두 번이나 이스라엘을 쳐들어왔지만 모두 패배하고 말았습니다. 그 이유는 하나님께서 다윗과 함께 싸우셨기 때문입니다.

그런데 이번에는 다윗이 자기를 치러오는 블레셋과 싸운 것이 아니라 직접 블레셋을 치러갔습니다. 이번에도 역시 다윗은 모든 블레셋 군대를 다 이겼습니다. 더욱이 블레셋은 정기적으로 군사 훈련을 받는 정예부대이고 병거와 마병을 무기로 사용하는 군대였는데도 맥을 추지 못하고 다윗에게 모두 패배하고 말았던 것입니다. 다윗은 메덱암마를 빼앗았는데 이곳은 블레셋 땅에 있는 이스라엘 도시였습니다. 이제는 이스라엘 백성이 블레셋 안에 쳐들어가서 그들을 지배하게 되었던 것입니다. 블레셋은 오랫동안 이스라엘의 가시 노릇을 하였는데 다윗을 통해 부흥이 일어나면서 그 가시가 뽑히고 말았습니다.

우리에게는 모두 가시가 있습니다. 가족 중에도 가시가 있고 직장 동료 중에도 가시가 있고 몸에도 가시가 있습니다. 이번에 교인 중에는 허리가 아픈 분들이 많다는 것을 알게 되었습니다. 허리가 아픈 것도 몸의 가시인 것입니다. 암이 있을 수도 있고 두통이 심할 수도 있습니다. 그런데 놀랍게 부흥이 일어나면서 이런 가시들이 뽑혀 버립니다.

이스라엘에 또 다른 가시가 있었습니다. 그것은 바로 모압이었습니다. 모압은 배신을 잘했습니다. 이스라엘이 강할 때는 이스라엘에 조공을 바치다가도 이스라엘이 조금만 약해지면 배반해서 전쟁하려고 했습니다. 그런데 다윗은 모압과의 전쟁에서 또 이겼습니다.

8:2, "다윗이 또 모압을 쳐서 그들로 땅에 엎드리게 하고 줄로 재어 그 두 줄 길이의 사람은 죽이고 한 줄 길이의 사람은 살리니 모압 사람들이 다윗의 종들이 되어 조공을 드리니라"

모압은 여러 인종이 있었던 것 같습니다. 그리고 모압의 부족 중에는 다윗과 친했던 부족이 있었는가 하면 언제나 적대적인 부족도 있었습니다. 다윗이 보기에 모압 족속 중에서 키가 큰 족속이 다윗에 대하여 적대적이고 반항적이었던 것 같습니다. 그래서 다윗은 모압 족속을 포로로 잡은 후에 모두 엎드리게 하고 줄자로 재어서 한 자가 되는 사람들은 다 살리고 두 자가 되는 자들은 죽였던 것입니다. 이때 키가 작은 사람이 유리했던 것입니다. 키가 큰 사람은 자기가 아무리 성격이 순하다고 주장해도 다윗은 죽이게 했습니다. 통계적으로 보니까 키 큰 사람들이 아무래도 거칠고 반항적이었기 때문입니다.

그래서 교인 중에서 혹시 키가 작으신 분은 너무 비관적으로 생각하지 마시기 바랍니다. 왜냐하면 언젠가는 키가 작아서 덕을 볼 때가 있을지 모르기 때문입니다. 반대로 키가 큰 사람은 자기도 모르는 사이에 잘난 체하기 쉽습니다. 그렇게 하면 죽을 수 있기 때문에 늘 키가 작다고 생각하고 겸손하게 생활하시기 바랍니다.

2. 다윗의 철저한 순종

다윗이 세 번째로 싸운 상대는 소바 왕 하닷에셀이었습니다. 소바 왕 하닷에셀은 전쟁을 잘하기로 소문난 사람이었습니다. 더욱이 그는 유브라데 건너편의 땅을 지배하는 왕이었습니다. 소바 왕 하닷에셀과 다윗이 싸우게 된 배경은 좀 복잡합니다. 이것은 다윗이 하나님께서 정해주신 경계선을 어기고 유브레데 건너편까지 공격한 것이 아니었습니다. 이것은 원래 모압과의 전쟁에서 시작된 것입니다.

모압 왕이 죽었기 때문에 다윗은 그곳에 조문사절단을 보내었는데, 아들 모압 왕이 의심을 하는 바람에 다윗의 사절단들이 치욕을 당하고 그로 인해 보복 전쟁하게 됩니다. 이때 모압이 아람 군대와 하닷에셀의 군대를 돈을 주고 불렀기 때문에 일어난 전쟁이었습니다. 그래서 이 전쟁은 뒤에 한 번 설명이 됩니다. 하닷에셀은 마병과 병거를 아주 탁월하게 사용하는 장군이었지만 다윗을 이기지는 못했습니다. 하나님의 능력이 다윗과 함께 있었기 때문에 마병을 가지고도 다윗을 이길 수 없었던 것입니다.

8:3-4, "르홉의 아들 소바 왕 하닷에셀이 자기 권세를 회복하려고 유브라데 강으로 갈 때에 다윗이 그를 쳐서 그에게서 마병 천칠백 명과 보병 이만 명을 사로잡고 병거 일백 대의 말만 남기고 다윗이 그 외의 병거의 말은 다 발의 힘줄을 끊었더니"

아마도 다윗은 하닷에셀과 싸우기 위해서 유인작전을 써서 이겼을 것입니다. 여기서 놀라운 것은 다윗이 수천 필의 말과 병거를 적으로부터 빼앗아 놓고도 그것을 전쟁에 사용하지 않고 하나님 율법의 말씀대로 백 대의 말만 남겨두고 말의 힘줄을 다 끊었다는 것입니다.

말을 전쟁에 사용한다는 것은 엄청난 스피드와 힘을 사용하는 것입니다. 그러나 다윗은 하나님의 말씀이 말의 힘줄을 끊으라고 했기 때문에 끊어버렸던 것입니다. 그것은 다윗이 온전히 기도의 힘을 의지했기 때문입니다. 우리는 만약 돈과 힘이 있다 하더라도 그것을 나의 능력으로 의지해서는 안 됩니다. 아무것도 없어야 죽을 힘을 다하는 기도가 나오기 때문입니다. 다윗이 말을 이용하면 틀림없이 전쟁할 때 유익할 텐데 다윗은 하나님의 말씀대로 그 튼튼한 말들의 다리 힘줄을 다 끊어서 불구로 만들었습니다. 다윗은 말같이 힘 있는 것보다는 눈에 보이지 않는 하나님의 능력을 의지하기를 원했기 때문입니다.

다윗은 특히 금에 대한 욕심이 없었습니다. 다윗은 하닷에셀을 이기고 금 방패를 많이 빼앗았습니다. 금 방패는 가치가 엄청났지만 다윗은 그런 금을 탐하지 않았습니다. 이것을 모두 하나님의 성전에 다 바쳤습니다. 사실 이것은 말로는 쉬울지 몰라도 실제로는 아주 어려운 일입니다. 왜냐하면 사람은 속으로는 '나는 금 같은 것은 필요하지 않다. 믿음만 있으면 된다.' 고 하지만 실제 눈으로 황금을 보면 그것을 가지고 싶고 그것으로 부요하게 살고 싶기 때문입니다. 그러나 다윗이 황금을 돌같이 볼 수 있었던 이유는 황금보다 수십, 수백 배 귀한 것을 찾았기 때문입니다. 그것은 바로 하나님 말씀의 가치였습니다. 옛날에는 놋도 아주 귀했습니다. 금 다음으로 귀한 것이 놋이었습니다. 그러나 다윗은 그 많은 놋도 하나님의 성전에 바쳤습니다.

8:8, "또 다윗 왕이 하닷에셀의 고을 베다와 베로대에서 매우 많은 놋을 빼앗으니라"

다윗은 많은 놋을 빼앗았지만 자신의 것으로 만들지 않았습니다. 다윗은 그것을 모두 성전에 바쳐서 장차 성전에서 쓰일 놋제단이나 놋두멍을 만들재료로 모았습니다. 다윗은 진정으로 귀한 것의 가치를 알았던 사람이었습니다.

3. 하나님의 축복

다윗 당시에 하닷에셀에게 많은 고통을 받던 나라가 있었습니다. 그 나라가 하맛이었고 그 왕이 도이였습니다. 하맛 왕 도이는 어느 날 다윗이 하닷에셀과 싸워서 이기고 그를 죽이고 그 많은 군사를 포로로 삼았다는 소식을 들었습니다. 이것은 완전히 하맛이 하닷에셀의 압제와 박해에서 벗어나는 순간이었습니다. 그래서 하맛 왕 도이는 자기 아들 요람을 보내어서 감사의 말을 전하고 하맛의 많은 보물을 다윗에게 바쳤습니다.

8:10-12, "도이가 그의 아들 요람을 보내 다윗 왕에게 문안하고 축복하게 하니 이는 하닷에셀이 도이와 더불어 전쟁이 있던 터에 다윗이 하닷에셀을 쳐서 무찌름이라 요람이 은 그릇과 금 그릇과 놋 그릇을 가지고 온지라 다윗 왕이 그것도

여호와께 드리되 그가 정복한 모든 나라에서 얻은 은금 곧 아람과 모압과 암몬 자손과 블레셋 사람과 아말렉에게서 얻은 것들과 소바 왕 르홉의 아들 하닷에셀에게서 노략한 것과 같이 드리니라"

하맛 왕이 자기 아들을 시켜서 보낸 금그릇과 은그릇과 놋그릇은 그냥 평범하게 생긴 것이 아니라 그 나라 최고의 보물이었을 것입니다. 그러나 다윗은 그것을 자기 창고에 넣지 않고 하나님의 창고에 넣었습니다. 왜냐하면 그에게는 하나님이 너무 실제적인 분이셨기 때문입니다. 하나님이 전쟁을 이기게 하셨고 자기는 오직 도구에 불과했기 때문에 모든 영광은 하나님께 돌려야 한다는 생각뿐이었습니다. 그는 여러 나라와 전쟁하면서 빼앗은 금과 은을 전부 하나님께 다 바쳤습니다. 그에게는 하나님만 있으면 충분했기 때문입니다. 다윗이 보기에는 하나님과 비교할 때 이 세상의 금과 은은 아무것도 중요한 것이 아니었습니다. 다윗에게는 이 세상에서 가장 귀한 것이 하나님의 말씀뿐이었습니다.

이것이 가능한 이야기일까요? 사실 우리가 금이나 돈은 가지고 있는 만족감만 줄 뿐이지만 하나님의 능력은 우리에게 살아있는 능력이고 적을 물리치는 능력입니다.

8:13-14, "다윗이 소금 골짜기에서 에돔 사람 만 팔천 명을 쳐죽이고 돌아와서 명성을 떨치니라 다윗이 에돔에 수비대를 두되 온 에돔에 수비대를 두니 에돔 사람이 다 다윗의 종이 되니라 다윗이 어디로 가든지 여호와께서 이기게 하셨더라"

하나님은 다시 한번 다윗에게 전쟁의 승리를 주셨습니다. 그 대상은 그동안 어느 누구도 이겨보지 못한 바위 동굴에 숨어 있는 에돔 족속이었습니다. 그들은 아주 높은 바위 안에 굴을 파놓고 그 안에 도시를 만들어서 살고 있었기 때문에 아무도 에돔 족속을 이길 수 없었습니다. 그런데 에돔 족속은 다윗을 아주 업신여겼던 것 같습니다. 그래서 에돔 족속은 동굴 안에 숨어 있기만 하면 다윗이 공격하기 어려웠을 텐데 워낙 자신만만해서 소금 골짜기로 나왔던 것입니다. 다윗은 소금 골짜기에 나와서 싸우는 에돔 족속을 얼마든지 싸워서 이길 수 있었습니다. 그래서 다윗은 에돔 족속 만 팔천 명을 소금 골짜기에서 죽였습니다. 그래서 다윗은 아주 큰 나라가 되었습니다.

다윗은 하나님의 언약을 믿었습니다. 다윗은 비록 자기 혼자라도 하나님의 말씀을 믿으면 아무리 많은 적도 이길 수 있다는 것을 믿었습니다. 그리고 다윗은 금에 대한 욕심이 없었습니다. 그에게는 순수한 열정이 있었기 때문입니다. 바로 이것이 영적인 청년기의 특징입니다. 영적인 유아기는 하나님의 말씀을 먹기에 바쁩니다. 그러나 하나님의 뜻을 잘 모르거나 할 수 있는 것이 별로 없습니다. 어떤 때는 자기 뜻대로 되지 않으면 떼를 쓰기도 합니다. 그러나 영적인 청소년기는 그야말로 질풍노도의 시기입니다. 이스라엘 백성처럼 광야에서 헤매기도 하고 요셉처럼 감옥에 갇히기도 하고 다윗처럼 사울 왕에게 쫓겨 다니기도 합니다.

그러나 청년기가 되면 순수한 열정으로 사탄의 세력과 싸우게 됩니다. 이때는 돈도 모르고 금도 모르고 오직 열정 하나로 싸우게 됩니다. 이때 기적이 많이 일어나고 하나님의 위대한 일도 많이 하게 됩니다. 그러고 나서 영적인 장년기가 되면 힘도 없어지고 돈도 필요하다는 것도 알게 되고 명예욕이나 이성에 대한 욕심이 생기기도 합니다. 즉 세상 물정을 알기 시작하는 것입니다.

다윗의 청년기는 아름다웠습니다. 우리도 모두 하나님 앞에서 이런 순수한 열정으로 하나님의 능력을 받아 승리하시기를 바랍니다.

13

장애인 므비보셋

삼하 9:1-13

우리나라에 유명한 장애인 영문학자가 있었습니다. 이분의 아버지는 서울대 영문과 교수였고 책도 많이 번역했는데, 막상 이분의 따님이 소아마비로 장애를 가지고 있으니까 입시원서를 받아주는 대학이 없었습니다. 그래서 그분은 사정사정해서 당시 천주교 재단의 어느 대학에 지원해서 합격하게 되었습니다. 그리고 대학 졸업 후 주옥같은 많은 영시를 번역해서 신문에 연재하기도 했고 많은 책을 펴내기도 했습니다. 이것만 봐도 불과 얼마 전까지만 해도 우리나라에서 장애인들이 얼마나 심한 차별과 무시를 받아야 했는가를 알 수 있습니다.

제가 본 교회를 부임한 후 처음 소년부를 방문했습니다. 소년부는 초등학교 5, 6학년으로 구성된 부서인데, 그때 놀랐던 것은 소년부에 휠체어를 탄 뇌성 마비 장애인들이 많이 있었다는 것입니다. 그 이유를 물어보니까 선생님 중에서 뇌성마비 아이를 돌보는 분이 계신데, 그분 생각에 이 아이들의 지적 수준이 나이가 들었어도 소년부 정도밖에 안 되니까 소년부 설교를 듣게 하려고 가까이 있는 장애인 요양원에서 데리고 온다는 것이었습니다. 그런데 선생님이나 어린이들이나 아무도 불평이 없었습니다. 어떤 때는 같이 놀기도 하고 같이 수련회도 갔습니다. 그리고 장애가 심하지 않은 학생들은 중등부나 대학부로 다 올라갔습니다.

그리고 이십 년쯤 세월이 지났습니다. 그러니까 그 뇌성마비 아이들이 나이가 서른이 넘으니까 소년부 어린이들과 어울리기 어렵게 되어버렸습니다. 그런데 그 이십 년 동안 소년부 어린이들 중에서 단 한 명도 불평하는 어린이가 없었다는 것입니다. 저는 어린이들이나 선생님들이 대단하다고 생각했습니다. 그럼에도 분리해야 한다고 생각했던 이유는 교회에 처음 온 여자 어린이가 또래가 아닌 장애인들이 많은 것을 보고 무서워서 소년부에 안 들어가려고 하는 모습을 보았기 때문입니다. 저는 이제는 이 아이들도 나이가 들어서 더이상 소년부에 있을 수 없다는 것을 알았습니다. 그래서 그들만으로 부서를 따로 독립을 시켰습니다. 그러나 이 뇌성마비 청소년들은 청소년축제를 하면 맨 먼저 와서 맨 앞에서 열정적으로 찬송하고 기뻐하고 또 저를 보면 먼저 손을 내밀어서 악수하고 또 좋아서 웃는 것이었습니다.

사실 우리는 누구나 자칫 잘못하면 장애인이 될 수 있습니다. 저도 장애인이 될 뻔한 적이 있습니다. 대학 2학년 때였는데 인천에 사는 친구가 있어서 친한 친구 세 명과 함께 인천에 있는 연안부두에서 사이클을 타게 되었습니다. 한참 자전거를 달리다 보니까 앞에 시멘트 덩어리가 있어서 넘어갈 수 있을 줄 알고 달렸는데 넘어가지 못하고 자전거가 공중에 붕 떠버렸습니다. 그때 머리로 떨어졌으면 전신 마비가 되었을 텐데, 공중에서 한번 도는 바람에 목 뒤 어깨 쪽으로 떨어졌습니다. 그때 자전거는 다 부서지고 제 목은 돌릴 수 없었습니다. 그러나 하반신 마비는 되지 않았습니다.

우리 교회는 맹인들을 돌보시는 여전도사님이 계셔서 맹인 청년들이 많이 나오는 편입니다. 아이들이 태어날 때 미숙아로 조산하면 맹인이 될 가능성이 많다고 합니다. 또 우리 교회에 루게릭병에 걸린 형제가 있는데 어렸을 때 여러 번 죽을 뻔했지만 죽지 않았고 결혼하여 아이도 낳아서 지금은 중학교에 잘 다니고 있다고 합니다. 그 아이가 얼마나 똑똑한지 모릅니다. 우리 교회 어떤 아이는 나면서부터 심장병을 안고 태어났습니다. 큰 심장 수술을 세 번 하고 살아났는데 발육이 제대로 되지 않아서 청년이 되었는데도 초등학교 어린이 키입니다. 한번은 무슨 대학생 봉사하는데 가서 상을 탔는데, 시장이 상을 주면서 초등학생도 봉사를 나갔느냐고 하면서 놀라워했다고 합니다. 그 청년은 학교 전체 수석으로 졸업했습니다. 그해 수석 졸업생은 가장 키가 작은 학생이었습니다.

우리는 장애인들을 보면 무엇인가 부족하게 보기 쉽고 불행하리라 생각하기 쉽습니다. 그러나 예수님은 장애인이 절대로 불행하지 않다고 말씀하셨습니다. 예수님은 오히려 오른손이 범죄하게 하거든 오른손을 잘라버리라고 하시면서 왼손 하나로 천국 가는 것이 두 손을 가지고 지옥에 가는 것보다 낫다고 말씀하셨습니다(마 18:8-9). 그리고 예수님은 눈이 범죄하게 하거든 뽑아버리라고 말씀하셨습니다. 한 눈으로 천국에 가는 것이 두 눈을 가지고 지옥에 가는 것보다 낫기 때문이라고 하셨습니다.

다윗은 사울의 집안과 원수가 되었습니다. 그러나 사울의 큰아들 요나단은 다윗의 가치를 알아봤습니다. 요나단은 이스라엘의 부흥을 사모했습니다. 그래서 요나단은 다윗을 사랑했고 아버지 사울이 다윗을 죽이려고 했을 때 막아주었습니다. 요나단과 다윗은 서로 이 우정을 변하지 말자고 약속했습니다. 그리고 다윗과 요나단은 우리 자손까지도 죽이지 말고 사랑을 베풀자고 약속했습니다. 그런데 전쟁이 일어나서 사울도 죽고 요나단도 죽고 나중에 왕이 되었던 사울의 아들 이스보셋도 죽었습니다. 그리고 다윗은 이스라엘 전체의 왕이 되었습니다.

이때 다윗은 신하들에게 요나단에게 자손이 있느냐고 물어보았습니다. 사울 집안의 하인이 하나 있었는데 그 사람의 이름은 시바였습니다. 시바는 사울 집안의 내용을 잘 알았습니다. 시바는 다윗 앞에 와서 요나단에게는 두 다리를 쓰지 못하는 장애인인 아들이 하나 있다고 대답했습니다.

1. 누가 장애인을 만들었는가?

영국의 유명한 장애인 물리학자 스티븐 호킹은 21살 때 루게릭병에 걸려서 5년 안에 죽는다고 했지만, 그는 55년을 더 살았습니다. 그는 천체 물리학을 연구했는데 주로 블랙홀에 대한 연구였고 오랫동안 캠브리지 대학의 교수로 지냈습니다. 아마도 이 사람은 병 때문에 불행하기는 했지만 하나님의 사랑을 많이 받은 것 같습니다. 그러나 이 사람은 신이 없다고 말했습니다.

과연 어떻게 해서 장애인이 되는 것일까요? 우리는 잘 알지 못합니다. 하나님은 모세에게 장애인도 하나님이 만드신다고 말씀하셨습니다. 모세가 미디안 광야에서 40년을 방황하고 있을 때 하나님은 모세를 만나주시고 그를 애굽으로 보내신다고 하자, 모세는 자신은 언어에 장애가 있어서 갈 수 없다고 대답했습니다. 그때 하나님께서는 모세에게 하나님이 사람의 눈을 만드셨듯이 맹인을 만드셨고 사람의 입을 만드셨듯이 말하지 못하는 벙어리를 만드셨다고 말씀하셨습니다. 즉 하나님이 장애인을 만드신 것도 뜻이 있는 것이고 부족한 것을 대신할 수 있는 것을 쓰면 된다고 말씀하셨던 것입니다. 모세는 말하는데 어려움이 있었지만 모세의 형 아론은 말을 잘했기 때문에 그의 도움을 받으면 된다고 하셨습니다. 그래서 하나님은 장애인들로 하여금 장애로 인하여 자기가 책임질 필요가 없고 하나님이 하셨다고 하면 된다고 했습니다. 하나님은 남들이 모르는 복을 주시려고 어떤 사람에게는 장애를 주신 것입니다.

요나단의 아들로 므비보셋이라는 사람이 있었습니다. 이 사람은 사울과 요나단이 죽었을 때 다섯 살 정도 되었으니까 아주 나이가 어렸습니다. 그런데 시녀가 므비보셋을 안고 있다가 전쟁터에서 사울 왕도 죽고 요나단도 죽었다는 말을 듣고 당장 블레셋 사람들이 쳐들어와서 므비보셋을 죽일 줄 알고 아기를 안고 도망치다가 넘어져 그의 두 다리가 부러지게 되었습니다. 그래서 므비보셋은 두 다리가 모두 장애를 입게 되었습니다. 그때 이후로 므비보셋은 어디를 가려고 하면 누군가가 업어주어야 했을 것입니다.

어떻게 생각해보면 므비보셋은 참 불운한 왕자였습니다. 그는 왕자의 아들로 태어났지만 할아버지 왕은 죽고 아버지 왕자도 죽고 자기는 어렸을 때 장애인이 되어버렸던 것입니다. 거기에다가 자기 집안이 몰락하는 바람에 잘못하면 다윗에게 잡혀서 죽을 수도 있었으므로 숨어서 살아야만 했습니다. 그런데 드디어 그날이 찾아오고야 말았습니다. 그것은 다윗 왕이 자기를 찾는다는 것이었습니다. 이것은 어떻게 보면 므비보셋이 죽는 날이라고 생각할 수도 있었을 것입니다. 므비보셋은 정말 불행한 사람이었습니다. 그는 왕자로 태어났지만 이제는 반역자로 죽을지도 모릅니다.

2. 므비보셋이 가지고 있었던 것

므비보셋은 다윗에게 아무런 도움이 된 것이 없었습니다. 그리고 므비보셋은 왕의 손자라고 하지만 장애가 있어서 전쟁을 할 수 없었고 가지고 있는 재산도 없었습니다. 아마 사람들 사이에는 므비보셋을 보고 좋지 않게 말하는 사람도 있었을지 모릅니다. 사실 장애를 가진 이에게 가장 부담스러운 것은 장애 그 자체보다도 다른 사람들이 자신을 보는 싸늘한 시선입니다.

저도 자전거를 타다가 다리가 부러져서 절면서 다녀야 했을 때 은근히 마음속에 누군가가 나를 업신여기지는 않을까 하는 걱정이 있었습니다. 그런데 감사하게도 교인 중에는 그런 분이 아무도 없었습니다. 오히려 다리 저시는 분들 중에서 목사님도 우리같이 되었다고 하면서 아주 좋아하셨습니다. 장애를 가진 분들은 아무것도 부족한 것이 없습니다. 단지 조금 불편할 뿐입니다. 다른 사람에게는 아무것도 아닌 것이 장애를 가진 분들에게는 너무 힘이 드는 것입니다.

므비보셋은 전쟁도 할 수 없고 재산도 없고 부하도 없고 군대도 없었습니다. 그러나 므비보셋은 자기도 모르지만 엄청나게 귀한 것을 하나 가지고 있었습니다. 이것은 바로 어마어마한 재산이었습니다. 그것은 바로 돌아가신 자기 아버지 요나단과 지금 왕인 다윗 사이의 언약입니다. 요나단과 다윗 사이에는 나중에 누가 죽더라도 후손들까지 사랑해주기로 한 약속이 있었던 것입니다.

그래서 므비보셋이 다윗의 부름을 받고 기어오다시피 해서 다윗 앞에 절을 했을 때 다윗은 므비보셋을 이렇게 위로했습니다.

9:7, "다윗이 그에게 이르되 무서워하지 말라 내가 반드시 네 아버지 요나단으로 말미암아 네게 은총을 베풀리라 내가 네 할아버지 사울의 모든 밭을 다 네게 도로 주겠고 또 너는 항상 내 상에서 떡을 먹을지니라 하니"

므비보셋이 태어나기도 전에 아버지 요나단과 다윗 사이에는 언약이 있었습니다. 그것은 우리 사이에 자손을 해치지 않을 뿐 아니라 사랑으로 대하겠다는 것이었습니다. 그런데 므비보셋에게는 이 약속이 엄청난 재산이 되었습니다. 다윗은 므비보셋에게 "네가 오늘부터 식사를 왕의 식탁에서 하게 될 것이라" 고 했습니다. 왕의 식탁에서 식사할 수 있는 사람은 왕자밖에 없습니다. 특히 다윗의 왕자들은 모두 대단히 잘생긴 사람들이었습니다. 암논도 잘 생겼고 압살롬도 머리를 길게 길렀는데 정말 미남이었습니다. 아도니야는 정말 탤런트같이 생긴 사람이었습니다. 그리고 왕의 식탁에서는 다윗이 묵상했던 최고의 말씀을 들을 수 있었고, 이스라엘이 돌아가는 최고의 정보를 들을 수 있었습니다.

우리나라에서도 가장 실세 중의 실세는 항상 대통령을 가까운 거리에서 모시는 자입니다. 그러나 식사까지는 할 수 없습니다. 그러나 항상 왕과 식사하면서 모든 이야기를 주고받을 수 있는 사람은 왕이 가장 신뢰하는 최측근이라고 볼 수 있을 것입니다. 미국 대통령도 미국을 찾아오는 수많은 외국 대통령 중에서 자기에게 가장 중요한 사람은 자신의 별장으로 데리고 가서 골프를 치면서 온갖 이야기를 나누곤 합니다.

므비보셋은 졸지에 다윗 왕의 아들과 같은 대접을 받게 되었습니다. 그는 왕자 중 하나같이 되었고 아무도 므비보셋을 무시할 수 없었습니다. 그리고 다윗은 므비보셋에게 어마어마한 땅을 선물로 주었습니다. 그것은 바로 할아버지 사울 왕의 땅이었습니다. 사울이 왕이었기 때문에 사울의 땅은 어마어마하게 많았습니다. 이제 그것은 전부 다윗의 땅이 되었습니다. 그러나 다윗은 땅이나 금이나 은에 대해서는 욕심이 없는 사람이었습니다. 다윗은 므비보셋에게 할아버지가 소유했던 모든 땅을 전부 다 그에게 준다고 약속했습니다. 므비보셋은 아버지가 맺었던 언약 하나 때문에 이스라엘에서 엄청난 부자가 되었습니다.

므비보셋은 다윗 왕에게 이렇게 말을 했습니다.

9:8, "그가 절하여 이르되 이 종이 무엇이기에 왕께서 죽은 개 같은 나를 돌아보시나이까 하니라"

므비보셋의 자아상은 자신이 죽은 개 같다는 것이었습니다. 죽은 개는 아무 가치가 없는 동물입니다. 집을 지킬 수도 없고 주인을 위해 할 수 있는 것이 아무것도 없습니다. 우리가 가끔 지방 도로에 차를 타고 가보면 길에 개나 고양이가 차에 치여서 죽어있는 것을 볼 때가 있습니다. 바로 '로드 킬' 입니다. 즉 길에서 차에 치이어 죽은 것입니다. 차에 치이어 죽은 개나 고양이를 아까워하거나 소중하게 생각하는 사람은 없을 것입니다.

므비보셋은 살아있지만 아무 가치가 없는 사람이었습니다. 그러나 아버지의 언약 하나 때문에 단 한순간에 엄청난 부자가 되었습니다. 이것이 바로 우리의 모습입니다. 우리가 이 세상에서 돈을 모아봤자 얼마나 모으며, 이 세상에서 유명해 봐야 얼마나 유명하겠습니까? 그러나 우리에게는 언약이 하나 있습니다. 그것은 예수님께서 십자가에 못 박히시기 전에 하나님 아버지와 맺은 언약입니다. 예수 그리스도의 보혈을 믿는 자는 하나님의 아들이며, 하나님의 말씀을 들으며, 하나님의 모든 재산을 다 차지하게 되는 것입니다.

3. 므비보셋의 일꾼들

므비보셋은 나라가 망하고 집안이 망하는 바람에 가진 재산이나 종도 없었으므로 다윗이 아무리 넓은 땅을 준다고 해도 경작할 사람이 없었습니다. 특히 므비보셋은 양다리가 장애이기 때문에 그 몸으로 그 넓은 땅을 도저히 경작할 수 없었습니다. 더욱이 그는 다른 사람의 집에 얹혀살고 있었기 때문에 일꾼이 한 명도 없었습니다. 그러니까 어디를 가려고 해도 기어가야 하고 누군가가 업어주어야 움직일 수 있었습니다.

그런데 다윗 왕은 므비보셋에게 충분히 농사를 지을 수 있도록 많은 하인까지 붙여주었습니다. 그 하인들은 바로 사울의 종 시바와 그의 아들들과 종들이었습니다.

9:9-10, "왕이 사울의 시종 시바를 불러 그에게 이르되 사울과 그의 온 집에 속한 것은 내가 다 네 주인의 아들에게 주었노니 너와 네 아들들과 네 종들은 그를 위하여 땅을 갈고 거두어 네 주인의 아들에게 양식을 대주어 먹게 하라 그러나 네 주인의 아들 므비보셋은 항상 내 상에서 떡을 먹으리라 하니라 시바는 아들이 열다섯 명이요 종이 스무 명이라"

이렇게 하려고 시바가 아들을 많이 낳았는지 모르겠지만 시바는 아들이 열다섯 명이나 되었습니다. 그리고 종은 스무 명이었습니다. 결국 단숨에 므비보셋에게는 종이 서른다섯 명이나 생기게 되었습니다.

이때 므비보셋에게 요구되는 자세는 무엇이겠습니까? 므비보셋은 자신은 다윗을 위해서 한 것도 없는데 이런 복을 주는 것은 언젠가는 빼앗으려고 하는 것이 아닐까 하며 불안해할 필요가 없습니다. 또 므비보셋은 나는 왕자였기 때문에 이렇게 부자가 되는 것이 당연하다고 생각해서도 안 되는 것입니다. 사실 왕실이나 궁정 안 만큼 음모도 많고 배신도 많은 곳은 없을 것입니다. 므비보셋은 이 모든 것을 감사하는 마음으로 받아들였습니다. 그것을 감사하는 마음으로 가지고 살면 되는 것입니다.

이것이 바로 우리의 처지입니다. 우리는 하나님을 위해서 한 것이 아무것도 없고 이 세상에서도 별 볼 일 없는 사람들입니다. 그러나 예수님과 하나님 사이에 언약이 있었습니다. 이것이 바로 어마어마한 재산입니다. 우리는 하나님의 아들의 지위를 누릴 것이며, 어마어마한 하나님의 축복과 재산을 받게 됩니다. 므비보셋은 왕자들과 함께 왕의 상에서 음식을 먹었다고 했습니다. 그의 재산은 엄청났습니다. 그는 두 발 장애인이었지만 이스라엘에서 가장 큰 복을 받은 사람이었습니다. 그는 자신의 밭에서 일을 해줄 수 있는 많은 일꾼까지 받게 되었습니다.

요즘은 회사마다 직원들 때문에 애를 먹습니다. 직원을 뽑아 놓으면 나가버리고 또 있어도 애를 먹이거나 부정을 저지르는 것입니다. 그래서 어떤 직장에서는 아예 로봇을 사서 공장을 돌린다고 합니다. 참 신실한 일꾼들을 만난다는 것은 참으로 어려운 일입니다. 어떤 때는 교회도 세상 이상으로 음모와 거짓말이 난무할 때가 있습니다. 그러나 다윗은 사울의 시종을 므비보셋의 종으로 임명해버리니까 그의 아들들과 종들은 모두 무시하던 므비보셋에게 충성할 수밖에 없었습니다. 그런데 나중에 시바는 므비보셋을 한번 배신합니다. 그때는 다윗이 압살롬의 반란 때문에 피난했을 때입니다. 그때도 므비보셋은 잘 처신함으로 위기를 넘길 수 있었습니다.

우리도 어쩌면 사회적으로 장애인일지 모릅니다. 남편이 없을 수도 있고 직장이 없을 수도 있습니다. 우리는 남들만큼 자랑할 것이 없을 수도 있습니다. 그러나 우리에게는 위대한 언약이 있습니다. 우리가 이 언약을 가지고 하나님 앞에 나아가면 언제나 오케이 응답을 받을 수 있습니다. 오늘도 우리 모두 이 축복을 받을 수 있기를 바랍니다.

14

어려운 전쟁

삼하 10:1-19

예전에 우리나라 대기업체 회장들이 평양을 방문했다가 냉면을 먹게 되었는데, 그때 북한 고위직에 있는 사람이 "지금 랭면이 목구멍에 넘어 갑네까?"라고 하는 소리를 듣고 모두 놀랐다고 합니다. 물론 기업체 회장들이 좋아서 대통령을 따라 북한에 간 것은 아니지만 그래도 친선 사절단으로 방문한 것인데, 그들 앞에서 당장 돈을 내놓지 않는다고 너무 무례한 말을 했던 것입니다. 그러나 그 정도는 그래도 나은 편이었습니다. 우리나라 대통령이 북경을 방문했을 때 기자들이 따라 들어가려고 하다가 경호원들로부터 무차별로 두들겨 맞고 땅바닥에 넘어지게 된 일이 있었습니다. 그러나 우리나라 대통령이나 참모들은 그런 취급을 받으면서도 아무 소리도 하지 못하고 실수로 넘어진 것이라고 하면서 돌아왔습니다. 개인 사이에는 인격이 있고 국가 사이에도 국격이라는 것이 있는 법인데 우리나라는 그런 것을 생각하지 않는 것 같습니다.

전쟁할 때 여러 가지 종류의 전쟁이 있을 수 있는데, 아주 어려운 전쟁이 있습니다. 그것은 바로 적을 속이고 이길 수 없는 전쟁에서 이기는 것입니다. 대개 지상전에서 싸우는 것은 자기 부대가 가지고 있는 무기를 가지고 싸우는 것이기 때문에 나름 쉬운 전쟁일 수 있지만, 게릴라전같이 적을 유인해서 싸우는 전쟁이나 그다음까지 내다보고 싸우는 전쟁은 어려운 전쟁인 것입니다.

요즘 우리가 매일 겪고 있는 문제는 간단한 것이 아니라 아주 복잡합니다. 경제문제만 있는 것이 아니라 감정 문제도 있고 심리적인 문제도 있고 법적인 문제나 심지어는 의학적인 문제까지 겹쳐 있어서 웬만한 천재가 아니면 풀 수 없는 문제들을 매일 겪고 있는 것입니다. 우리는 이런 문제들을 풀어야 살아남을 수 있습니다.

다윗은 암몬 왕과 좋은 관계에 있었습니다. 그래서 다윗은 한때 사울에게서 도망칠 때 부모 형제를 암몬 왕에게 맡긴 적도 있습니다. 그런데 다윗과 친했던 암몬 왕 나하스가 죽고 그 아들 하눈이 왕위를 물려받게 되었습니다. 그래서 다윗은 조문 사절단을 보내서 나하스의 죽음을 애도하려고 했습니다. 그런데 나하스의 아들 하눈은 아버지와 달리 굉장히 교만한 사람이었고, 전쟁을 좋아하는 사람이었으며, 언제나 다윗을 시기해서 이기려고 하는 사람이었습니다. 그래서 하눈은 다윗이 보낸 조문 사절단에게 엄청난 수치심을 주어서 돌려보냈습니다.

그리고 다윗이 화를 낼 것이 분명하니까 많은 돈을 주어서 아람과 주위 여러 나라의 군대를 사서 다윗과 전쟁하려고 준비했습니다. 그런데 이 전쟁은 아주 어려운 전쟁이었습니다. 왜냐하면 다윗의 군대는 암몬과 아람의 군대를 앞뒤로 두고 싸워야 했고, 실제로는 숨은 하닷에셀의 군대가 예루살렘을 노리고 있었기 때문입니다. 그래서 전쟁은 암몬과 하는 것 같은데 실제로는 뒤에서 아람 군대가 공격하고 있고 더 큰 문제는 하닷에셀이 예루살렘을 기습하는 것이었습니다. 이것은 체스나 바둑을 두고 본다면 몇 수 앞을 내다보아야 풀 수 있는 문제였습니다.

그런데 놀랍게도 요압이나 다윗은 이 몇 수 앞을 내다보고 있었습니다. 이것이 바로 기름 부음 받은 자의 특징입니다. 보통 사람들은 당장 눈앞에 일어나고 있는 일에만 관심을 갖고 이기려고 난리를 치지만 하나님이 세운 사람은 접근하는 방법이 벌써 다른 것입니다. 그들은 벌써 큰 그림을 가지고 전쟁을 보고 있는 것입니다.

1. 다윗이 받은 치욕

사람들 사이에 인사하는 것이 아주 중요할 때가 있습니다. 무엇인가 대단한 것을 한 것도 없고 인사만 했을 뿐인데도 상대방은 이미 좋은 인상을 갖게 됩니다. 그래서 인사한 사람은 어떤 일이 있을 때 도우려고 생각하고 만나는데 인사도 하지 않은 사람은 마음속으로 고약하다는 생각을 가지고 대하게 되는 것입니다. 그래서 처음에 어떤 일을 하게 되었을 때 일보다도 인사하면서 돌아다니는 것이 중요합니다. 그러다가 막상 어떤 어려운 일이 닥쳤을 때 도와달라고 하면 쉽게 도움을 받을 수 있습니다. 그러나 평소에 인사도 하지 않고 내 일만 잘하면 된다고 생각하고 있으면 막상 어려운 일을 닥쳤을 때 상대방이 도와주지 않고 애를 먹일 때가 많은 것입니다.

전에 경기도 어느 도시에 여대생 두 명이 있었는데, 그들은 그곳에 학교를 다니지 못하는 어린이들을 위하여 학교를 세울 계획을 하고 있었습니다. 그래서 그 지역 부근에 부대가 있어서 연대장이나 사단장을 찾아가서 인사도 하고 다녔습니다. 그러다가 어느 날 비가 와서 모든 천막이 다 떠내려가게 되었을 때 이들이 사단장님을 찾아가서 도와달라고 부탁드리니까 군인들이 트럭을 타고 와서 금방 뚝딱 교실을 지어주었습니다. 이처럼 평소에 인사를 잘하는 것이 매우 중요합니다.

다윗은 평소에 인사를 잘하는 사람이었습니다. 그래서 다윗은 암몬 왕 나하스와도 좋은 관계를 맺고 있었는데, 그가 늙어서 죽었습니다. 그래서 다윗은 '나하스가 나에게 은총을 베푼 적이 있는데, 나도 그 아들 하눈에게 은총을 베풀어야겠다' 고 생각해서 정성껏 조문 사절단을 뽑아서 암몬으로 보냈습니다.

그런데 하눈은 그의 아버지와는 완전히 달랐습니다. 하눈은 다윗을 시기했고 언제나 자기가 잘난 줄 아는 사람이었습니다. 하눈은 돈을 많이 가지고 있었기 때문에 이 돈으로 군대를 사면 아무리 다윗의 군대라 하더라도 이길 수 있다고 생각했습니다. 그리고 암몬의 신하들도 교만했습니다. 그래서 하눈의 신하들은 하눈에게 충동질하기를 다윗이 조문 사절단을 보낸 것은 정말로 왕의 죽음을 슬퍼해서가 아니라 암몬을 정탐해서 정복하려고 보낸 것이라고 비방하는 말을 했습니다.

10:3-4, "암몬 자손의 관리들이 그들의 주 하눈에게 말하되 왕은 다윗이 조객을 당신에게 보낸 것이 왕의 아버지를 공경함인 줄로 여기시나이까 다윗이 그의 신하들을 당신에게 보내 이 성을 엿보고 탐지하여 함락시키고자 함이 아니니이까 하니 이에 하눈이 다윗의 신하들을 잡아 그들의 수염 절반을 깎고 그들의 의복의 중동볼기까지 자르고 돌려보내매"

우리 크리스천은 다른 사람에게 좋은 의도로 찾아갔는데 모욕당하고 큰 소리로 치욕 당하더라도 참아야 합니다. 왜냐하면 그것은 나에게 하는 것이 아니라 하나님에게 하는 것이기 때문입니다. 그것은 결국 자기 머리로 돌아갈 것입니다. 그러나 다윗은 이것을 참을 수 없었습니다. 이것은 하나님을 모욕하는 것이며 전쟁을 하려고 그들을 업신여기는 것이었기 때문입니다. 우리는 이것을 분별하기가 참 어렵습니다.

그러나 하나님의 백성이 모욕당했다는 것은 이미 영적인 전쟁이 시작된 것입니다. 이것을 겉으로는 참으면서 기도로 이겨야 합니다. 기도로 이긴다는 것은 하눈의 교만과 하눈이 가지고 있는 생각과 그가 의지하는 것을 완전히 파악하는 것을 말합니다. 그렇게 하기만 하면 우리는 속으로 부글부글하던 것이 많이 사라질 뿐 아니라 하나님이 반드시 원수로 하여금 무릎을 꿇게 할 것입니다. 그렇지 않으면 속이 부글거려서 도무지 참을 수 없게 됩니다. 더욱이 요즘은 화병으로 돌아가는 분들이 많이 있습니다. 결국 이 화병이라는 것이 우울증이고 돌연사로 나타나게 되는데 상대방이 하는 행동을 잘 분별해서 파악해야 합니다. 그런데 그렇게 하지 않고 무조건 내가 잘못해서 그렇게 되었다고 생각하면 속이 부글거려서 병이 나게 되는 것입니다.

하눈은 다윗의 조문 사절단들을 모두 붙들어서 수염의 절반을 베고 의복을 미니스커트로 만들어서 엉덩이가 다 보이게 했습니다. 이것은 중동 사람들이 가장 수치스럽게 생각하는 것입니다. 중동 사람에게 수염은 어른이라는 표시입니다. 그래서 선교사들이 수염을 기르지 않으면 어른으로 취급하지 않는 것입니다. 다윗이 보낸 사신을 극도로 수치스럽게 한 것은 다윗과 이스라엘을 수치스럽게 한 것이고, 나아가 하나님을 수치스럽게 한 행위였습니다. 이때 다윗은 어떻게 해야 하겠습니까? 다윗은 이것이 그냥 우연히 된 것이 아니라 하눈의 시기와 교만에서 시작되었고 전쟁할 핑계를 얻기 위해서 이렇게 한 것임을 알게 되었습니다. 하눈이 이렇게 한 것은 아버지로부터 물려받은 돈이 많았기 때문이었습니다.

2. 포위된 이스라엘 군대

암몬 왕은 다윗의 신하들의 수염을 절반 깎고 미니스커트를 입혀서 엉덩이를 다 보이게 한 후 실컷 웃음거리가 되게 하여 돌려보낸 후에는 자기가 가지고 있는 엄청난 돈으로 외국 군대를 사기 시작했습니다. 이것을 보면 하눈이 머리는 굉장히 좋았던 것 같습니다. 이것은 사실 하눈이 판 고차원적인 함정이었습니다.

10:6, "암몬 자손들이 자기들이 다윗에게 미움이 된 줄 알고 암몬 자손들이 사람을 보내 벧르홉 아람 사람과 소바 아람 사람의 보병 이만 명과 마아가 왕과 그의 사람 천 명과 돕 사람 만 이천 명을 고용한지라"

사실 암몬의 랍바를 함락시키는 것은 쉬운 일이 아니었습니다. 그런데 하눈은 머리를 써서 이스라엘이 틀림없이 쳐들어올 테니까 그 뒤를 아람 군대로 포위하게 하면 틀림없이 이스라엘이나 다윗을 이길 수 있다고 생각했습니다. 하눈의 계책대로 요압이 이끄는 이스라엘 군대는 앞과 뒤 양쪽에서 적을 맞아서 싸우게 되었습니다. 이것은 어떤 의미에서 다윗의 군대가 함정에 빠진 것이라고 볼 수 있습니다.

10:7-8, "다윗이 듣고 요압과 용사의 온 무리를 보내매 암몬 자손은 나와서 성문 어귀에 진을 쳤고 소바와 르홉 아람 사람과 돕과 마아가 사람들은 따로 들에 있더라"

여기서 중요한 것은 다윗이 암몬과 싸우는 데 가지 않았다는 사실입니다. 그 이유가 무엇일까요? 다윗은 이번 전쟁이 아주 교묘한 전쟁이라는 것을 알았기 때문입니다. 암몬의 새 왕 하눈은 다윗의 군대를 암몬으로 끌어다가 아람 군대를 데리고 와서 포위하여 무찌르려고 하는데, 이것보다 더 중요한 것은 유브라데 건너편에서 수많은 군대를 지휘하고 있는 하닷에셀을 불러다가 예루살렘을 치는 것이었습니다. 그러면 예루살렘은 비어있기 때문에 결국 전쟁을 잘하는 하닷에셀에 의해서 함락될 수밖에 없는 것입니다. 그래서 다윗 왕은 예루살렘에 남아 있고 요압만 자기 동생 아비새와 함께 암몬을 치러갔던 것입니다.

요압은 거기서 예상했던 대로 이스라엘 백성이 암몬에 의해 함정에 빠진 것을 알게 되었습니다. 암몬 군대는 랍바 성 밖으로 나와서 진을 치고 있고 그 앞에 요압의 군대가 있는데 그 뒤에 아람 군대의 연합군들이 와서 빽빽하게 진을 치고 있었던 것입니다.

이때 요압은 시간을 오래 끌면 끌수록 불리할 수밖에 없다는 것을 알았습니다. 왜냐하면 지금 양쪽으로 포위되어 있었기 때문입니다. 여기서 요압은 두 가지를 생각하게 됩니다. 그 하나는 지금 자기 생각으로는 아람 군대가 더 센지 아니면 암몬 군대가 더 센지 알지 못했습니다. 그래서 요압은 일단 선수를 치기로 했습니다. 즉 이스라엘 백성 중에서 행동에 빠른 자들을 일단 선발한 것입니다. 그래서 행동이 빠른 자들을 자기가 지휘해서 먼저 아람 군대를 공격하고 동생에게는 암몬 군대와 싸우라고 했습니다. 그렇지만 너무 멀리 떨어지지 말고 가까이 있으면서 아람 군대가 너무 세면 네가 와서 나를 돕고 만일 암몬 군대가 너무 세면 내가 가서 돕겠다고 했습니다.

그리고 요압이 생각한 또 하나는 자기들은 다윗의 군대라는 사실이었습니다. 즉 다윗은 하나님의 기름 부음을 받은 자이고 그들은 다윗의 부하이기 때문에 하나님의 약속이 있다는 것입니다. 그 약속은 만일 다윗의 군대가 한 사람이라도 믿음으로 나가면 반드시 이기고 부흥을 주신다는 것이었습니다.

10:12, "너는 담대하라 우리가 우리 백성과 우리 하나님의 성읍들을 위하여 담대히 하자 여호와께서 선히 여기시는 대로 행하시기를 원하노라 하고"

요압은 자기들은 기름 부음을 받은 다윗의 군대라는 사실을 기억했습니다. 그는 '우리에게는 하나님의 기름 부음이 있다. 그래서 우리 중 한 사람이라도 믿음으로 나가면 우리는 아무리 많은 적이라도 이길 수 있다' 고 믿었던 것입니다. 요압은 선제공격을 했습니다. 그래서 하나님의 백성은 언제나 용감하고 부지런한 것이 중요합니다. 남들이 모든 것을 다해 놓은 뒤에 싸우겠다고 생각하면 전멸할 수밖에 없는 것입니다.

3. 다윗의 승리

요압은 일단 들판에 있는 아람 군대부터 먼저 공격했습니다. 아람 군대는 마치 바람같이 공격하는 요압의 이스라엘 군대를 보았을 때 그들은 겁을 집어먹고 도망치고 말았습니다. 암몬 족속은 아람 군대와 같이 양쪽에서 이스라엘을 공격하려고 했는데 뒤쪽에 있는 아람 군대가 도망치는 것을 보고는 자기들도 후퇴해서 성안으로 들어가고 말았습니다. 요압은 용기가 있고 믿음이 있었기 때문에 포위를 풀 수 있었습니다. 일단 요압은 하나님의 기름 부으심을 믿고 용감하게 덤벼들었기 때문에 아람 군대를 물리칠 수 있었습니다. 결국 아람 군대는 도망을 쳐 버리고 암몬 군대는 성안으로 도망쳐 들어갔습니다.

이때 아마 다른 군대 같으면 암몬의 수도 랍바 성을 에워싸고 공격했을 것입니다. 그러나 요압은 급히 군대를 데리고 예루살렘으로 돌아왔습니다. 그 이유가 무엇일까요? 물론 아람 군대가 도망쳤지만 다 죽은 것도 아니고 유브라데강 건너편에 숨어 있는 군대가 있었기 때문입니다. 이 군대가 쳐들어오는 것이 무서운 숨은 작전이었던 것입니다.

10:16, "하닷에셀이 사람을 보내 강 건너쪽에 있는 아람 사람을 불러 내매 그들이 헬람에 이르니 하닷에셀의 군사령관 소박이 그들을 거느린지라"

항상 예상하지 못했던 군대가 무서운 법입니다. 이 하닷에셀의 소박이라는 군사령관은 병거와 마병을 사용하고 아주 넓은 지형을 이용해서 전쟁을 잘하는 사람이었습니다. 아마도 다윗은 요압에게 하눈은 암몬 성에 가두어두고 너는 빨리 돌아와서 하닷에셀의 군대와 싸워야 한다고 지시했던 것 같습니다.

그래서 본격적인 전쟁은 요단강 건너편에 있는 헬람이라는 곳에서 벌어졌습니다. 거기서 다윗이 직접 지휘하는 군대와 하닷에셀이 지휘하는 아람군대가 싸움을 하게 되었습니다. 그런데 역시 다윗에게는 하나님의 기름 부음이 있었습니다. 다윗은 적의 계략을 이미 파악했을 뿐 아니라 그들과 싸워서 이겼습니다.

10:18, "아람 사람이 이스라엘 앞에서 도망한지라 다윗이 아람 병거 칠백 대와 마병 사만 명을 죽이고 또 그 군사령관 소박을 치매 거기서 죽으니라"

결국 본격적인 전투는 아람 왕 하닷에셀과의 전투였습니다. 다윗이 암몬 왕 하눈이 자기 사절단에게 치욕을 주었을 때 너무 화가 나서 거기에 집착했더라면 유브라데 건너편에 있는 군대를 생각하지 못했을 것입니다. 그러나 다윗은 일시적인 분노의 감정에 사로잡히지 않고 하눈의 마음속에 들어가 보니까 그의 마음은 시기심과 허영에 가득 차 있었고 돈의 힘을 믿고 있는 것을 알았습니다. 그리고 그는 결국 다윗을 이중으로 속여서 하닷에셀의 손에 망하게 하려는 계획을 갖고 있었던 것입니다. 그러나 다윗은 하눈의 계획을 읽고 있었고 결국 본 싸움은 아람과의 싸움이라고 생각했습니다.

하나님은 다윗과의 약속을 지키셨습니다. 다윗은 하나님의 말씀을 사랑했고 그의 부대는 포위되었지만 그 포위를 풀었습니다. 하눈은 그를 속이려고 했지만 다윗은 속지 않았습니다. 하눈은 엄청난 돈을 주고 유브라데 건너편의 군대를 불렀지만 그들은 엄청나게 죽고 패하고 말았습니다. 병거가 칠천이었습니다. 그리고 마병이 사만 명이나 죽었습니다. 그리고 소박 장군도 거기서 죽었습니다. 그래서 이제 다시는 다윗에게는 돈이 통하지 않는다는 것을 다른 왕들이 깨닫게 되었습니다. 그래서 하눈이 아무리 돈을 많이 준다고 해도 왕들은 속지 않았습니다. 그런 후 다윗은 암몬을 집중적으로 공격해서 함락시킬 수 있었습니다.

우리는 눈앞의 이익만 생각해서는 안 됩니다. 우리는 당장 모욕을 받고 수치를 당하더라도 참아야 합니다. 요즘은 너무나도 화병에 걸리는 사람들이 많아서 큰일입니다. 우리에게 성령의 용광로가 있으면 화병을 이길 수 있습니다. 다른 사람이 기분 나쁜 말을 한다고 해서 속을 부글거리지 마시고 하나님의 뜻을 잘 기다리시기 바랍니다.

15

다윗의 범죄

삼하 11:1-27

사람이 자기가 한평생 목표로 했던 것을 다 이루면 너무나도 마음이 기쁘고 만족스러울 것입니다. 예를 들어서 어떤 사람이 에베레스트 꼭대기를 정복하는 것이 평생의 꿈이었는데, 그 정상에 올라가게 된다면 너무나도 기쁠 것입니다. 또 어떤 사람은 대학 총장이 되는 것이 꿈인데 드디어 대학 총장이 되고, 또 어떤 사람은 올림픽에서 금메달을 따는 것이 목표였는데 금메달을 따게 된다면 너무나도 기쁘고 좋을 것입니다. 우선 우리가 알아야 할 것은 목표까지 도달했다면 그것은 정상까지 간 것입니다. 사람이 정상에 올랐으면 이제는 조심해서 내려올 생각을 해야 합니다. 그러나 그 사람은 힘이 남아있기 때문에 더 높은 산에 올라갈 생각을 하게 됩니다.

그러나 더 높은 산에 올라가는 것은 목표나 길을 새롭게 세우는 것이기 때문에 결코 쉽지 않습니다. 그래서 이런 사람 중에는 그 정상의 자리에서 너무 자신만만한 생각을 하다가 발을 헛디디는 바람에 그만 밑으로 굴러떨어질 때가 종종 있습니다. 그래서 어떤 때는 그때까지의 인생을 완전히 망치기도 하고 어떤 때는 자살하는 죽음의 길을 택하게 될 때도 있습니다. 왜냐하면 목표에 올라가서 영광의 자리에 서기는 했지만 그때부터 걷잡을 수 없이 허전한 마음이 들고 살고 싶지 않은 허무한 생각이 들고 죽고 싶다는 충동이 생기기 때문입니다. 그래서 우리는 정상이라는 곳이 아주 위험한 곳이라는 것을 알 필요가 있습니다.

그런데 놀라운 것은 목회자 중에도 성적인 범죄로 교회를 그만두는 사람들이 생각보다 많다는 것입니다. 몇 년 전에도 우리나라에 아주 젊고 많은 대학생들이 다니던 교회의 목사가 성적인 범죄로 인해 교회를 사임했을 뿐 아니라 믿는 자나 믿지 않는 자에게 욕이란 욕은 다 먹었습니다.

성경에서는 가장 유명했고 신앙이 좋았고 하나님의 축복과 사랑을 엄청나게 받았던 두 사람이 '미투' 에 걸려서 온갖 수치를 당하고 거의 망할 뻔한 사실을 통해서 우리는 아무리 신실한 하나님의 종이라 하더라도 정욕의 포로가 되어서 망할 수 있다는 것을 깨닫게 됩니다. 성경에 이런 기록이 없었다면 더 수많은 하나님의 종들이 성적으로 범죄해서 망했을 것입니다. 그 한 사람이 들릴라를 사랑했던 삼손이고, 또 한 사람은 골리앗을 죽이고 수많은 시를 썼던 다윗 왕이었습니다. 그래서 우리는 인생의 높은 자리에 올라갔을 때 더 높은 자리에 올라가려고 할 것이 아니라 조심해서 산에서 내려올 생각을 해야 하는 것입니다.

1. 다윗이 유혹에 빠짐

아마 성경에 나오는 사람 중에서 다윗같이 하나님을 사랑하고 하나님의 말씀을 사랑했던 사람은 없었을 것입니다. 다윗은 하나님이 주시는 능력으로 골리앗을 물맷돌로 죽였고 수많은 위기를 넘겼으며 드디어 이스라엘의 왕이 되었습니다. 그러나 다윗이 왕이 되었다고 해서 모든 것이 끝난 것은 아니었습니다. 이스라엘에는 수많은 가시가 박혀 있었습니다. 다윗은 전쟁해서 그 가시들을 전부 다 이기고 이스라엘의 부흥을 가져왔습니다. 그 가시 중에는 블레셋도 있었고 모압도 있었고 에돔도 있었고 주위의 많은 나라가 있었습니다. 다윗은 그 모든 악한 나라와 전쟁해서 한 번도 지지 않고 모든 전쟁에서 다 이겼습니다. 다윗이 모든 전쟁에서 한 번도 지지 않고 모든 전쟁을 다 이겼다는 것은 정말 그가 하나님의 능력으로 싸웠고 또 전쟁에 탁월한 능력을 가졌던 것을 알 수 있습니다.

그런데 드디어 다윗은 가장 어려운 전쟁을 하게 되었습니다. 그것은 바로 암몬과의 전쟁이었습니다. 암몬 왕은 돈이 많았기 때문에 돈으로 아람 군대를 매수해서 함정을 파 놓고 있었습니다. 그래서 다윗은 일단 암몬에는 자기 신하 요압과 군대만 보내고 자신은 예루살렘에 남아 있었습니다. 다윗은 침상에서 쉬고 있다가 기도하려고 했는지 아니면 바람을 쐬려고 했는지 왕궁 옥상에 올라가서 거닐고 있었습니다. 그때 다윗은 왕으로 보아서는 안 될 장면을 보게 되었습니다. 그것은 한 아름다운 여인이 목욕하는 모습이었습니다.

11:2, "저녁 때에 다윗이 그의 침상에서 일어나 왕궁 옥상에서 거닐다가 그 곳에서 보니 한 여인이 목욕을 하는데 심히 아름다워 보이는지라"

다윗이 왕궁 옥상에서 보니까 목욕하는 여인이 굉장히 아름답고 몸매가 빼어났던 것 같습니다. 물론 다윗은 의도적으로 여인이 목욕하는 것을 보려고 했던 것은 아니었습니다. 그 여성도 누군가를 유혹하려고 보이는 데서 목욕한 것은 아니었을 것입니다. 다윗이 아름다운 여성이 목욕하는 것을 보고는 정욕이 올라왔던 것 같습니다. 사실 여기까지는 죄라고 볼 수 없습니다. 하나님은 사람에게 이성을 좋아하는 마음을 주셨기 때문입니다. 그래서 남자나 여자나 본능적으로 이성의 육체에 대하여 강한 호기심을 가지고 있습니다. 예수님은 "음욕을 품고 여자를 보는 자마다 마음에 이미 간음하였느니라"(마 5:28)고 말씀하셨지만, 보기만 한 것과 실제로 간음한 것 사이에는 엄청난 차이가 있습니다.

다윗이 다른 여인이 목욕하는 것을 우연히 보게 된 것은 죄가 아니지만 떳떳한 것은 아니었습니다. 다윗이 하나님의 말씀으로 충만해 있었더라면 '허참, 오늘 내가 별 것을 다 보네. 왜 저 여인은 안 보이는 데서 목욕을 하지 않고 보이는 데서 목욕을 하지?' 라고 하면서 아래층으로 내려갔을 것입니다. 옥상에 올라갔다가 다른 여인이 목욕하는 것을 본 다윗의 마음속에는 정욕이 불타오르기 시작했습니다. 다윗은 '저렇게 아름다운 여인을 사랑해야겠다. 그리고 저 여인을 내 여자로 만들고야 말겠다' 는 욕심이 집요하게 일어나기 시작했던 것입니다.

다윗은 이스라엘의 왕이고 수많은 시를 썼던 사람입니다. 그리고 다윗에게는 여러 명의 부인이 있었습니다. 그런데 왜 다윗은 옆집에서 목욕하는 여인에게 마음이 끌리게 되었을까요? 이것이 바로 사람이 정상에서 겪게 되는 일입니다. 우선 사람이 목표를 달성하고 나면 그때부터 삶의 목표가 없어지게 됩니다. 다윗은 이미 왕이 되었기 때문에 더이상 왕이 되려는 목표가 없어졌습니다. 그러면 사람은 방황하게 되고 사는 의미가 없어지게 됩니다. 사람이 목표를 달성하지 못했을 때는 목표를 달성할 목적으로 최선을 다하게 되지만 목표를 달성하고 나면 더이상 전력을 다할 대상이 없어지게 됩니다. 그럼에도 불구하고 아직 힘이나 정력은 많이 남아 있는 것입니다. 돈도 있고 인기도 있고 실력도 있는 것입니다. 그때 죄가 틈타기 쉽습니다.

그리고 사람이 정상에 올라가면 더이상 대화를 나눌 사람이 없어지게 됩니다. 왜냐하면 그가 하는 말은 모두 중요한 말이므로 아무에게나 농담하듯이 말을 할 수 없기 때문입니다. 그래서 마음의 시시한 생각을 나눌 친구가 없어지게 됩니다. 그러면 우울증이 생기고 살기 싫다는 생각이 자꾸 들게 됩니다. 그리고 그 성공한 사람은 자기 자신이 대단한 사람이라는 생각이 들게 됩니다. 왜냐하면 그동안 하나님이나 나라를 위하여 큰일을 많이 했기 때문입니다. 그래서 자기 같은 사람은 대단한 사람이기 때문에 별로 유명하지 않는 사람과 죄를 지어도 큰 죄가 안 된다고 생각하는 경향이 있습니다.

하나님의 법에서 가장 중요한 것은 내가 행복하기를 바라는 만큼 다른 사람도 행복하게 해야 한다는 것입니다. 만일 다윗이 여자가 목욕하는 것을 보고 자신의 정욕이 다른 사람의 가정을 파괴시키는 것이라고 생각했다면 당장 거기를 떠나야 했을 것입니다. 대개 성적인 호기심이나 몰래 훔쳐보는 욕망은 굉장히 질기므로 잘 끊어지지 않습니다. 그럼에도 불구하고 하나님의 백성이 이런 죄를 물리치는 이유는 그 결과를 알기 때문입니다. 즉 죄의 삯은 사망입니다. 이런 옳지 않은 사랑이 좋아 보이지만 나중에 문제가 터지면 서로가 굉장히 미워하게 될 뿐 아니라 서로를 멸시하고 증오하게 됩니다. 그리고 결국 죄를 숨기고 숨기다가 나중에는 자살하든지 누구를 죽이든지 하게 됩니다. 하나님의 백성은 그 결과를 알기 때문에 순간적인 죄의 유혹을 물리쳐야 합니다.

2. 다윗이 죄에 빠짐

다윗은 얼마든지 그 죄에서 벗어날 수 있었습니다. 왜냐하면 아직 그 여자는 다윗이 자기를 보고 있는 것을 몰랐을 것이고 그 여인은 남이었기 때문입니다. 나중에 밝혀진 것이지만 그 여인은 이미 결혼한 남편이 있는 사람이었습니다. 다윗이 몰래 여인이 목욕하는 것을 본 것은 부끄러운 일이었습니다. 그러나 그가 그 자리를 피해버렸다면 그것으로 끝날 일이었습니다. 차라리 이 여인이 아름답지 못했다면 다윗이 그 유혹에 안 넘어갔을지 모르지만 그 여인은 다윗이 보기에는 너무 아름다운 모습을 지니고 있었습니다. 다윗은 그 여자에 대한 정욕을 포기하지 못하고 그 여인을 자신의 왕궁에 초대했습니다.

문제는 여기에서부터 생기게 되었습니다. 다윗은 그 여인을 사랑하고 싶었고 더 가까이하고 싶었습니다.

11:4, "다윗이 전령을 보내어 그 여자를 자기에게로 데려오게 하고 그 여자가 그 부정함을 깨끗하게 하였으므로 더불어 동침하매 그 여자가 자기 집으로 돌아

가니라"

여자는 그렇지 않아도 목욕도 하고 화장도 했는데 왕이 자기를 왕궁에 초대하니까 얼마나 기분이 좋았겠습니까? 아마 당장 가장 좋은 옷을 입고 왕궁으로 갔을 것입니다. 다윗은 곧 이 여자가 자기 신하 우리아의 아내라는 사실을 알았습니다. 우리아는 헷 사람 즉 가나안 후손으로 이스라엘 사람이 된 사람이었습니다. 어떻게 보면 새 신자이고 참 귀한 사람이었습니다. 성경에는 이런 자를 작은 자라고 합니다. 예수님은 작은 자를 절대로 실족시키지 말라고 하셨습니다. 그러나 다윗은 점점 정욕의 길로 갔습니다. 그리고는 그 여인과 더불어 동침하게 되었습니다.

그런데 문제는 거기서 끝난 것이 아니었습니다. 여인은 자기가 임신한 것을 알게 되었습니다. 사람이 사랑을 나누는 것은 좋은데 문제는 아기가 생긴다는 것입니다. 다윗은 밧세바로부터 임신했다는 말을 듣고는 완전 범죄를 생각하게 되었습니다. 그래서 다윗은 전쟁터에 나가 있는 요압에게 연락하여 우리아를 볼 일이 있으니까 예루살렘으로 보내라고 했습니다. 남자가 전쟁터에서 돌아오면 반드시 자기 집에 들르게 되어있고 그러면 아기 가진 것이 자동적으로 은폐되기 때문입니다.

다윗은 우리아를 보고 난 후 전쟁이 어떻게 되는지 묻고 오늘은 집에 가서 씻고 잠을 자라고 했습니다. 그리고 전쟁터에서 수고한다고 음식까지 내려보냈습니다. 아마 누구든지 전쟁터에서 돌아오면 아내를 잠시라도 만날 것입니다. 그런데 우리아는 너무나도 우직한 사람이었습니다. 우리아는 집에 가서 잠을 자지 않고 왕궁 문에서 문지기들과 함께 잠을 잤던 것입니다.

다윗은 그 보고를 듣고 난 후 우리아에게 물었습니다. "왜 너는 어제 집에 가서 잠을 자지 않았느냐?" 고 하니까 우리아는 "이스라엘 군인들이 전쟁터에서 잠을 자고 자기 상관 요압도 전쟁터에 있는데, 자기만 어떻게 혼자 편하게 집에서 잠을 잘 수 있겠습니까?" 대답했습니다. 다윗이 이 말을 들었으면 '우리아는 참 충성된 신하구나. 내가 이런 신하의 아내에게 손을 댔으니까 너무 악하다' 고 생각했어야 하는데, 다윗은 우리아에게 집에서 자도록 또 한 번 시도했습니다. 즉 술을 많이 마셔서 완전히 취하게 한 후에 우리아를 집에 가서 자라고 한 것입니다. 그러나 우리아는 아무리 술에 취해도 집에 가서 잠을 자지는 않았습니다. 어제와 똑같이 왕궁 문에서 군사들과 함께 잠을 잤던 것입니다.

이때 다윗이 양심이 살아있었더라면 우리아만 불러놓고 자신의 죄를 실토하고 자기 체면이나 자존심이 깎이는 것을 감수했더라면 살인죄까지는 짓지 않았을 것입니다. 그러나 다윗은 자기 체면이나 자존심이 깎이는 것을 싫어했습니다. 그래서 그에게 "내가 요압에게 편지를 줄 테니까 편지를 가지고 가서 전달해라"고 명령했습니다. 그런데 그 요압에게 보낸 편지에는 우리아를 가장 위험한 곳에 배치시켜서 전쟁터에서 죽게 하라는 명령이 들어있었습니다. 우리아는 자기를 죽이라는 왕의 편지를 들고 전쟁터로 돌아갔던 것입니다. 이것을 보면 이런 모습의 다윗은 더 이상 우리가 알고 있던 다윗이 아닙니다. 그는 깨끗하지도 않고 정직하지도 않고 정의롭지도 않은 전혀 다른 다윗입니다.

다윗이 자존심만 버리고 우리아 앞에서 솔직할 수 있었다면 원망과 욕도 얻어먹고 밧세바도 남편에게 엄청 야단을 맞았겠지만 더 큰 죄를 짓는 것은 막을 수 있었을 것입니다. 그러나 다윗은 완전 범죄를 짓기 위해서 우리아를 죽이도록 명령을 내렸던 것입니다. 그것은 다윗이 우리아의 행복이나 그의 인생을 얼마나 우습게 알았는가 하는 것을 보여줍니다.

3. 우리아의 죽음

우리아는 우직하게도 다윗이 준 편지를 가지고 전쟁터로 가서 요압에게 주었습니다. 그 편지에는 이런 내용이 있었습니다.

11:15, "그 편지에 써서 이르기를 너희가 우리아를 맹렬한 싸움에 앞세워 두고

너희는 뒤로 물러가서 그로 맞아 죽게 하라 하였더라"

우리아가 조금만 덜 충성된 사람이었더라면 아무리 왕의 편지라도 뜯어보았을지 모릅니다. 만일 우리아가 왕의 편지를 뜯어보았더라면 정말 엄청난 충격을 받았을 것입니다. '아니, 왕이 나를 죽이라고 편지에 썼군. 세상에 어떻게 이스라엘 왕이 이럴 수 있고 다윗이 어떻게 이럴 수 있을까?' 하면서 큰 회의에 빠졌을 것입니다. 그리고 그 편지를 없애버렸을 것입니다. 그러나 우리아는 너무나도 다윗을 믿었고 자기 아내를 믿었기 때문에 믿었던 사람에 의해서 죽임을 당하게 됩니다.

요압은 왕의 편지를 보고서는 왕이 우리아에게 괘씸한 일이 있는 모양이구나라고 생각해서 전쟁터에서 가장 격렬하게 싸우고 적들이 화살을 잘 쏘는 곳에 우리아를 가게 해서 활에 맞아 죽게 했습니다. 아마 우리아는 죽으면서도 자기가 왕의 계략에 의해서 죽임당하는 줄은 꿈에도 몰랐을 것입니다. 우리아는 열심히 전쟁하고 있는데 자기도 모르는 사이에 다른 사람들은 다 뒤로 빠지고 자기 혼자 싸우고 있었던 것입니다. 그때 성에서 암몬 족속이 활을 쏘아서 우리아는 활에 맞아 죽게 됩니다.

요압은 왕에게 전쟁 보고를 했습니다. 이번에 공격에는 우리가 성공하지 못하고 많은 사람이 죽었다고 했습니다. 그러니까 다윗이 화가 나서 '왜 작전을 그렇게밖에 짜지 못했느냐?' 고 야단을 쳤습니다. 그러니까 요압이 보낸 사신이 우리아도 죽었다고 보고합니다. 그러니까 다윗의 표정이 변하면서 전쟁하다 보면 이길 때도 있고 질 때도 있고 죽는 사람도 생기는 법이라고 하면서 열심히 싸우라고 격려를 했습니다. 굉장히 가증한 모습이었습니다.

밧세바는 자기 남편이 죽었다는 전갈을 받고는 남편을 위하여 곡을 합니다. 곡을 하는 기간이 끝나자 다윗이 그를 데리고 가서 자기 부인으로 삼았습니다. 사람들이 보기에는 다윗은 너무 훌륭한 왕으로 보였을 것입니다. 그는 전쟁터에서 싸우다가 신하가 죽으니까 그 아내를 자기 부인으로 삼았습니다. 그리고 다윗과 밧세바는 서로 불륜의 사랑을 하다가 이제는 떳떳하게 같이 살게 되었습니다. 밧세바는 다윗과 사이에서 임신했던 아이도 낳았습니다. 사람들이 보기에는 아무것도 잘못된 것이 없는 것 같았습니다. 그러나 하나님은 다윗의 음행과 살인과 범죄 은닉을 다 알고 계셨습니다. 다윗은 죄 중에서 가장 악질적인 죄를 몇 개나 지었던 것입니다.

사람들이 죄를 지으면 일단 하나님은 생각이 나지 않고 사람에게만 들키지 않으면 된다는 생각을 하게 됩니다. 왜냐하면 죄인에게는 하나님이 생각나지 않기 때문입니다. 그러나 그것은 바로 자기가 죽는 길입니다. 자존심이나 체면 같은 것을 다 버리고 회개하는 것만이 사는 길인 것입니다. 우리는 죄의 삯은 사망이라는 말씀을 기억해야 합니다. 지금은 달콤한 사랑이 행복할 것 같지만 나중에는 본인들의 관계도 원수가 되고 나중에는 죽는 사람이 생길 수 있습니다.

사람이 다른 죄는 용서를 받을 수 있지만 '미투' 죄는 용서받을 수 없습니다. 일단 성적인 죄에 빠지면 그가 아무리 유능하고 아무리 많은 일을 했어도 용서받지 못합니다. 그래서 한순간에 그의 명예와 존경과 직책이 다 날아가고 마는 것입니다. 그러나 사람들은 거짓된 사랑에 눈이 멀면 그런 것을 생각하지 못하고 자기 죄가 영원히 감추어질 수 있다고 생각합니다. 그러나 하나님이 알고 계시고 자기가 알고 상대방이 알기 때문에 성적인 죄는 언젠가는 드러나게 됩니다.

우리는 지금 우리 사회에서 이런 일들을 많이 보고 있습니다. 그래서 성공이라는 것이 얼마나 무서운 것이며 사람을 눈멀게 하는지 알아야 합니다. 우리는 세상을 끝까지 조심스럽게 살아야 하며 마치 살얼음판을 걷듯이 걸어야 하는 것을 알게 됩니다. 그리고 우리가 어느 정도 올라갔으면 조심스럽게 산에서 내려와야 합니다. 그러나 나이가 들면서 끝까지 아름다운 목표를 가지고 사는 것이 얼마나 어려운지 모릅니다. 이런 죄가 결국 이스라엘의 부흥의 불을 꺼트리게 만듭니다. 끝까지 부흥의 불을 잘 지키는 성도들이 되시기 바랍니다.

16

선지자의 책망

삼하 12:1-31

사람들은 어떤 잘못을 저질렀을 때 다른 사람으로부터 지적을 받거나 책망을 들으면 기분이 좋지 않을 것입니다. 그래서 학생들은 학교에서 선생님에게 야단을 맞거나 혹은 부모님에게 책망 듣는 것을 싫어합니다. 어른들도 직장에서 상사에게 지적당하거나 혹은 병원에서 의사에게 건강관리를 잘하지 못했다고 야단맞으면 기분이 좋지 않을 것입니다. 그래서 할 수만 있으면 병원에 가지 않으려고 합니다. 그래서 어떤 분은 참고 참다가 병을 키우는 경우가 많이 있습니다.

이것은 죄도 마찬가지입니다. 죄도 아직 크게 발전하지 않았을 때 미리 하나님께 회개하고 죄를 끊어버리면 쉽게 해결될 수 있는데 회개하는 것이 귀찮아서 아무에게 말도 하지 않고 버티다가 자기 영혼은 영혼대로 죽고 나중에 그 죄가 곪아서 터지는 바람에 인생을 완전히 망쳐버리는 사람들이 있는 것입니다.

다윗은 다른 사람의 아내와 간음죄를 저지르고 난 후에 입을 다물고 숨어 있었습니다. 다윗의 범죄는 아주 대수롭지 않게 시작되었습니다. 그것은 그냥 호기심이었습니다. 만약 다윗이 그날에 굉장히 바빴더라면 죄 지을 시간도 없었을 것입니다. 그런데 하필이면 그날에 시간이 많이 남았습니다. 다윗은 한평생을 쫓고 쫓기면서 살아왔습니다. 그러다가 아무것도 할 것이 없으니까 심심했고 무엇인가 구경해볼까 하고 옥상에 올라갔습니다. 그때 다윗은 아주 아름다운 여인이 목욕하는 것을 보게 되었던 것입니다. 다윗의 호기심이 거기서 그쳤더라면 아무 일도 생기지 않았을 것입니다. 그러나 다윗은 그 여자를 만나기를 원했고 결국 왕의 지위를 이용해서 오게 하고 잠을 자고 가게 함으로 일차 범죄를 했습니다. 그런데 문제는 여자가 임신해버린 것이었습니다. 요즘은 이런 죄를 위계에 의한 간음이라고 해서 엄하게 처벌하는데, 이것 때문에 인생을 망치는 사람들이 많이 있습니다.

여자는 다윗에게 자기가 임신한 사실을 알렸습니다. 그랬더니 다윗은 이것을 완전 범죄로 꾸미기 위해서 전쟁터에 가 있는 여인의 남편 우리아를 불러다가 집에 가서 자도록 했습니다. 그러나 그 남편은 너무나도 우직하게 충성되어서 아무리 왕이 집에 가서 자라고 명해도 집에 가지 않고 왕궁에서 문지기들과 같이 잤습니다. 결국 다윗은 사령관인 요압에게 비밀 편지를 써서 우리아를 전쟁터에서 죽게 하라고 했습니다. 요압은 우리아를 가장 격렬할 전쟁터에서 싸우게 하고 결국 화살에 맞아 죽고 말았습니다.

그런 후 다윗은 우리아의 아내를 데리고 와서 자기 부인으로 삼았습니다. 사람들은 다윗이 한 것이 범죄였는지 아무도 몰랐습니다. 다윗이 저지른 것은 완전 범죄였습니다. 다윗이 저지른 죄는 아무도 알 수 없는 고단수의 죄였습니다. 그러나 다윗의 지은 죄를 아는 사람들이 있었습니다. 그것은 우선 다윗 자신이 알고 있었고, 여자가 알고 있었고, 하나님이 알고 계셨습니다.

우리가 죄를 지으면 하나님은 상당한 시간 침묵을 지키면서 가만히 계십니다. 그것은 하나님이 몰라서 그렇게 하시는 것이 아니라 그 사람이 어떻게 하는지 지켜보시는 것입니다. 하나님이 침묵하시는 동안이 회개할 시간입니다. 그때 신앙이 있고 양심이 있는 사람은 하나님께 회개합니다. 자기 머리도 뜯고 머리도 벽에 쥐어박고 금식도 하면서 울면서 회개해야 합니다. 그러면 하나님이 용서해주십니다. 그런데 하나님이 모르신다고 해서 시치미를 떼고 넘어가면 엉뚱한 데서 문제가 터지면서 모든 죄가 다 밝혀지게 되고 완전히 인생 밑바닥까지 떨어지게 됩니다.

1. 선지자의 책망

다윗은 완전 범죄를 저지르고 1년 가까이 아무 일 없이 편안하게 지냈습니다. 이 1년이라는 기간은 하나님께서 다윗이 회개하기를 기다리는 시간이었습니다. 그러나 이 1년 동안 밧세바는 아기를 가졌고 결국 아기를 낳았습니다. 그동안 아무 일도 없었고 다윗의 범죄에 대하여 말하는 사람도 없었습니다. 그런데 아기가 태어난 후에 나단 선지가 다윗을 찾아오게 되었습니다. 물론 나단 선지도 다윗의 범죄를 알지 못했습니다. 그러나 하나님이 다윗의 범죄를 알고 계셨던 것입니다. 사람들이 죄를 지으려고 하면 하나님에 대하여 전혀 생각하지 못하게 됩니다. 왜냐하면 하나님을 생각하면 죄를 지을 수 없기 때문입니다. 그래서 죄를 지을 때는 주위를 돌아보면서 보는 사람이 있는지 없는지 그것부터 살펴봅니다.

다윗의 죄는 맹장염으로 치면 맹장이 너무 곪아서 터지기 일보 직전이었습니다. 여기서 조금만 지체하면 다윗의 양심은 다 썩어서 죽게 되는 것입니다. 다윗의 죄는 죽어야 할 죄였고 그의 영혼은 지옥에 가야 할 죄였습니다. 그는 남의 아내와 간음했으면 죽어야 합니다. 그리고 그 죄를 은폐시키기 위해서 남편을 죽게 했으면 살인죄로 지옥에 가야 합니다.

만일 다윗이 당장 죽는다면 이스라엘은 왕이 1대와 2대가 죄로 인하여 죽는 것입니다. 사울도 죄를 지었고 다윗도 죄를 지어서 죽는다면 이것은 비참한 역사이고 이스라엘 왕의 자리는 결코 영광된 자리가 아닌 것입니다. 그리고 다윗의 영혼이 지옥에 가면 다윗이 죽였던 수많은 악당이 기다리고 있을 것입니다. 우리나라에 가끔 그런 일이 있는데 죄인들을 많이 잡아서 감옥에 가두었던 형사나 검사가 죄를 지어서 감옥에 들어가면 그들의 손에 의해서 감옥에 들어가 있는 죄수들이 엄청나게 욕을 하면서 조롱할 것입니다.

지금 다윗의 죄는 터지기 일보 직전인데 다윗은 그것을 모르고 있었습니다. 그래서 하나님은 나단 선지를 보내어서 그 죄를 터트려주었습니다. 다윗은 지금 양심이 없습니다. 그래서 자기 힘으로는 도저히 회개할 수 없으니까 하나님이 선지자를 보내어서 죄를 터트려주셨던 것입니다. 왜냐하면 조금만 더 그냥 두면 영혼과 육체가 다 죽어야 하기 때문입니다.

그런데 나단은 이 엄청나고 예민한 문제를 바로 직접 꺼내서 이야기를 할 수 없었습니다. 왜냐하면 다윗이 받아들이지 않을 것이기 때문입니다. 그래서 나단은 이야기를 하나 만들었습니다.

이스라엘에 엄청난 부자가 있었는데 그 사람은 양과 소가 엄청나게 많았다는 것입니다. 그런데 그 부자에게는 종이 하나 있는데 종은 어린 양 새끼 한 마리가 있었다는 것입니다. 그런데 그 새끼 양은 이 종에게는 자녀와 같아서 같이 먹고 같이 자고 같이 놀았습니다. 그때 부자에게 손님이 찾아왔는데 부자는 자기 양이나 소를 잡는 것이 아까웠습니다. 그래서 주인은 종에게 네 새끼 양을 잡아서 손님을 대접하게 하라고 명령했다는 것입니다. 종은 주인의 말을 듣지 않으면 양도 빼앗기고 자기도 두들겨 맞고 쫓겨날 수 있기 때문에 그 아까운 새끼 양을 바쳐서 손님을 대접해서 보내었던 것입니다. 이 종은 너무 억울해서 이 문제를 왕에게 호소한다는 것이었습니다.

여기까지 들은 다윗은 이스라엘에 이런 이기적인 부자가 있다는 것을 듣고는 엄청나게 화를 내었습니다. 그 부자의 죄의 질을 따지면 죽여야 마땅하다고 했습니다. 어떻게 자기에게는 양이 많이 있으면서 종에게 있는 하나밖에 없는 새끼 양을 빼앗을 수 있느냐는 것이었습니다. 다윗은 나단 선지에게 그런 부자는 종의 행복을 도둑질한 것이니까 네 배를 갚도록 하라고 명령을 내렸습니다.

그런데 가장 무서운 말은 바로 그 순간에 떨어졌습니다.

12:7상, "나단이 다윗에게 이르되 당신이 그 사람이라"

많은 것을 가지고 있는 사람은 자기가 많이 가지고 있는 것을 당연하다고 생각합니다. 그런데 아무 힘이 없는 자나 부하가 무엇인가를 새로 사면 그것이 탐이 나게 됩니다. 왜냐하면 내가 가지면 더 좋을 것 같고 부하는 가난하기 때문에 그런 것을 가질 자격이 없다고 생각하기 때문입니다. 그리고 부하는 힘이 없으므로 윗사람이 내놓으라고 하면 아무 소리하지 못하고 내놓을 수밖에 없기 때문입니다.

이제 나단 선지자는 다윗의 곪은 부분을 바늘로 찔러서 터트리기 시작했습니다. 하나님은 다윗을 이스라엘의 왕으로 삼기 위해서 죽도록 추격하는 사울의 손에서 건져내었고, 드디어 다윗을 이스라엘의 왕으로 삼아서 온 이스라엘을 다윗의 손에 맡기셨고 또 다윗이 많은 부인을 두어도 하나님은 뭐라고 야단치지 아니하셨습니다. 그런데 만일 다윗이 그것도 부족했더라면 하나님은 더 많은 것을 다윗에게 주셨을 것입니다. 그런데 다윗이 악한 것은 왜 죄를 지어가면서 자기 욕심을 차리고 다른 사람의 행복을 빼앗아서 자신이 행복하려고 하며 한때의 즐거움을 위해서 남을 죽여야 하느냐 하는 것이었습니다.

가장 가슴 아픈 말씀이 바로 8절 끝에 있는 말씀입니다.

12:8하, "만일 그것이 부족하였을 것 같으면 내가 네게 이것 저것을 더 주었으리라"

하나님은 옛날에 가난했고 별 볼 일 없었던 우리에게 엄청난 것을 주셨습니다. 지위를 주시고 돈과 명성도 주셨습니다. 그리고 만일 그것도 부족했다면 하나님은 더 주셨을 것입니다. 그런데 하나님이 분노하시는 것은 하나님이 주신 것은 아무것도 아니고 왜 꼭 죄를 지어서 욕망을 채우려고 하느냐 하는 것이었습니다.

> 12:9, "그러한데 어찌하여 네가 여호와의 말씀을 업신여기고 나 보기에 악을 행하였느냐 네가 칼로 헷 사람 우리아를 치되 암몬 자손의 칼로 죽이고 그의 아내를 빼앗아 네 아내로 삼았도다"

사람들은 이상하게도 하나님이 자기에게 주신 것은 아무리 좋은 것이라도 만족하지 못하고 남의 것을 불법적으로 빼앗아 차지해야 직성이 풀린다는 것입니다. 왜 자기가 가지고 있는 것으로는 만족이 안 되고 남의 것을 차지해야 기분이 좋을까요? 왜 다른 사람은 행복하면 안 되는 것일까요? 왜 다른 사람은 아름다운 여인과 결혼해서 살고 왜 다른 사람은 멋진 옷을 입고 잘 살면 안 되는 것일까요? 이것이 바로 인간의 욕심이고 죄성인 것입니다. 결국 나만 행복해야 하고 나만 가장 좋은 것을 가져야 한다고 생각하는 것입니다.

2. 다윗의 운명

사람이 높은 자리에 올라가면 올라갈수록 다른 사람의 칭찬과 아부의 말을 좋아하지만 잘못했다는 직언을 들으면 기분이 아주 나쁩니다. 그런데 기분이 그냥 나쁜 정도가 아니라 그것을 기억하고 있다가 그 사람에게 복수해서 심한 고통을 주어야 직성이 풀리는 것입니다. 그래서 옛날에 왕들은 직언하는 신하를 반역죄로 귀양을 보내기도 하고 사형에 처하기도 했습니다. 유다의 왕들은 모두 하나님을 믿는 자들이었지만 직언하는 선지자들을 거의 다 죽였습니다. 그래서 만일 다윗이 끝까지 완전 범죄를 지키려고 했다면 나단 선지까지 죽였을 가능성도 있습니다.

그러나 다윗은 양심이 완전히 죽은 사람이 아니었습니다. 다윗은 자기 죄가 선지자에 의하여 폭로되고 지적되었을 때 그 자리에서 엎드려 자기가 죄를 지은 것을 인정하고 자복했습니다.

12:13, “다윗이 나단에게 이르되 내가 여호와께 죄를 범하였노라 하매 나단이 다윗에게 말하되 여호와께서도 당신의 죄를 사하셨나니 당신이 죽지 아니하려니와”

드디어 다윗은 자기가 하나님께 죄를 범했다고 고백합니다. 그러니까 나단 선지는 하나님께서도 당신의 죄를 사하셔서 당신이 죽지 아니할 것이라고 말하고 있습니다. 그런데 이 내용 앞에 보면 하나님께서 다윗에게 “네 집에 재앙이 일어나고 네 아내가 다른 사람들 앞에서 대낮에 강간을 당하고 네가 이번에 낳은 아이는 죽을 것이라”고 말씀하십니다. 그러면서 하나님은 당신을 용서하셨다고 말씀하십니다. 과연 이런 재앙을 내리시고 수치를 주시는 것이 용서하신 것일까요? 그리고 다윗이 나단 선지 앞에서 내가 죄를 지었다고 말하기만 하면 모든 죄가 한꺼번에 용서되는 것일까요?

여기에는 설명이 필요합니다. 우선 다윗이 나단 선지에게 자기가 죄를 범했다고 고백한 것은 단순하게 보입니다. 그러나 다윗은 하나님 앞에서 정말 양심이 깨끗해지기 위하여 엄청나게 울고 기도를 했습니다. 그래서 다윗은 침상을 눈물에 띄우고 침상이 썩을 정도로 회개했던 것입니다. 이것에 대한 자세한 내용이 다윗이 쓴 시편에 자세히 나옵니다. 더욱이 다윗에게는 하나님의 성령이 떠난 체험이 있었습니다. 그래서 다시 우슬초로 자신을 깨끗하게 하시고 주의 성령을 새롭게 해 달라고 기도했던 것입니다.

하나님은 참 이상한 성품을 가지신 분입니다. 우리 인간은 아무래도 죄를 지었던 사람들보다는 죄를 짓지 않은 사람을 좋아합니다. 그러나 하나님은 죄를 짓지 않은 사람보다는 죄를 짓고 회개하는 사람을 더 좋아하시고 더 사랑하시는 것입니다. 그래서 하나님은 죄를 지었지만 회개한 사람에게 더 복을 주시고 죄도 감추어주시고 지위도 더 올려주시는 것을 보게 됩니다. 그래서 우리가 죄짓고 하나님 앞에 회개하는 것은 창피한 것이 아니라 진짜 복 받는 비결입니다. 물론 우리가 일부러 죄를 지었다가는 망하는 수가 있지만 인간이 연약해서 죄를 짓고 회개하면 하나님은 깨끗하게 용서해주십니다. 우리에게 있어서 죄짓는 것은 잠깐이지만 회개해서 양심을 깨끗하게 하는 것은 더 어려운 일입니다. 우리의 양심이 깨끗해야 하나님과 사람들 앞에서 떳떳할 수 있습니다. 즉 기도가 담내할 수 있는 것입니다. 그렇게 하려면 눈물로 침상을 썩게 해야 하는 것입니다.

그리고 다윗의 상태는 지금 당장 육신으로도 죽어야 하고 영혼도 지옥에 갈 수밖에 없었습니다. 그러나 하나님이 죄를 터트리시고 다윗이 인정함으로 그의 육체는 살 수 있었습니다. 신약성경에는 육체는 죽고 영혼은 구원받는 것을 육신을 사탄에게 넘겨준다고 말을 합니다. 다윗의 육신과 영혼은 사탄에게 넘어갈 뻔했던 것입니다. 다윗은 죄의 고름이 터짐으로 당장 죽는 것은 면했습니다.

그러나 그에게는 연단이 필요했습니다. 즉 하나님의 매가 필요했던 것입니다. 그것이 바로 가정 안의 간음과 살인이었고 압살롬의 반란이었고 첩들이 대낮에 강간을 당하는 것이었습니다. 그리고 하나님은 다윗이 죄로 낳았던 아들을 죽게 하셨습니다. 왜냐하면 죄로 낳은 아들은 다윗의 자손이 될 수 없었기 때문입니다. 즉 그는 부흥의 사람이 될 수 없었던 것입니다.

3. 나타난 결과

나단이 가고 난 후에 밧세바가 낳은 아기가 아프기 시작했습니다. 아마 특별한 이유도 없이 열이 펄펄 끓었던 것 같습니다. 성경은 하나님께서 아기를 치셨다고 했습니다.

12:15, "나단이 자기 집으로 돌아가니라 우리아의 아내가 다윗에게 낳은 아이를 여호와께서 치시매 심히 앓는지라"

사실 아기가 무슨 잘못이 있겠습니까? 죄는 어른이 짓고 아프기는 아기가 아픈 것입니다. 아마도 다윗은 밧세바를 사랑했기 때문에 밧세바가 낳은 아기도 굉장히 사랑했던 것 같습니다. 그런데 나단 선지가 집으로 돌아간 후 아기는 굉장히 아프기 시작했습니다. 이때 다윗은 다른 무엇보다 아기가 살아나도록 금식하면서 기도했습니다. 이미 선지자는 아기가 죽을 것이라고 예언했고 이 아기가 죽는 것이 하나님의 뜻이었습니다. 그럼에도 불구하고 다윗은 매일 금식하면서 이 아기를 살려달라고 하나님께 기도했던 이유가 무엇일까요? 그것은 다윗이 하나님의 긍휼하심을 알았기 때문입니다. 즉 하나님은 아무리 죽는다고 말씀하셔도 울면서 금식하면서 기도하면 뜻을 돌이키셔서 살리시는 분이십니다. 하나님은 얼마든지 뜻을 돌이키시는 분입니다.

우리는 우리의 미래에 어떤 불행이 기다리고 있다 하더라도 절망할 필요가 없습니다. 왜냐하면 하나님께 기도하면 얼마든지 하나님이 뜻을 돌이키시기 때문입니다. 다윗은 무려 일주일 동안 음식을 먹지 않고 얼굴도 씻지 않고 아기를 살려달라고 기도했습니다. 그런데 아기는 죽었습니다. 신하들은 아기가 죽은 것을 보고 걱정했습니다. 왜냐하면 아기가 살아서 아플 때도 왕이 그렇게 울면서 하나님께 매달렸는데 죽었다고 하면 쇼크받아서 쓰러질 줄 알았기 때문입니다.

그러나 다윗은 신하들이 수군거리는 것을 보고 아기가 죽은 줄 알았습니다. 그래서 신하들에게 아기가 죽었느냐고 물었더니 신하들은 조심스럽게 아기가 죽었다고 대답했습니다. 그랬더니 왕이 세수도 하고 옷도 갈아입고 음식도 가져와서 먹었습니다. 이것을 보고 신하들은 다윗에게 "아기가 살았을 때는 우시고 금식하시더니 죽었다고 하면 더 충격받을 줄 알았는데 도리어 밝은 표정이 되시고 음식도 잡수시니 어떻게 된 일입니까?" 물었습니다.

그랬더니 다윗은 아기가 아플 때는 하나님께 기도하고 매달리면 하나님께서 뜻을 돌이키셔서 살리실 수 있으므로 그렇게 한 것이지만, 아기가 죽었으니까 아기는 천국에 갔고 더이상 울 필요가 없기 때문이라고 대답했습니다. 우리가 아픈 사람을 위해서 기도했는데 그가 돌아가셨다고 해서 기도가 쓸모없다고 생각해서는 안 됩니다. 하나님께서 그를 불러가신 것입니다. 하나님은 그 아이가 살아서 사람들에게 멸시 천대받는 것보다는 천국에 불러 가시는 것이 좋다고 생각하신 것입니다. 다윗의 마음은 아프지만 아기에게는 좋은 것이었습니다.

그런데 하나님은 다윗과 밧세바를 위로하시기 위하여 새로운 아들을 주셨습니다. 그 아들이 바로 솔로몬이었습니다.

12:24, "다윗이 그의 아내 밧세바를 위로하고 그에게 들어가 그와 동침하였더니 그가 아들을 낳으매 그의 이름을 솔로몬이라 하니라 여호와께서 그를 사랑하사"

여인이 낳은 아기가 죽으면 큰 충격을 받고 오래 슬픔에 빠지게 됩니다. 하나님은 다윗과 밧세바가 죄인이었지만 회개한 죄인이었기 때문에 새로운 아들을 주셨습니다. 그리고 하나님께서도 그 아이를 사랑하셨습니다. 그 아이 별명이 '여디디야' 였는데 '하나님의 사랑을 받은 자' 라는 뜻이었습니다.

그리고 드디어 요압이 암몬의 수도 랍바를 점령하게 되었습니다. 그래서 요압은 왕에게 지금 즉시 랍바로 오셔서 랍바를 마지막으로 정복하시라고 요청했습니다. 다윗은 요압이 거의 다 함락시켜놓은 랍바로 가서 마지막으로 점령했습니다. 다윗은 거기서 어마어마한 왕관을 차지했습니다.

12:30, "그 왕의 머리에서 보석 박힌 왕관을 가져오니 그 중량이 금 한 달란트라 다윗이 자기의 머리에 쓰니라 다윗이 또 그 성읍에서 노략한 물건을 무수히 내

오고"

다윗은 암몬의 수도를 정복함으로 물질적으로 엄청 부요하게 되었습니다. 암몬 왕은 보석이 박힌 왕관을 썼는데 금 한 달란트였습니다. 이것은 우리 무게로 치면 10킬로그램 정도였습니다. 아마 그것을 오래 쓰고 있으면 목이 아파서 쓰지 못할 정도로 큰 왕관이었습니다. 다윗은 랍바 사람들을 종으로 만들어서 톱질하고 써레질하고 벽돌 굽고 집을 짓는 사람들로 썼습니다.

다윗이 하나님께 회개했을 때 하나님은 다윗에게 더 큰 축복을 주셨습니다. 이 세상에서 죄를 짓지 않는 사람은 없습니다. 그러나 하나님께서 조용히 침묵을 지키고 계실 때가 바로 회개할 시간입니다. 이때 눈물 콧물 흘리면서 회개하면 하나님은 죄를 감추어주시고 오히려 더 큰 복을 주실 것입니다. 그러나 하나님이 가만히 계신다고 해서 하나님이 모른다고 끝까지 죄를 숨기면 그때는 그의 영혼과 육체가 박살 나는 일이 일어나게 됩니다.

요즘 정치인은 죄를 지어도 끝까지 짓지 않았다고 우기면 끝난다고 생각합니다. 그러나 그들은 하나님의 진노가 얼마나 무서운지 모르는 것입니다. 우리는 내가 행복하기를 바라면 다른 사람도 행복할 수 있게 해야 합니다. 그리고 내 것이 아닌 것에 손을 대면 안 됩니다. 그것에 손을 대고 욕심을 내는 것은 무서운 죄입니다. 더욱이 나보다 힘이 없고 부하의 것을 차지하는 것은 무서운 도둑질입니다. 우리는 시간이 있을 때 회개해서 하나님께 쓰임 받게 되시기를 바랍니다.

17

다윗 가족의 비극

삼하 13:1-39

가끔 아프리카를 여행하는 사람 중에는 도시나 동네까지 가지 못해서 들판에서 야영해야 하는 경우가 있습니다. 이런 사람들이 그냥 들판에 텐트를 치고 자면 반드시 사자나 표범의 공격을 받아서 목숨을 잃기 쉽습니다. 그래서 이렇게 야영을 하는 사람들은 야영장 한가운데 큰 모닥불을 피워놓고 뺑 둘러가면서 가시로 담을 만들고 또 가장자리에도 모닥불을 만들어야 합니다. 그러면 아무리 사자나 표범 같은 맹수들도 불은 무서워하므로 쉽게 덤벼들지 못하고 울타리 밖에서 불이 꺼지기를 기다릴 것입니다.

시베리아나 추운 초원이나 숲에서도 야영하려고 하면 늑대가 떼로 몰려와서 사람들을 잡아먹으려고 가까이 올 것입니다. 이때 사람들이 나무를 구해 와서 큰불을 만들어 놓으면 늑대는 불이 무서워서 가까이 오지 못합니다. 그래도 가까이 오는 것이 있으면 불이 붙은 나무를 가지고 휘두르면 늑대는 도망갑니다.

이것은 영적인 세계에서도 마찬가지입니다. 우리 가운데 큰 성령의 불이 일어나고 있으면 사자나 늑대와 같은 마귀가 성도들을 잡아먹으려고 오다가도 그 불을 보고는 무서워서 뒤로 물러가게 됩니다. 그런데 하나님의 백성이 게을러서 성령의 불을 꺼버리면 여지없이 마귀가 덤벼들어서 엄청난 시험을 불러일으키고 사람들로 하여금 미치게 만들고 죄짓게 만들어서 하나님의 백성을 여지없이 무너지게 합니다.

다윗이 모든 전쟁에서 다 이기고 거의 정상의 자리에 올라서게 되었을 때 그의 마음속에는 자신이 엄청나게 대단한 사람이라는 교만이 가득 차게 되었습니다. 그 교만은 결국 자기 아내가 아닌 신하의 아내와 관계를 맺게 만들었고 그의 남편을 죽게 했습니다. 물론 다윗은 나단 선지자의 책망을 받고 자기 죄를 자복하고 침상을 썩게 할 정도로 눈물로 회개해서 죄 용서를 받았지만, 이스라엘 나라 안에는 부흥의 불이 많이 약해지게 되었습니다. 즉 부흥의 불이 완전히 꺼진 것은 아니지만 부흥의 불이 약해지게 된 것은 사실이었습니다.

이때 마귀는 마치 사자가 밤중에 사람이나 양을 물어가듯이 다윗의 아들과 딸을 물어가서 엄청난 죄를 짓게 하는 사건을 불러일으켰습니다. 그러므로 우리는 항상 우리에게 부흥의 불이 켜져 있는가 살피는 것이 내 개인의 문제나 정치인들의 정치보다 더 중요하다는 것을 알아야 합니다. 우리에게서 부흥의 불이 꺼져버리거나 약해지면 그때부터는 늑대나 사자가 덤벼들어서 소나 사람들을 잡아먹게 되는 것입니다.

1. 암논의 비정상적인 사랑

본문은 이렇게 시작하고 있습니다.

13:1, "그 후에 이 일이 있으니라"

"그 후에"라는 것은 다윗이 밧세바와 간통하고 완전 범죄로 만들기 위해서 그 남편 우리아를 전쟁터에서 죽게 하고 나단 선지가 와서 다윗을 책망함으로 다윗이 회개한 후를 말합니다. 그동안 밧세바가 낳은 아기는 죽고, 다윗은 하나님께 회개하느라고 많이 울었고 하나님께 성령을 회복시켜 달라고 기도를 했습니다. 그러나 다윗은 회개했지만 이스라엘의 부흥의 불은 많이 약해지게 되었고 다윗의 영감도 완전히 회복되지는 못했다는 것을 알게 됩니다. 성경 본문에는 나오지 않지만 이스라엘 부흥의 불이 약해지면 무저갱의 문이 열리고 마귀의 졸개들이 새카맣게 올라와서 하나님의 백성에게 달라붙게 됩니다. 그러면 하나님의 백성은 아름다운 자신의 정체성을 잃어버리고 말도 안 되는 것을 가지고 고민하거나 상상할 수 없는 시험에 빠져서 그 마음이 거친 광야를 방황하게 됩니다.

이때 사탄의 첫 번째 희생자가 바로 다윗의 큰아들 암논이었습니다. 암논에게는 이상한 충동이 있었습니다. 그것은 예쁘게 생긴 여자를 보면 성 충동을 억제하지 못한다는 것입니다. 그렇지만 결코 그 여성을 사랑하지는 않는 것입니다. 보통 순서를 보면 여성이 아름답게 생긴 것을 보고 먼저 사랑의 감정을 느끼고 그다음에 너무 좋으니까 육체적인 관계로 발전하게 되는데, 암논의 여성에 대한 취향은 비정상적이었습니다. 그는 아주 예쁘게 생긴 여자만 보면 성 충동을 느끼는데 무슨 수를 써서라도 성관계를 맺어야만 했고, 강간한 후에는 엄청나게 미워해서 폭행하지 않지만 내쫓고 절대로 책임을 지지 않았습니다.

이런 암논과 같은 남자를 보고 요즘 여성들은 '변태' 라고 부릅니다. '변태' 에도 이상한 종류가 많이 있는데 그중 하나가 바바리맨입니다. 우리나라 어느 곳에서는 부장 판사가 바바리맨이었습니다. 그래서 여고생들이 밤에 야간학습을 마치고 학교에서 나오면 바바리를 입고 나와서 그 엄청난 늙은 몸매를 보여주고는 도망치는 사람이 있었는데 경찰이 이 변태를 잡고 보니까 부장 판사였습니다. 이런 사람은 이상한 충동에 사로잡힌 일종의 정신병적인 성향이 있다고 보아야 할 것입니다. 강간범 중에는 모르는 여성을 강간하고 난 후에는 여성을 너무 심하게 때려서 눈이 다 튀어나오고 성형해야 할 정도로 얼굴이 찢어지게 하거나 심지어는 살인까지 하는 경우도 있습니다.

다윗의 맏아들 암논이 언제부터 이런 성향이 있었는지 알 수 없지만 다윗이 범죄하고 난 후에 암논은 자기 이복 여동생 다말을 사랑해서 죽을 지경이 되었습니다.

13:1-2, "그 후에 이 일이 있으니라 다윗의 아들 압살롬에게 아름다운 누이가 있으니 이름은 다말이라 다윗의 다른 아들 암논이 그를 사랑하나 그는 처녀이므로 어찌할 수 없는 줄을 알고 암논이 그의 누이 다말 때문에 울화로 말미암아 병이 되니라"

대개 어떤 남자에게 여동생이 있어도 늘 같이 붙어살기 때문에 이성이라는 생각이 들지 않습니다. 오히려 그들은 어렸을 때부터 늘 사소한 것을 가지고 싸우기 때문에 사이가 나쁜 경우가 많습니다. 대개 나이 차이가 많이 나는 경우에는 업어주기도 하고 놀아주기도 하기 때문에 좋아하지만 그런 이성적인 관계는 아닌 것입니다. 그리고 조금만 때리거나 괴롭혀도 바로 엄마나 아빠에게 일러주기 때문에 사이가 좋지 못할 때가 많습니다.

그러나 다윗의 딸 다말은 아주 예쁜 처녀였고 암논에게는 배다른 여동생이었습니다. 그래서 암논은 다말을 좋아해서 병이 날 정도였습니다. 옛날에 젊은 사람이 이렇게 누군가를 좋아해서 상사병에 걸리면 음식도 잘 먹지 않고 혼자 괴로워할 때가 많았습니다. 이것이 바로 지금까지 어렸던 자기 자신의 껍질이 깨어지면서 어른이 되어가는 과정입니다.

그런데 성 문제는 예수 믿는 사람과 믿지 않는 사람이나 한국이나 미국 같은 서양에서는 생각하는 것이 하늘과 땅 차이여서 정말 한국에서 예수 믿는 사람의 사회생활이나 가정생활이 어려운 처지라고 말할 수 있겠습니다. 미국 같은 데는 이혼과 재혼이 반복되면서 아이들이 양아버지에게 성폭행당하는 경우도 많고 특히 미국에서는 순결을 가지고 있으면 게이라고 놀리기 때문에 빨리 성행위를 해서 순결을 잃어야 좋은 것으로 생각하는 풍토도 있다고 합니다. 동성애는 당연하다고 생각하고 선생이나 교수나 직장 상사나 동료와 책임 없는 성관계를 가지는 경우가 많습니다.

우리나라도 얼마 전에 어떤 교수가 여자 대학원생을 술을 마시게 한 후에 호텔에 데리고 가서 관계를 가지는 바람에 고소당한 일도 있었습니다. 어떤 곳에서는 남편이 너무 성실했는데 어느 날 이혼하자고 하는데 보니까 딴 여자가 그동안에 있었고 아이까지 있는 것을 보고는 배신감에 미치려고 하는 부인도 있다는 얘기를 들었습니다.

암논은 다말이 좋아서 미칠 지경인데 아마 여인마다 집을 따로 쓰는 바람에 다말을 가까이할 기회가 없었던 것 같습니다. 그래서 암논은 혼자 끙끙거리면서 슬퍼하고 있었는데 그에게는 아주 좋지 못한 친구가 있었습니다. 그 친구는 이런 일에는 해결사 역할을 잘하는 사람이었던 것 같습니다. 그는 암논을 보고 어찌하여 왕자가 나날이 얼굴이 형편없이 창백해 가는지 물었습니다. 그랬더니 자기가 압살롬의 여동생 다말을 좋아하는데 어떻게 할 수 있는 방법이 없어서 이렇게 속앓이를 하고 있다고 대답했습니다. 그랬더니 이 나쁜 친구가 아주 엄청난 방법을 가르쳐주었습니다. 그것은 바로 다말을 끌어들여서 강간하라는 것이었습니다. 암논의 나쁜 친구는 암논에게 아프다고 해서 누워 있다가 아버지 다윗이 병문안 오시면 입맛이 없는데 다말이 와서 눈앞에서 과자를 만들어주면 병이 낫겠다고 말하라고 하면서 다말이 오기만 하면 덤벼들어서 네 것으로 만들어버리라고 조언을 했습니다.

사실 암논은 자신이 어떤 위치에 있는지 알지 못했습니다. 암논은 다윗의 맏아들이고 다음에 이스라엘의 왕이 될 수 있는 사람이었습니다. 그가 다윗의 후손이라면 부흥의 기름 덩어리이고 그가 하나님 앞에 말씀과 기도로 나가면 무조건 부흥이 오고 전쟁에 이기게 되어 있었습니다. 물론 겉으로 보기에는 다윗이 이미 부흥을 이루었고 전쟁에서 거의 다 이겼기 때문에 더이상의 목표가 없을 수도 있습니다. 사실 사람에게 가장 어려운 것이 이미 목표를 달성해버렸을 때 무엇을 해야 하느냐 하는 것입니다. 그래서 어쩌면 암논이 앞으로 해야 할 일이 다윗보다 더 어려울 수 있었습니다. 다윗은 워낙 침체되고 망한 이스라엘을 일으켜 세우는 것이지만 암논은 그것을 유지해야 하니까 더 어려울 수 있을 것입니다.

그래서 흔히 경영학자들은 창업보다 수성이 더 어렵다고 말합니다. 처음 창업하는 자는 아무것도 없는 가운데 미친 듯이 좌충우돌하면서 키워가면 되지만 이미 성공한 사업을 물려받은 사람은 더 지혜롭게 위기를 극복할 힘이 있어야 하고 미래를 볼 수 있는 눈이 있어야 하기 때문입니다. 다윗은 이미 부흥을 이루었다고 하지만 밧세바 사건 이후로 이스라엘은 많이 침체하여 있었습니다. 그런데 암논은 이스라엘 전체를 보지 못하고 자기가 얼마나 중요한 사람인지 알지 못하고 이복 여동생을 육체적으로 탐내어서 상사병에 빠졌던 것입니다.

2. 이용당하는 다윗

다윗은 왕이면서도 선지자였습니다. 다윗은 밧세바와 범죄하고 난 후에도 성령이 자기에게서 떠난 것을 깨닫고 주의 성령을 회복시켜 달라고 기도했습니다. 하나님의 선지자는 사람이 입에서 하는 말만 믿어서는 안 되고 눈에 보이지 않는 그 모략을 읽을 수 있어야 합니다. 그러나 다윗은 아직 하나님의 영감이 덜 회복되었던 것 같습니다. 그래서 암논이 하는 말에 속아서 그대로 이용을 당하고 맙니다.

맏아들 암논이 아프다고 하니까 다윗은 암논을 보러 갔습니다. 그리고 어디가 아프냐고 물으니까 어디가 아픈지는 잘 모르겠는데, 다말이 내 앞에서 밀가루로 과자를 구워 만들어주어서 그것을 먹으면 병이 나을 것 같다고 대답했습니다. 그런데 문제는 다윗이 자기 아들의 말이라면 무조건 믿고 조금도 의심하지 않았다는 사실입니다. 다윗이 진짜 영감이 살아있었다면 '도대체 무슨 병이기에 다른 사람은 안 되고 꼭 다말이 만든 과자라야 병이 낫는다고 하는가? 또 집에서 만들어서 갖다 주면 안 되고 자기가 보는 앞에서 만든 것을 먹어야 병이 낫겠다고 하는가? 혹시 이놈이 꾀병을 부리고 있는 것이 아닌가?' 하며 의심을 해볼 수도 있는 법인데, 다윗은 무조건 암논의 말만 믿고 다말에게 재료를 가지고 가서 암논 앞에서 밀가루로 과자를 구워서 먹게 하라고 지시를 내렸던 것입니다. 다말은 암논을 좋아하지도 않고 싫어하지도 않지만 왕이 직접 가서 과자를 만들어주라고 하는데 왕의 명령을 어기고 가기 싫다고 할 수도 없는 노릇이었습니다.

여기서 중요한 것은 다윗이 이스라엘 백성 전체를 속였듯이 이번에는 자기가 자기 아들에게 속아서 딸을 희생시키고 있었다는 사실입니다. 다윗에게는 하나님의 영감이 온전히 돌아오지 않고 있었습니다. 그래서 다윗은 자기 아들에게 속고 있었던 것입니다. 다윗의 아들들에 대한 믿음은 철저했습니다. 그리고 조금도 그들의 말을 의심하지 않았습니다.

그래서 다말은 왕의 지시대로 밀가루와 재료를 가지고 암논의 집을 찾아갔습니다. 아마도 다말은 과자를 맛있게 만드는 솜씨가 있었던 것 같습니다. 물론 다말은 시녀들을 데리고 같이 갔을 것입니다. 그러나 다말이 과자를 다 만들고 나니까 암논은 다른 여자들을 다 보내야 먹는다는 것입니다. 그래서 다말은 같이 간 시녀들을 다 내보냈습니다. 그것까지는 의심할 수 없었습니다. 그랬더니 암논은 네가 그 과자를 가지고 내 침실에 들어와서 내 입에 넣어주어야 먹겠다는 것입니다. 다말은 데리고 갔던 시녀들을 다 나가게 하고 침실까지 들어와서 입에 넣어주어야 과자를 먹겠다고 할 때 의심했어야 합니다. '오빠는 손이 없어? 과자를 들 힘도 없단 말이야? 왜 과자를 먹는데 침실에서 먹어야 해?' 라고 따졌어야 하는데 다말은 암논이 그렇게 또라이인 줄 몰랐던 것입니다.

그래서 다말이 과자를 들고 침실에 들어가니까 암논은 침실 문을 잠그고 자기와 동침하자고 했습니다. 다말은 깜짝 놀라면서 이것은 절대로 안 되는 일이라고 하면서 이렇게 되면 나는 이스라엘에서 얼굴을 들고 살지 못하고 너도 이스라엘에서 망하게 된다고 경고하면서 차라리 왕에게 나와 결혼시켜 달라고 하라고 했지만 암논은 다말의 말을 듣지 않고 힘으로 다말을 눕히고 억지로 겁탈했던 것입니다.

3. 암논의 비극

대개 남자가 이런 식으로 억지로 여자와 성관계를 가졌다면 미안하다고 사과하고 뒷수습을 해서 결혼하든지 해야 할 것입니다. 그런데 암논은 다말을 사랑하지도 않았고 결혼할 생각도 없었고 오직 성적으로 관계만 맺는 것에만 집착했던 것입니다. 그래서 암논은 다말을 겁탈해놓고는 오히려 다말을 미워하면서 이제는 다 끝났으니까 너희 집으로 가라고 쫓아냈습니다. 다말은 자기는 이대로는 갈 수 없다고 하면서 네가 책임을 지라고 하니까 암논은 화를 내면서 강제로 다말을 집 밖으로 쫓아내고 문을 잠그게 했습니다.

그래서 암논에게 겁탈당하고 집에서 쫓겨난 다말은 입고 있던 채색옷을 찢고 흙을 머리에 뿌리고 손을 머리에 얹고 울면서 자기 친오빠 압살롬 집으로 갔습니다. 암논의 성격은 아무래도 정상이 아니었습니다. 그는 여자를 사랑하지도 않으면서 집착했고 원하는 것을 달성한 후에는 좋아했던 것만큼 미워해서 쫓아내버렸던 것입니다. 그리고는 아무렇지도 않게 생각하고 있었습니다.

13:21, "다윗 왕이 이 모든 일을 듣고 심히 노하니라"

다윗은 자기가 암논에게 속았고 다말이 겁탈당했다는 말을 듣고는 심하게 화를 내었습니다. 그러나 그는 화만 내었지 다말을 위해서나 암논에 대해서 아무런 조치도 취하지 않았습니다. 왜냐하면 이 일이 공식화되면 암논의 미래가 걱정되었기 때문입니다. 그래서 다말만 입을 다물고 있어 주면 암논은 무사할 수 있다고 생각한 것입니다. 우리의 경우에도 누군가가 심각한 잘못을 범해도 창창한 앞길이 막힐까 봐 쉬쉬하면서 넘어갈 때가 많이 있습니다.

그러나 이미 암논의 앞길은 막혀버렸습니다. 사람들이 아무리 쉬쉬한다고 해도 그가 이복 여동생을 강제로 겁탈한 것은 용서될 수 없는 죄악이었던 것입니다. 그래서 다윗은 암논에게서 왕자의 자격을 박탈하고 다말과 결혼시키든지 아니면 손해배상을 하도록 처리했어야만 했을 것입니다. 그러나 다윗은 화만 내었지 아무 조치도 하지 않고 쉬쉬하고 넘어가려고 했습니다.

그런데 이때 이미 다말의 친오빠였던 압살롬은 암논을 죽일 생각을 했습니다. 물론 당장은 자기가 힘이 없기 때문에 죽일 수 없지만 그는 암논을 죽일 기회를 노리고 있었습니다.

2년이 지난 후에 압살롬에게 양털 깎는 일이 있었습니다. 목축하는 사람에게는 양털 깎는 날이 큰 명절이었고 잔치였습니다. 압살롬은 암논이 다윗을 이용했던 그대로 다윗을 이용했습니다. 압살롬은 왕을 찾아가서 이번에 양털을 깎는데 왕이 꼭 오셨으면 좋겠다고 졸랐습니다. 그랬더니 왕이 사양하면서 내가 가면 너에게 부담만 되는데 말만 들어도 좋으니까 나는 가지 않겠다고 했습니다. 그러니까 압살롬은 큰 형인 암논이라도 꼭 참석하게 해 달라고 졸랐습니다. 왕은 좀 이상하게 생각하면서 네가 양털을 깎는데 네 형이 갈 필요가 뭐가 있느냐고 물었습니다. 그랬더니 압살롬은 내가 양털을 깎는데 아버지도 안 오시고 큰 형도 안 오시면 내가 얼마나 무시당하는 줄 사람들이 알겠느냐고 하면서 암논이라도 꼭 오게 해 달라고 졸랐습니다.

그때 만일 왕에게 영감이 있었다면 압살롬에게 "이년 전에 있었던 다말의 일은 네 마음에서 다 풀렸느냐?"고 한번 물어봤어야 하는데, 다윗은 또 압살롬에게 속아서 그렇다면 암논에게 가도록 하겠다고 대답했습니다.

암논은 이 년 동안이나 압살롬이 아무 소리도 하지 않고 있으니까 다말의 일은 다 끝난 것으로 생각했습니다. 더욱이 압살롬이 자기를 초청한다고 하니까 그동안 서먹서먹했는데 그 불편했던 일을 완전히 풀려고 하는 모양이라고 생각하고 기쁜 마음으로 압살롬의 양털 깎는 데를 갔던 것입니다.

그러나 이미 압살롬은 자기 종들에게 왕자들이 식사할 때에 내가 포도

주를 쏟든지 떡을 떨어트리든지 하면 그것을 사인으로 생각해서 뛰쳐나와서 암논을 죽이라고 했습니다. 절대로 다른 왕자들은 죽이지 말고 암논만 죽이면 된다고 했습니다. 그래서 식사하면서 압살롬이 사인을 하니까 종들이 우르르 뛰어나와서 암논을 찔러 죽였습니다. 그때 다른 왕자들은 모두 놀라서 전부 각자 살길을 찾아서 이리 뛰고 저리 뛰면서 노새를 타고 아버지 궁으로 도망쳤습니다.

그때 먼저 전령은 왕에게 달려가서 압살롬의 털 깎는 잔치에 사고가 있었고 왕자들이 다 죽은 것 같다고 보고했습니다. 그때 다윗은 큰 충격을 받아서 자기 옷을 찢고 신하들도 자기 옷을 찢고 땅에 드러누워서 절망했습니다.

13:31, "왕이 곧 일어나서 자기의 옷을 찢고 땅에 드러눕고 그의 신하들도 다 옷을 찢고 모셔 선지라"

다윗은 옷을 찢고 엎드린 것이 아니었습니다. 그는 드러누워 버렸습니다. 이것은 세상이 다 끝장났다고 생각한 것입니다. 그때 암논을 죽게 만들었던 나쁜 친구 요나답은 왕에게 모든 왕자가 다 죽은 것이 아니고 암논만 죽었을 것이라고 하면서, 암논이 다말을 욕되게 한 날부터 압살롬은 암논을 죽이려고 결심했다고 말했습니다. 그러고 나니까 왕자들이 모두 울면서 노새를 타고 언덕길을 넘어 왕에게 달려왔고 왕과 신하와 왕자들이 다 통곡했습니다. 살아서 돌아와서 반가워서 통곡하고 또 압살롬이 암논을 죽여서 통곡했던 것입니다. 그리고 압살롬은 원수를 갚은 후 이웃 나라로 도망쳐버렸습니다.

우리에게서 부흥의 불이 약해지면 마귀가 덤벼들어서 중요한 사람들을 물고 갑니다. 그리고 약한 자들은 그 깨끗한 믿음에 엄청난 상처를 입고 절망하게 됩니다. 우리의 영감이 살아서 마귀가 덤벼들지 못하게 하고 마귀에게 속지 않고 이기는 신앙인이 다 되시기 바랍니다.

18

왕자의 귀환

삼하 14:1-33

사람이 어떤 큰 잘못을 저질렀다고 해서 그의 인생이 다 끝났다고 볼 수는 없습니다. 형제들은 자라면서 많이 싸우면서 큽니다. 그런데 이런 싸움이 사회성을 만들어주기도 하고 체력을 연단시켜주기도 하고 사회생활을 하는데 연습이 되기도 합니다. 예를 들어서 사자 새끼들은 서로 물기도 하고 할퀴기도 하고 도망치기도 하며 싸우는데 그것이 나중에는 사냥하는데 아주 중요한 연습이 되는 것입니다. 새끼 양 같은 경우에는 자꾸 뛰거나 꼭대기 같은데 올라가는 연습을 하고, 어떤 때는 주인의 머리 꼭대기에도 올라가기도 하고 지붕 위에도 올라가는데 그것이 나중에는 다 도망치는 훈련이 되는 것입니다. 그런데 진돗개 같은 경우에는 같은 형제끼리인데도 얼마나 무섭게 싸우는지 한쪽이 피투성이 되고 피를 흘릴 정도가 되어도 싸움을 중단하지 않고 끝까지 싸우려고 하는 것을 보게 됩니다.

장난은 어디까지나 장난으로 그쳐야 하는데, 이것이 지나쳐서 어느 한쪽이 죽어버리면 그 결과는 아주 비참해지게 됩니다. 결국 사람을 죽인

자는 자기도 죽기 싫으니까 도망치게 되는데, 그러다 보니 부모의 입장에서는 하루에 아이를 둘이나 잃어버리게 되는 것입니다.

다윗이 밧세바를 범했을 때 하나님은 나단 선지를 통해서 다윗에게 네 집에 환란이 그치지 않을 것이라고 경고하셨습니다. 그런데 마귀의 가장 첫 포로가 된 사람이 큰아들 암논이었습니다. 암논은 자기의 이복 여동생 다말을 성적으로 좋아했습니다. 그러나 결코 인격적으로 사랑하는 것이 아니었습니다. 암논은 자기가 아픈 척하고 아버지 다윗을 이용해서 다말을 자기 침실로 끌어들여서 겁탈하고는 그 후에 마음이 변해서 엄청 다말을 싫어해서 자기 집 밖으로 쫓아버렸습니다. 아마도 암논은 다말과 성관계를 가지면 너무나도 행복할 줄 알았던 모양입니다. 그러나 성관계를 가져도 별로 대단한 것이 없었고 오히려 후회와 실망이 생기니까 다말을 쫓아버렸던 것입니다.

하나님은 이런 경우를 대비해서 율법을 주셨습니다. 즉 다말은 처녀이기 때문에 두 사람 모두 왕 앞에 가서 한번은 육체의 정욕을 이기지 못해서 큰 죄를 지었지만 결혼하겠다고 하면 용서가 되었습니다. 다말도 암논에게 아버지께 찾아가서 결혼시켜달라고 요청하라고 했습니다. 만약 다말이 암몬과 결혼하는 것이 너무 싫으면 금전적으로 손해배상을 할 수도 있었습니다. 그러나 암논은 아무것도 하지 않았습니다. 그리고 다윗도 화만 내었지 암논을 불러서 책임을 묻지 않았습니다. 왜냐하면 암논은 맏아들이기 때문에 나중에 왕이 되는데 큰 결점이 될 수도 있었기 때문입니다. 그래서 다윗이나 암논이나 모두 쉬쉬하고 넘어가는 바람에 결국 나중에 더 큰 문제가 터지게 되었습니다. 그것은 다말의 친오빠 압살롬이 양털 깎는 날에 암논을 칼로 찔러 죽여 버린 것입니다.

1. 압살롬의 살인

우리나라나 미국 같은 나라에서는 남자가 여자를 강간하면 남성을 처벌하게 되어있습니다. 특히 미국은 피해 여성이 나이가 16세 이하라면 엄청나게 그 형이 무거운 것을 볼 수 있습니다. 그런데 아랍 계통의 나라에서는 여자가 남자에게 강간당하면 여자를 처벌합니다. 여자가 남자를 유혹했으므로 강간을 당했다고 보기 때문입니다. 그래서 지금도 아랍에서는 여성은 히잡이나 머리수건을 써서 반드시 얼굴을 가리게 되어있습니다. 어떤 여성은 수건을 쓰지 않았다고 해서 집 식구들로부터 돌에 맞아 죽는 경우도 있었습니다.

얼마 전에 저희 교회에 한 파키스탄 여성이 얼굴에 화상을 입은 채로 와서 치료를 받았는데, 그 여성이 예수 믿는다는 이유로 남편이 얼굴에 염산을 뿌렸기 때문입니다. 올림픽 할 때 아랍 여성들이 히잡을 쓰고 단거리를 달리거나 배구하는 모습을 보면 대단히 신기하다는 생각이 듭니다. 다말 같은 경우에도 암논에게 직접 고소할 수 없었을 것입니다. 그렇다면 오빠 압살롬이 왕에게 고발하고 안 되면 직접 죽이더라도 이런 때를 대비해서 성전에 달려가서 제단의 뿔을 잡거나 아니면 도피성으로 도망칠 수 있었을 것입니다. 그러나 압살롬은 율법으로 해결하려고 하지 않고 가까이 있는 다른 나라로 도망쳤습니다. 압살롬은 실제 생활에서 하나님의 율법을 믿지 않았기 때문입니다. 여기서 우리가 알 수 있는 것은 다윗이 많은 시를 쓰고 또 찬양대를 조직하고 대부흥을 일으키기는 했지만, 그의 가족부터 생활에서 하나님의 말씀을 지키지 않았다는 것입니다.

다윗도 나이가 들고 성공하면서부터는 실수를 많이 하는 것을 보게 됩니다. 그는 정상의 자리에 앉았을 때 부하의 아내를 불러서 관계를 가졌습니다. 그것은 마치 에베레스트에 정상까지 올라가고 난 후에는 밑으로 추락하는 것과 같습니다. 그러나 다윗은 그것으로 그치지 않고 밧세바의 남편 우리아를 전쟁터에서 죽게 했습니다. 이것은 그가 더 깊은 골짜기로 떨어지는 것이나 마찬가지였습니다. 다윗은 자기 딸이 배다른 오빠에게 강간당했는데도 화만 내고 아무 조치도 취하지 않았습니다. 다윗은 암논을 처벌하지도 않았고 야단치지도 않았습니다. 그리고 다윗의 실수는 압살롬에게 계속되었습니다. 우리가 이것을 보면 정상에 올라가고 크게 성공하는 것도 중요하지만 그 정상에서 떨어지지 않고 안전하게 내려오는 것이 더 중요한 것을 알 수 있습니다.

압살롬은 다말이 자기 친동생이기 때문에 암논의 처벌을 왕에게 요구할 수 있었습니다. 그런데 왕이 그의 요구를 들어주지 않고 내버려두는 경우에는 자신이 직접 암논에게 복수할 수 있습니다. 그러면 도피성으로 도망쳐야 하는 경우도 생길 것입니다. 거기서 죽이면 죽는 것이고 살리면 대제사장이 죽을 때까지 갇혀서 도피성에서 살 수 있었습니다. 그런데 압살롬은 그술 왕에게로 도망을 쳤습니다.

압살롬이 그술로 도망친 것을 반드시 나쁘다고 볼 수는 없습니다. 왜냐하면 성경에는 한번 죄를 지어서 광야로 도망쳤다가 나중에 철저하게 변화되어서 돌아온 사람들이 많이 있기 때문입니다. 그 대표적인 인물이 모세입니다. 모세는 히브리인을 채찍질하는 애굽 노예감독을 참지 못해서 죽이고 그것이 들통이 나니까 미디안 광야로 도망을 쳐서 40년을 거기에서 숨어 살았습니다. 결국 모세는 광야에서 하나님을 만나고 철저하게 변화된 하나님의 사람이 되어서 애굽으로 돌아왔습니다.

그래서 압살롬은 기왕 사람을 죽이고 도망쳤으므로 자기의 모든 왕자 신분이나 과거의 프라이드는 다 잊어버리고 철저하게 인생 밑바닥에서 양이나 키우고 소나 키우면서 하나님을 만난다면 오히려 도망친 것이 전화위복의 기회가 될 수 있고 하나님께서 더 귀히 쓰시는 사람이 될 수도 있었을 것입니다. 그러나 압살롬이 그술로 도망친 것은 그냥 살기 위한 도망이었지 하나님을 찾는다든지 아니면 자기 자신을 돌아보기 위한 도망이 아니었던 것입니다. 오히려 압살롬은 그술로 도피해서 더 야망을 키웠습니다. 즉 압살롬은 세상적인 방법을 더 배우고 아버지가 통치하는 방법이 시대에 뒤떨어졌다고 생각하게 되었던 것입니다. 그래서 압살롬은 더 늑대같이 되어서 기회만 있으면 이스라엘에 돌아가서 사람들을 겁주고 잡아먹어서 아버지 나라를 내 나라로 빼앗아야겠다고 호시탐탐 기회만 노리고 있었던 것입니다.

압살롬은 하나님의 말씀보다는 세상의 야망을 가지고 도망쳤기 때문에 더 세상과 가까워졌고, 양이 되는 것이 아니라 더 늑대가 되어서 이스라엘을 잡아먹을 기회만 노리게 되었던 것입니다.

2. 압살롬을 돌아오게 하는 작전

다윗은 나이 들면서 인생의 목표가 많이 흐려지게 되었습니다. 다윗이 젊었을 때는 그가 원하는 것은 오직 하나님 나라의 부흥이었습니다. 그래서 다윗은 골리앗과 싸울 때도 "너는 창과 칼과 단창을 가지고 나오지만 나는 만군의 여호와의 이름으로 나아간다"고 하면서 물맷돌을 던져서 골리앗을 죽였습니다(삼상 17:45). 다윗은 아둘람 굴에 숨어 있으면서도 오직 하나님 나라의 부흥만을 생각했습니다. 그는 사울 왕과 요나단이 죽었을 때도 오직 하나님 나라의 부흥만 생각하고 애통했습니다.

그러나 이제 다윗은 이미 왕이 되었고 모든 전쟁에 다 이김으로 자신이 세운 목표를 다 달성했습니다. 하나님의 언약궤도 예루살렘으로 가져왔고 찬양대도 대대적으로 재편성해서 큰 찬양대를 세 개나 만들었습니다. 다윗은 암몬과의 전쟁도 이겨서 큰 왕관을 가지기도 했습니다. 이때 다윗은 잠시 인생의 목표를 잃어버리게 되었습니다. 그래서 다윗은 내가 왕이기 때문에 왕의 권세를 누려야겠다고 생각했고 내가 왕이기 때문에 못할 것은 아무것도 없다고 생각했습니다. 그러니까 다윗은 자기 마음에 집착하는 것이 생겼고 그것을 꼭 해야만 직성이 풀렸습니다.

거기에 제일 먼저 걸린 것이 밧세바였습니다. 다윗은 밧세바와 관계를 가졌습니다. 그다음에는 그 남편이 걸림돌이 되었습니다. 우리아는 너무나도 우직해서 왕이 자꾸 집에 가서 자라고 하는데도 집에 가지 않고 왕궁 문지기들과 잠을 잤습니다. 결국 우리아도 죽였습니다. 다윗의 눈에는 미갈의 불행은 너무 시시해서 눈에 보이지도 않았습니다.

그런데 압살롬이 사고를 치고 도망간 것입니다. 자기 형 암논이 자기 여동생 다말을 겁탈하고도 아무 일 없었다는 듯이 입을 싹 닦고 있는 것입니다. 그래서 압살롬은 이년을 기다렸다가 양털 깎는 잔치를 할 때 암논을 죽이고 그술로 도망을 쳤습니다. 다윗은 처음에는 맏아들 암논이 죽은 것에 너무 마음 아파했습니다. 그런데 다윗은 역시 현실주의자였습니다. 암논은 이미 죽어버렸으니까 자기가 아무리 애통해도 살아나지는 않는 것이 분명했습니다. 다윗은 암논은 잊어야 한다고 생각했습니다.

그래서 다윗이 암논을 잊으니까 이제는 더욱더 압살롬에게 집착하게 되었습니다. '이놈이 남의 나라에 가서 무시나 천대는 당하지 않을까, 혹은 거기서 추운 방에서 고생하지는 않을까, 아이가 아버지를 너무 보고 싶어 하지 않을까, 결혼도 못하고 이방 땅에서 늙어가면서 외롭지 않을까?' 이렇게 다윗이 허구한 날 압살롬만 생각하고 있다는 것이 그의 부하 요압에게 보였습니다. 왕이 말도 없어지고 멍하게 먼 곳을 쳐다보는 시간이 많았기 때문입니다. 요압이 보기에 다윗은 정신이 없는 사람 같았습니다. 다윗은 정상의 자리에 오르면서 삶의 방향을 잃어버렸습니다. 이번에는 아들 압살롬에게 집착했습니다. 그 대신 다른 사람들에게 말은 하지 못했습니다. 왜냐하면 압살롬은 형을 죽이고 도망친 살인자였기 때문입니다.

사실 부흥을 일으키는 것도 어렵지만 부흥을 유지하는 것은 더 어렵습니다. 조나단 에드워즈 때 미국의 뉴잉글랜드에서 부흥이 일어났습니다. 그러나 얼마 되지 않아서 청년 중에 거리에서 소리를 지르면서 다니는 광신자가 생겼고, 또 인체 해부도 같은 의학 서적을 서로 빌려보면서 음란해지는 일이 있었습니다. 조나단 에드워즈는 이들을 치리했다가 오히려 자기가 면직되었고 그 후에 인디언 선교를 하다가 뉴헤븐 대학(지금의 예일대학)의 총장으로 갔다가 예방주사를 맞고는 사망하게 됩니다.

또 조지 휫필드도 영국에서 부흥을 일으켰는데 웨슬레 형제들과 갈등이 일어나게 됩니다. 그래서 조지 휫필드는 교단을 만들지 않았습니다. 그 대신 웨슬레는 감리교를 만들어서 유명해지게 됩니다. 찰스 스펄전은 영국에서 부흥을 일으켰지만 곧 자유주의 신학과의 논쟁에 빠지게 됩니다. 그리고 영국의 거의 대부분 언론은 스펄전을 공격하게 됩니다. 로이드 존즈도 웨일즈에서 부흥을 일으켰지만 건강이 나빠지게 됩니다. 그는 런던으로 와서 웨스트민스터 교회에서 캠벨 모건과 협력 사역을 하지만 곧 이차대전이 터지면서 교인들은 흩어지게 됩니다.

다윗은 부흥을 일으키지만 아들 압살롬은 아버지를 쫓아내고 자기가 왕이 됩니다. 그래서 부흥을 일으키는 것도 어렵지만 그것을 지속시키는 것은 더 어려운 일입니다. 다윗은 하나님의 말씀보다는 아들 압살롬에게 빠져있었던 것입니다.

이 다윗의 속마음을 요압은 알았습니다. 요압은 하나님을 위하여 일하는 사람이 아니라 다윗의 마음을 잘 맞추어주는 사람이었습니다.

14:1, "스루야의 아들 요압이 왕의 마음이 압살롬에게로 향하는 줄 알고"

다윗이 나이 들면서 갈팡질팡하니까 이번에는 압살롬을 생각하게 되었습니다. 그러나 압살롬은 죄인이기 때문에 데리고 오라고 말할 수 없었습니다. 그때 요압은 드고아에서 지혜로운 여자를 하나 데리고 왔습니다. 여기서 지혜롭다고 하는 것은 말을 잘한다고 볼 수 있고 연기를 잘한다고 볼 수도 있습니다. 요압은 그 여인에게 왕에게 들어가서 이렇게 이렇게 말하라고 가르쳐주었습니다.

그 여인은 다윗 왕에게 나아가서 자신의 억울함을 이야기하면서 아들 하나를 살려달라고 부탁했습니다. 왕이 무슨 일이냐고 물으니까 자기에게는 아들이 둘이 있는데 이 둘이 싸우다가 하나가 다른 하나를 죽이게 되었다는 것입니다. 그래서 하나는 죽어버리고 다른 하나는 도망을 쳤는데 친족들이 남은 아들을 내놓으라고 하면서 그는 살인자이기 때문에 죽어야 한다는 것입니다. 그래서 이 과부는 물론 아이들이 과격하게 싸운 것은 잘못이지만 하나가 죽는 바람에 이제는 자식 둘을 모두 잃어버리게 되었다는 것입니다. 하나는 형제에게 맞아서 죽고 다른 하나는 살인자라서 죽고 두 아들이 다 죽으면 나 혼자 남게 되는데, 우리 가문의 숯불이 꺼져버리게 된다는 것입니다.

그래서 이 드고아 여인은 우리 집의 가문이 대가 끊어지지 않도록 왕이 한 아들을 살려주기를 바란다고 요청했습니다. 이런 문제가 참 해결하기 어렵습니다. 즉 법대로 하면 두 아들 모두 죽어야 하는데 어머니의 입장에서는 두 아들이 모두 죽는 것이 너무 억울한 것입니다. 그래서 다윗은 그 여인에게 남은 한 아들이 죽지 않도록 내가 명령을 내리겠다고 말합니다.

영화 〈라이언 일병 구하기〉를 보면 라이언 집에 아들이 넷 있는데, 전부 이차대전에 나가서 아들 셋이 죽습니다. 이것을 보고 사령관은 이 집의 대를 끊어서는 안 된다고 하며 노르망디에 이미 공수되어있는 네 번째 라이언 일병을 찾으러 특공대를 보냅니다. 이 한 명을 구하기 위해서 많은 사람이 죽고 결국 라이언을 찾았는데, 독일군과 전투가 벌어져서 특공대장인 밀러 대위는 죽고 라이언은 살아서 돌아갑니다. 나중에 세월이 많이 흘러서 라이언이 노인이 되어서 노르망디에 있는 밀러 대위의 묘지를 찾아가는데 자손들이 벌써 청년이 되어서 여러 명의 청년을 데리고 묘지를 찾아가는 것을 볼 수 있습니다.

체코에서는 가스실로 가게 되어있는 유대인 아이들을 한 영국인이 빼돌려서 영국으로 보내어 집집마다 입양시켰는데 나중에 이 영국인이 노인이 되었을 때 그의 부인이 다락 창고에서 아이들의 사진을 보고 이것을 방송국에 알립니다. 그래서 방송국에서 이 아이들을 다 연락해서 모이게 했는데 그 아이들이 결혼하여 낳은 아이들까지 다 합쳐서 천 명이 넘었습니다. 노인은 영문도 모르고 방송국 공연장에 앉아 있다가 모두 일어나서 박수를 치니까 그제야 무슨 일이 일어났는지 알게 되었습니다.

그런데 드고아 여인은 다윗 왕이 하나 남은 아들을 죽이지 못하게 하겠다고 약속했는데도 돌아가지 않고 할 말이 더 있다고 했습니다. 그래서 더 해보라고 하니까 우리는 다 죄인이고 사람의 생명을 한번 쏟으면 다시 담을 수 없다고 하면서, 왕께서는 왜 내쫓긴 자를 돌아오게 하지 않느냐고 했습니다. 이때야 비로소 다윗은 이것이 연극이라는 것을 알게 되었습니다. 그래서 다윗은 그 여인에게 솔직히 대답하라고 하면서 "요압이 시켰느냐?" 고 물었습니다. 여인은 이 모든 것이 요압의 아이디어라고 대답했습니다. 그랬더니 다윗 왕은 요압을 불러서 당장 가서 압살롬을 데려오라고 명령했습니다.

다윗은 요압에게 압살롬을 데리고 오기는 하지만 내 앞에는 데리고 오지 말라고 명령했습니다. 단지 자기 집에 돌아가서 농사지으면서 살라고 한 것입니다. 이것은 참 애매한 것이었습니다. 도피성으로 도망치면 대제사장이 죽을 때 합법적으로 돌아올 수 있습니다. 단지 대제사장이 언제 죽느냐가 문제일 뿐입니다. 그러나 다윗은 압살롬을 집에 오게 하되 왕은 보지 못하게 한 것입니다. 압살롬은 이스라엘로 돌아왔지만 왕과는 화해되지 않은 상태가 된 것입니다. 즉 왕은 압살롬이 고생하는 것을 원하지 않지만 자숙하는 시간은 더 가져야 한다고 생각했던 것입니다.

3. 왕과의 만남

왕자가 외국에서 돌아오는 일이 많이 있을 수 있습니다. 어떤 외교적인 임무를 마치고 올 수도 있고 전쟁에서 이기고 올 수도 있습니다. 그러나 압살롬은 죄를 짓고 도망쳤다가 돌아오는 것이었습니다. 여기에는 환영하는 사람도 없었고 정말 죽지 못해서 사는 창피한 귀환이었던 것입니다. 그리고 왕도 왕자를 만나주지 않았습니다.

본문에 보면 압살롬은 외모가 굉장히 잘생겼다고 했습니다. 그는 발바닥부터 머리 정수리까지 흉터라는 것이 없었는데, 특히 머리숱이 얼마나 많고 잘 자라는지 일 년에 한 번씩 머리털을 깎아주어야 한다고 했습니다. 그런데 한번 깎을 때마다 머리가 이백 세겔이었으니 몇 킬로 정도나 되었다고 합니다.

그리스 신화에도 압살롬같이 잘생긴 사람이 있는데, 나르시스였습니다. 그는 숲속에 갔다가 물웅덩이에 비친 자신의 모습을 보고 너무 반해서 그 우물을 떠나지 않았습니다. 그러다가 결국 나르시스는 굶어 죽고 말았습니다. 그래서 사람 중에서 자기도취에 빠지는 성향을 나르시시즘(narcissism)이라고 합니다. 젊었을 때 사람들은 취합니다. 특히 잘생긴 사람들은 자신의 외모에 취할 때가 많습니다. 그리고 어른들은 자신의 성공에 도취되고 어떤 사람들은 자신의 업적에 도취됩니다.

압살롬은 자기보다 더 잘생긴 사람은 없다고 생각을 하는데 아버지가 자기를 만나주지 않고 죄인 취급을 하니까 기분이 나빴습니다. 그래서 압살롬이 이 년을 예루살렘에 있으면서 기다렸지만 왕은 압살롬을 만나주지 않았습니다. 그래서 압살롬은 요압에게 사람을 보내었지만 만나주지 않았습니다. 결국 압살롬은 자기 집 옆에 요압의 보리밭이 있는 것을 알고는 거기에 불을 질러버렸습니다. 요압이 화가 나서 왜 내 보리밭에 불을 지르느냐고 하니까 압살롬이 요압에게 사람을 데려왔으면 왕을 만나게 해야지 사람만 오게 하고 왕을 보지 못하게 하는 법이 어디 있느냐고 항의했습니다. 압살롬은 도피 생활을 통해서 늑대가 양으로 변해서 온 것이 아니라 더 사나운 늑대가 되어서 돌아왔던 것입니다.

그러나 다윗은 아들에게 단호하지 못했습니다. "너의 눈에는 아직 독기가 덜 빠졌어. 내가 부르기 전까지 자숙하도록 하라."고 했어야 하는데, 왕은 압살롬을 부르고 압살롬은 왕에게 절하니 왕은 그와 입을 맞추고 화해했던 것입니다. 이때 이미 압살롬은 세상 생각에 가득 차 있었고, 아버지의 말씀 중심의 통치가 어리석고 미련하고 비효율적이라고 생각하고 있었습니다. 결국 다윗과 압살롬의 화해는 진정한 아버지와 아들의 화해가 아니라 인간적인 정의 화해였던 것입니다. 아버지와 아들은 떼려야 뗄 수 없습니다. 결국 아버지는 아들에게 질 수밖에 없습니다. 그래서 결국 다윗은 압살롬의 반역으로 왕의 자리에서 밀려나게 됩니다. 이것은 완전히 이스라엘의 등불을 끄는 것이나 마찬가지였습니다. 하나님의 등불을 끝까지 지키는 것은 너무나도 어렵습니다. 그러나 우리는 믿음으로 이 등불을 잘 지킬 수 있기를 바랍니다.

19

압살롬의 반역

삼하 15:1-37

사람에게 있어서 가장 가슴이 아프고 마음에 큰 상처를 입을 때는 자기가 가장 믿었던 사람에게 배반당해서 어려움에 빠지는 것입니다. 특히 믿었던 사람은 자신의 비밀을 다 알고 있는 사람이므로 그 사람이 한 말은 그 누구에게도 하지 못하는 자신의 은밀한 비밀인 경우가 많습니다. 삼손은 들릴라를 믿고 자신의 비밀을 말했다가 블레셋 사람들에게 붙들려서 눈알이 뽑히고 머리털이 밀리고 포로가 되었다가 죽고 맙니다. 예수님도 열두 제자 중의 하나였던 가룟 유다에게 배반당해서 체포되어 십자가에 못 박혀 죽게 됩니다.

다윗은 이스라엘을 하나님의 말씀으로 다스린 왕이었습니다. 하나님은 다윗을 보았을 때 하나님의 마음에 합한 자라고 말씀하셨습니다. 다윗은 하나님을 이스라엘의 왕으로 모시고 자기는 오직 하나님의 말씀에 따라서 나라를 다스렸습니다. 그러나 이것을 모든 사람이 좋아했던 것은 아니었습니다. 왜냐하면 하나님의 말씀은 우리가 그 뜻을 잘 모를 때도 많고 주로 격려하고 칭찬하는 것보다는 우리의 죄를 책망하고 무엇이든지 욕망대로 하지 말라고 경고하는 말씀이 많기 때문입니다.

그래서 우리가 하나님의 말씀대로 살려고 하면 마치 십자가에 못이 박힌 것처럼 아무것도 내 마음대로 할 수 없을 때가 많습니다. 내 능력을 마음껏 발휘하지 못할 때도 많고 내 창의력도 죽여야 하고 외국의 좋은 방식도 받아들이지 못할 때가 많은 것입니다. 그래서 보통 사람들이 보기에는 하나님의 말씀대로 다스린다는 것은 자기의 재능을 썩히고 너무나도 비능률적이고 시대에 뒤떨어지는 방식으로 나라를 경영하는 것처럼 보이는 것입니다.

이것은 목회를 해 보면 알 수 있습니다. 우리가 순수하게 하나님의 말씀으로 목회하면 인간적인 방법을 쓸 수 없습니다. 그리고 거의 대부분 일을 하지 못하게 합니다. 왜냐하면 하나님께서 일을 하시기 때문입니다. 그러나 하나님이 일하시는 것은 눈에 보이지 않고 오히려 사람들의 재능을 썩히고 다른 교회의 좋은 목회 방법들을 받아들이지 않는 것으로 보이는 것입니다.

저는 개척 교회를 하면서 모든 교인이 하나님의 말씀으로 목회하는 것을 좋아하는 줄 알았습니다. 아니, 우리가 하나님의 말씀을 듣는 것보다 더 좋은 것이 어디에 있습니까? 그러나 많은 교인은 하나님의 말씀보다는 인간적인 관계나 경영을 좋아한다는 것을 알았습니다. 어느 날 보니까 교인이 한 20명 정도가 사라졌습니다. 개척 교회에서 20명은 엄청나게 많은 숫자입니다. 그들은 너무 답답해서 다른 교회로 옮겼던 것입니다. 거기에다가 우리가 세 들어있던 지하 교회도 나가야만 했습니다. 그것도 그냥 나가는 것이 아니라 권리금이라는 것을 주고 나가야 했습니다. 우리가 갈 수 있는 장소는 없는 것 같았습니다. 그러다가 겨우 한 장소를 찾아서 들어가게 되었는데 너무 낡은 건물이었습니다. 그런데 거기서부터 교회가 폭발적으로 부흥하기 시작했습니다.

다윗의 통치를 가장 답답하게 생각했던 사람은 그의 아들 압살롬이었습니다. 압살롬의 눈에는 우리가 하나님을 믿지 않는 것도 아니고 여기에 인간적인 방법을 좀 섞으면 얼마든지 큰 효과를 낼 수 있는데, 아버지 다윗이 너무 하나님의 말씀만 의지하고 있는 것처럼 보였습니다. 결국 압살롬은 자신의 뛰어난 외모와 친절한 방식으로 사람들의 마음을 빼앗기 시작하다가 결국 아버지를 왕위에서 쫓아내고 반역을 일으켰습니다.

그때 갑자기 압살롬의 군대가 예루살렘을 향하여 진격해오니까 다윗은 예루살렘을 포기하고 몇몇 신하들과 군대를 데리고 도망쳤습니다. 이때가 다윗의 인생에서 가장 비참하고 절망적이고 고통스러운 때였습니다. 더 중요한 것은 압살롬이 이스라엘에서 인간적인 통치를 함으로써 이스라엘 부흥의 불을 완전히 꺼버리려고 한 것입니다. 이제 다윗이 사느냐 죽느냐 하는 것보다 더 심각한 문제는 이스라엘 부흥의 불이 꺼지느냐 아니면 다시 붙게 하느냐는 것이었습니다.

1. 압살롬의 준비

압살롬은 자기 형 암논을 죽이고 외국으로 삼 년이나 도망쳐 있다가 요압의 도움으로 돌아오게 되었습니다. 그런데 왕이 이 년이 되도록 자기를 만나주지 않으니까 요압 장군의 밭에 불을 질러서 요압을 오게 해서 결국 왕을 만나고 복권이 되었습니다. 그러나 압살롬에게는 여전히 답답한 문제가 있었습니다. 그것은 아버지 다윗이 너무 하나님의 말씀에 매여서 아무것도 하지 못하고 시대에 뒤떨어진 정치를 하고 있다는 것이었습니다. 압살롬의 생각에 하나님도 믿지만 세상 방법을 도입하면 너무나도 나라가 발전하고 효율성이 뛰어날 텐데, 아버지 다윗은 너무 하나님의 말씀에 매여서 아무것도 하지 못하는 것처럼 보였습니다. 그러니까 수많은 사람의 창의성이라든지 성공에 대한 욕망이 전부 다 땅에 묻혀버리고 마는 것이었습니다.

그래서 압살롬은 세상적인 방법을 받아들이기 시작했습니다. 우선 하나님은 이스라엘 백성에게 말을 사용하지 말라고 했습니다. 왜냐하면 말은 전쟁하는데 너무나도 유익하므로 말이 있으면 말의 힘을 믿지 기도를 하지 않기 때문입니다. 그래서 다윗은 왕이지만 말을 타지 않았습니다. 그래서 걸어 다니든지 아니면 나귀를 타고 다녔습니다. 그러나 압살롬은 자기를 위해서 말과 병거를 준비하고 호위병 50명을 세웠습니다. 그랬더니 압살롬의 모습은 너무나도 멋있게 보였습니다.

그리고 사람들은 왕 앞에 재판을 받으러 왔습니다. 이 당시 왕의 재판을 받으려고 하면 줄을 서서 기다려야 하고 또 하나님의 말씀대로 판정하면 에누리라는 것이 없었습니다. 재판하면서 좀 봐주기도 하고 뇌물도 좀 통하고 해야 하는데 다윗의 재판에는 에누리라는 것이 없었던 것입니다. 그런데 압살롬은 아침부터 성문에 서 있다가 사람들이 재판받으러 오면 자기가 먼저 달려가서 그들의 이야기를 들어주고 나 같으면 너를 도와주겠다는 식으로 이야기했던 것입니다. 그리고 사람들이 압살롬을 보고 절하려고 하면 압살롬이 먼저 손으로 그를 붙들고 자기가 먼저 인사했던 것입니다.

그래서 이러한 모습의 압살롬은 예루살렘에서 일대 센세이션을 일으켰고 굉장한 인기를 끌게 되었습니다. 사실 원래는 다윗의 부하들도 재판받으러 오는 사람이나 밑에 있는 사람에게 이렇게 친절해야 하는데 오랜 시간이 지나다 보니까 매너리즘에 빠져서 기계적으로 딱딱하게 되어버렸던 것입니다. 좌우간 압살롬은 예루살렘에서 아주 인기를 끄는 사람이 되었습니다. 그런데 성경은 압살롬이 이렇게 행동하는 것을 사람들의 마음을 훔치는 것이라고 평했습니다.

15:6, "이스라엘 무리 중에 왕께 재판을 청하러 오는 자들마다 압살롬의 행함이 이와 같아서 이스라엘 사람의 마음을 압살롬이 훔치니라"

사실 병원이나 혹은 법원에 가는 사람들은 모두 답답한 사람들입니다. 이런 사람들에게 누군가 아는 사람이 한 명이라도 있다면 얼마나 큰 도움이 되는지 모릅니다. 압살롬은 이런 식으로 해서 다윗에게 가야 할 이스라엘 사람들의 마음을 자기에게 향하도록 도둑질했던 것입니다.

그리고는 드디어 압살롬은 반역하기로 작정했습니다. 그래서 압살롬은 다윗 왕을 찾아가서 자기가 추방되어 있을 때 만일 예루살렘에 돌아가면 하나님께 제사드리기로 서원했다고 하면서 허락해 달라고 했습니다. 다윗은 전혀 압살롬을 의심하지 않고 가서 하나님께 네 서원을 갚으라고 허락했습니다.

2. 압살롬의 반역

압살롬이 반역을 일으킨 장소는 헤브론이었습니다. 이 헤브론은 다윗이 처음 왕이 되었던 곳이고, 다윗의 뿌리가 있는 곳입니다. 그리고 사실 아브라함도 거의 이 헤브론에서 살았습니다. 그래서 압살롬이 헤브론에서 반역을 일으키면 다윗은 그 뿌리가 뽑히는 것입니다. 그리고 압살롬은 이스라엘 모든 지파에 정탐꾼을 보내면서 자기가 나팔을 불 텐데 나팔 소리를 들으면 압살롬이 헤브론에서 왕이 되었다고 소리를 지르라고 했습니다.

사실 압살롬의 반역은 굉장히 엉성하기 짝이 없는 것이었습니다. 즉 치밀한 준비가 된 것이 아니었습니다. 일단 자기는 헤브론으로 내려가서 왕이 되고 정탐들을 이스라엘 모든 지파에 보내어서 압살롬이 왕이 되었다고 소리치는 것이었습니다. 그리고 이백 명의 왕족이나 귀족을 자기편으로 끌어들이는 것인데, 이 이백 명은 도대체 압살롬이 무엇을 하는지도 모르는 채 헤브론으로 갔다고 했습니다. 이것을 보면 압살롬이 얼마나 자신만만하고 대담한 성격의 사람인지 알 수 있습니다. 압살롬은 자기가 나서기만 하면 이스라엘 백성은 그동안 너무 다윗의 통치에 답답했기 때문에 다 따라올 것이라고 믿었던 것입니다.

그리고 압살롬은 다윗의 신하 중에서 아히도벨을 끌어들였습니다. 그런데 아히도벨은 거의 천재와 같은 사람이었습니다. 아히도벨은 모략가 중의 모략가였고, 다윗의 모든 전략을 꿰뚫어 볼 수 있는 모사였습니다.

드디어 압살롬이 헤브론에서 나팔을 불자 사람들은 압살롬이 왕이 된 줄 알고 압살롬을 따라서 예루살렘으로 몰려오고 있었습니다.

그때 다윗의 전령이 다윗에게 달려와서 말하기를 압살롬이 헤브론에서 반란을 일으켰고, 이스라엘의 인심이 모두 압살롬에게로 넘어가 버렸다고 보고했습니다. 이때 다윗은 너무나도 성급하게 예루살렘을 포기하고 예루살렘에서 도망하기로 결정했습니다. 우리가 생각하기에는 다윗이 너무 성급하게 예루살렘을 포기하는 것이 아닌가 생각이 들 정도입니다. 다윗이 이렇게 빨리 예루살렘을 포기한 이유는 우선 압살롬이 너무 갑자기 반란을 일으켰으므로 누가 다윗 편인지 누가 압살롬 편인지 구별이 되지 않아서 자칫 잘못하면 예루살렘에 있는 사람도 압살롬 편이라면 꼼짝 못 하고 포위된다고 생각했기 때문입니다.

그러나 더 중요한 이유는 다윗은 하나님의 법궤가 있는 예루살렘에서 아들과 전쟁하는 것을 원하지 않았기 때문입니다. 다윗은 예루살렘이 평화의 성으로 남기를 원했습니다. 그런데 이런 평화의 성에서 아버지와 아들이 서로 칼을 겨누고 싸운다는 것은 다윗이 원하는 바가 아니었습니다.

그리고 다윗은 예루살렘을 떠나면서 열 명의 첩에게 왕궁을 지키도록 두고 떠났습니다. 왜냐하면 다윗은 도망치면서 첩까지 데리고 간다는 것은 너무 사치스럽게 생각되었기 때문입니다. 예를 들어서 어떤 사람이 선교하러 가면서 게임기나 테니스 라켓이나 자기가 좋아하는 책이나 DVD같은 것을 다 가지고 선교지로 간다면 아마 주위 사람은 놀러간다고 생각할 것입니다. 마찬가지로 다윗은 첩을 데리고 가지 않고 두고 떠났습니다. 그것은 아무리 압살롬이 반역을 일으켰다고 해도 아버지의 첩은 건드리지 않고 지켜줄 것이라고 믿었기 때문입니다. 그런데 결국 이 첩들이 비극적인 운명을 맞이하게 됩니다. 하나님께서는 나단 선지를 통해서 다윗에게 "너는 아무도 모르게 음란한 짓을 했지만 결국 모든 사람이 다 보는 앞에서 너의 부인들이 겁탈을 당할 것이라"고 하셨는데 이 첩들이 바로 이 비극적인 운명의 사람들이 되는 것입니다.

이때 다윗의 부하인 블레셋 사람들이 참 용감했습니다. 다윗이 블레셋으로 망명을 떠났을 때 그의 용기와 신앙을 보고 다윗을 따랐던 그렛 사람들이 있었습니다. 이 사람들은 블레셋 사람들이었습니다. 다윗은 그 우두머리에 해당하는 잇대에게 "너는 이방인이고 예루살렘에 온 지도 얼마 안 되니까 블레셋으로 돌아가는 것이 어떤가?"라고 하면서 고향으로 가라고 했습니다. 다윗이 지금 도망을 치면 언제 돌아올지 모르기 때문입니다. 그러나 그렛 사람 육백 명과 잇대는 용감했습니다. 잇대는 "내 주 왕이 어디 계시든지 간에 살았든지 죽었든지 우리는 거기에 있을 것이라"고 대답했습니다.

그런데 그렛 사람들이 얼마나 충성된 사람이었는가 하면 나중에 수백 년이 지나서 예루살렘이 바벨론에 의해서 멸망당하게 되었을 때 그때까지 그렛 사람들은 종족을 유지하고 있으면서 나중에 다시 돌아올 때도 같이 돌아옵니다. 이것을 보면 같은 이스라엘 사람들은 다윗의 아들이 충동질한다고 해서 압살롬 편에 붙었지만 이 블레셋 사람들은 수백 년 동안이나 그 충성심을 지켰던 것입니다.

3. 다윗이 남겨둔 사람들

다윗이 예루살렘을 떠나려고 하니까 모든 백성이 울면서 다윗을 앞서 기드론 시내를 건너갔습니다. 그들은 왜 다윗 같은 목자가 왕의 자리를 아들에게 빼앗기고 도망쳐야 하는지 이해하지 못했습니다.

15:23, "온 땅 사람이 큰 소리로 울며 모든 백성이 앞서 건너가매 왕도 기드론 시내를 건너가니 건너간 모든 백성이 광야 길로 향하니라"

이스라엘 백성은 자기들의 목자는 다윗이라고 생각했습니다. 압살롬같이 겉으로 멋이나 부리고 사람들의 마음이나 맞추어주려고 하는 사람은 그들의 목자가 아니라고 생각했습니다. 그래서 이스라엘 백성은 모두 울면서 기드론 시내를 건너 광야로 가는 고생의 길로 나아갔습니다. 결국 이 사람들이 나중에 압살롬의 군대와 싸워 이겨서 이스라엘의 등불을 지킨 사람들이었습니다. 사실 다윗은 아들 압살롬에게 지기를 원했고 이번 전쟁에서 죽기를 원했습니다. 그러나 이스라엘 백성은 이것은 다윗이 죽고 사는 문제가 아니라 이스라엘의 등불이 꺼지느냐 다시 살아나느냐의 문제로 생각했기 때문에 이스라엘의 등불을 지키기 위해서 다윗을 따라갔던 것입니다.

이때 제사장 사독이 하나님의 언약궤를 매고 나와서 다윗을 따라가겠다고 했습니다. 사실 다윗이 하나님의 언약궤를 얼마나 중요하게 생각하는지 사람들은 다 알고 있었습니다. 다윗에게 하나님의 언약궤가 있다면 하나님이 그와 함께 계신 것이고, 다윗은 어느 곳으로 가더라도 든든할 수 있었습니다.

그러나 다윗은 사독에게 하나님의 언약궤를 메고 도로 예루살렘으로 돌아가라고 했습니다. 만일 하나님이 나를 기뻐하신다면 내가 다시 이 언약궤가 있는 곳으로 돌아올 것이고 만일 하나님이 나를 기뻐하지 않으시면 나는 그곳에서 죽는 것이 하나님의 뜻이기 때문이라고 했습니다.

그 대신에 다윗은 하나님의 뜻을 아는 것도 중요하지만 예루살렘이 어떻게 돌아가는지 아는 것이 중요하기 때문에 네 두 아들을 데리고 예루살렘으로 돌아가라고 했습니다.

15:27, "왕이 또 제사장 사독에게 이르되 네가 선견자가 아니냐 너는 너희의 두 아들 곧 네 아들 아히마아스와 아비아달의 아들 요나단을 데리고 평안히 성읍으로 돌아가라"

사독의 아들 아히마아스와 요나단은 달리기를 굉장히 잘했던 것 같습니다. 그리고 제사장 사독은 제사장이기도 하지만 하나님의 뜻을 분변하는 선견자이기도 했습니다. 그래서 다윗은 결코 하나님의 언약궤가 중요하지 않아서 그런 것이 아니라 하나님의 뜻이면 나는 돌아온다고 믿으라고 했습니다. 그러므로 하나님의 언약궤를 가지고 갈 필요가 없다는 것입니다. 그 대신 압살롬이 사독에게 이것저것을 묻는다면 그것을 아들들에게 전달해서 나에게 알려달라고 했습니다. 왜냐하면 다윗에게는 눈이나 손이 필요한데 모두 다 떠나버리면 다윗은 아무것도 모르는 채 도망가야 하기 때문입니다.

그러면서 다윗은 예루살렘 소식을 들을 때까지 요단강을 건너지 않고 소식을 기다리겠다고 했습니다.

15:28, "너희에게서 내게 알리는 소식이 올 때까지 내가 광야 나루터에서 기다리리라 하니라"

그런데 사실 이것은 굉장히 위험한 생각이었습니다. 다윗이 예루살렘 소식을 기다리는 동안 아히도벨은 벌써 다윗이 그럴 줄 알고 죽일 계획을 세우고 있었던 것입니다. 다윗은 아무것도 모르고 죽을 자리에서 소식을 기다리고 있었던 것입니다.

사독과 아비아달은 하나님의 언약궤를 도로 메고 가서 예루살렘에 두었고, 다윗은 감람산으로 올라가는데 머리를 가리고 맨발로 울면서 올라갔습니다. 그리고 모든 백성도 다 그렇게 했습니다. 이것은 이스라엘 백성이 가장 비참하고 슬플 때 하는 행동이었습니다.

그때 한 부하가 다윗에게 아히도벨이 압살롬 편에 붙었다고 알려주었습니다. 아히도벨은 천재적인 머리를 가진 자였고 다윗의 모든 행동을 꿰뚫어 보는 사람이었습니다. 그때 다윗은 하나님께 "하나님, 아히도벨의 모든 계략이 실패하게 해 주십시오."라고 기도했습니다. 왜냐하면 아무리 뛰어난 사람의 머리라도 하나님을 이길 수 없기 때문입니다. 우리가 기도하면 아무리 기가 막힌 계획이라도 실패하게 됩니다. 그래서 우리는 굳이 정치에 관여할 필요가 없습니다. 왜냐하면 아무리 머리 좋은 사람이 기가 막힌 계획을 세워도 하나님은 실패하게 하실 수 있기 때문입니다.

다윗이 하나님께 기도하던 산꼭대기 마루턱에 이르렀을 때에 다윗의 신하 후새가 머리에 흙을 뒤집어쓰고 다윗을 따라가겠다고 나섰습니다. 다윗은 후새에게 네가 나를 따라와 봤자 짐밖에 안 된다고 했습니다. 그 대신 너는 예루살렘으로 돌아가서 압살롬의 신하가 되라고 했습니다. 즉 다윗은 후새를 간첩으로 압살롬에게 심어놓으려는 계획이었습니다. 그래서 네가 아히도벨의 계략을 폐하게 만들고 결과를 사독과 아비아달 제사장 아들에게 말해주어서 내게 알려주면 내가 알아서 행동하겠다고 했습니다. 그래서 다윗의 부하요 친구인 후새가 예루살렘에 들어가는 순간 압살롬도 예루살렘에 입성하게 됩니다.

다윗은 도망치면서도 그의 인격이 드러나 있습니다. 다윗은 도망치면서 첩을 데리고 가지 않았습니다. 그리고 하나님의 언약궤를 하나님의 뜻에 맡겼는데 하나님의 뜻이면 내가 돌아오는 것이고 아니면 거기서 죽는다는 확신을 가졌던 것입니다. 그러면서도 다윗은 후새를 스파이로 예루살렘에 남겨두어서 압살롬의 생각을 알고 아히도벨의 계략이 실패하게 했습니다. 그리고 사독과 아비아달을 자기 눈과 손과 발로 예루살렘에 남겨두어서 무엇이 어떻게 돌아가는지 알도록 했습니다.

우리가 하나님의 방법대로 나가면 인간적인 방법을 쓰는 것보다 열 배 정도 부흥이 늦을 것입니다. 오늘 교회들은 하나님의 축복과 세상의 성공을 같이 받아들이고 있습니다. 그리고 이렇게 해야 성공하는 줄 압니다. 그러나 하나님의 말씀에는 무서운 폭발력이 있습니다. 처음에는 아무 힘이 없는 것 같지만 나중에 어느 순간에 엄청난 힘으로 폭발하게 됩니다. 여기서 하나님의 능력이 나타나는 것입니다. 우리 모두 하나님의 말씀으로 이런 폭탄을 만드시기 바랍니다.

20

다윗의 치욕

삼하 16:1-23

사람에게는 자존심이 있어서 아무리 어린아이라 하더라도 다른 사람에게 욕을 얻어먹거나 매를 맞으면 기분이 나쁘고 마음의 상처를 입게 됩니다. 우리가 어렸을 때는 학교의 담임선생님에게 숙제를 안 해 왔다거나 시험 성적이 나쁘다는 이유로 매를 많이 맞았습니다. 그런데 가장 창피했던 것은 같은 학년의 여학생들이 창문의 종이 사이로 우리가 맞는 것을 보는 것이었습니다.

제가 어렸을 때 서울 송파 들판에 놀러 간 적이 있습니다. 그때 거기서 엄청나게 큰 비석이 밭에 누워 있는 것을 보았습니다. 그때 같이 놀러 갔던 친구가 이 비는 삼전도비인데 옛날 청나라가 쳐들어왔을 때 왕이 남한산성에서 여기까지 나와서 머리를 땅에 대고 절하고 항복한 것을 기념하는 비라고 설명을 해주었습니다. 왕은 자기 나라에서 제일 높은 사람이고 모든 것을 자기 마음대로 결정하는 사람인데 적의 공격을 막아내지 못해서 적의 왕 앞에 끌려가서 이마에서 피가 날 정도로 땅에 대놓고 꽝꽝 소리가 나도록 절을 하고 항복해야 한다는 것이 얼마나 굴욕이었는지 모릅니다. 그런데 몇 년 전에 거기에 가 보았더니 '삼전도비' 라고 해서 비각도 만들어 놓았고 사람들이 들어가지 못하도록 울타리 해 놓은 것을 보았습니다.

요즘 직장에서나 가정에서나 혹은 교회에서 주위 사람들로부터 심한 이야기를 듣고는 그것이 화병이나 혹은 우울증이 되어서 돌연사하거나 자살하거나 병이 되는 사람들의 소식을 자주 들을 수 있습니다. 어떻게 보면 우리나라는 지금 분노에 꽉 차 있는 나라라고 말할 수 있습니다. 그래서 사람들끼리 여차하면 분노가 폭발하든지 아니면 예사로 다른 사람을 욕하거나 저주하는 소리를 들을 수 있습니다. 그래서 우리나라 사람들은 누구나 다 잠재적으로 우울증을 앓고 있다고 볼 수 있고 앞으로 자살률은 더 높아질 것으로 판단되는 것입니다.

다윗은 이스라엘의 왕이 되어서 이스라엘의 모든 적을 다 물리치고 나라를 부흥시켰습니다. 그러나 다윗의 시험은 전혀 생각하지도 않았던 곳에서 일어났습니다. 그것은 자기가 그렇게 믿고 사랑했던 아들, 더욱이 죄를 짓고 다른 나라로 도망갔던 것을 용서하고 다시 오게 했던 바로 그 아들이 다윗에게 반역을 일으켰던 것입니다. 그때 이스라엘 백성과 다윗의 아들은 다윗에게 도저히 회복될 수 없는 상처를 입혔습니다. 다윗이 조금이라도 자신의 자존심을 생각했더라면 죽자 살자 복수를 했을 것입니다.

그러나 다윗은 자기도 하나님께 죄를 지었던 죄인이라는 것을 생각하고 아무 복수도 하지 않고 피난 길을 떠났습니다. 물론 다윗은 엄청난 마음의 상처를 입어서 아마 피를 많이 흘렸을 것입니다.

1. 기회를 잡은 사람

옛날 사울 왕에게는 시바라고 하는 종이 있었습니다. 그는 사울 왕이 전쟁터에서 죽은 후에도 살아남았습니다. 그는 무명의 사람이었는데, 다윗이 요나단의 아들을 찾는 와중에 왕 앞에 서게 되었습니다. 왕은 시바에게 요나단의 아들 중에서 살아있는 자가 있느냐고 물어보았을 때, 그는 요나단에게는 므비보셋이라는 아들이 하나 있는데 양다리를 다 쓰지 못하는 장애인이라고 대답했습니다. 다윗은 므비보셋을 데리고 오라고 했습니다. 므비보셋은 다윗에게 절을 하면서 "왕께서는 죽은 개와 같은 저를 찾으십니까?"라고 하면서 감사했습니다.

다윗은 요나단의 아들을 왕사들과 함께 왕의 식탁에서 식사하게 하고 사울 왕의 모든 재산을 전부 므비보셋에게 주었고, 아버지의 종 시바에게 농사를 지어서 전부 므비보셋에게 바치라고 명령했습니다. 시바는 아들이 열다섯 명이었고 종이 스무 명이었습니다. 그래서 시바는 다윗 왕의 명령을 받들어서 아들 열다섯 명과 종 스무 명을 데리고 사울 왕의 모든 밭을 농사지어서 옛 주인의 손자 므비보셋에게 바쳤습니다. 사실 이것은 므비보셋 혼자 가지기에는 너무 많았습니다.

그런데 갑자기 반란이 일어나면서 다윗 왕은 피난 가게 되었습니다. 그러나 므비보셋은 장애인이었기 때문에 빨리 움직이지를 못했습니다. 이때 누구에게 붙느냐 하는 것이 아주 중요합니다. 반란이 일어났을 때 지는 편에 붙으면 그 사람은 망하는 것입니다. 원래 종이라는 신분은 자기가 무슨 결정을 내리기보다는 주인이 하라고 하는 대로 따라가야 합니다. 그런데 므비보셋은 다리를 쓰지 못하는 장애인이었기 때문에 행동이 아주 느렸던 것 같습니다. 거기에 비해 이 시바라는 종은 상당히 눈치가 빠른 사람이었습니다.

보통 사람 같으면 압살롬은 젊은 사람이고 잘 생겼으며 다윗이 못하는 것을 바로 잡으려 하고 있으므로 충분히 승산이 있다고 볼 수 있습니다. 그리고 자기는 원래 사울의 종이었기 때문에 다윗보다는 압살롬에게 더 가깝다고 생각할 수도 있었습니다. 그런데 시바는 이때 바른 판단을 합니다. 즉 지금 당장 다윗은 아들에게 쫓겨서 도망치지만 결국 다시 왕으로 돌아올 것이라고 판단했던 것입니다. 그래서 시바는 이 찬스를 놓치지 않고 다윗이 도피하는 데 꼭 필요한 먹을 것과 마실 것과 탈 것을 가지고 다윗을 찾아갑니다. 그는 그렇지 않아도 다윗에게 무엇인가를 드려서 다윗을 돕고 싶었는데 다윗이 도망치는 때가 선물을 드릴 기회라고 생각했던 것입니다.

그래서 시바는 당장 먹을 것이나 마실 것이나 나귀를 가지고 다윗을 찾아갔습니다.

16:1, "다윗이 마루턱을 조금 지나니 므비보셋의 종 시바가 안장 지운 두 나귀에 떡 이백 개와 건포도 백 송이와 여름 과일 백 개와 포도주 한 가죽부대를 싣고 다윗을 맞는지라"

물론 시바가 가지고 온 것은 그렇게 많은 것은 아니었습니다. 그러나 피난 가는 다윗에게는 너무나도 필요한 것이었습니다. 다윗이 도피하면서 떡을 만들 시간도 없고 건포도를 챙길 수도 없고 포도주나 특히 여름과일은 더 생각할 수도 없을 것인데, 시바는 이것을 다 챙겨서 다윗을 도우려고 왔던 것입니다. 그때 다윗은 네가 가지고 온 이것이 무슨 의미냐고 물었습니다. 아무래도 시바는 사울의 종이었기 때문에 다윗은 시바가 이런 것을 가지고 올 리가 없다고 생각했었던 모양입니다.

그때 시바는 다윗에게 "아무래도 가시다보면 가족들이 시장할 텐데 떡을 드시고 여자들은 건포도와 여름 과일도 드시고 피곤한 사람들은 음료수도 필요할 테니까 마시게 하고 또 다리가 아픈 사람은 나귀도 타시라고 해서 두 마리 가지고 왔습니다."라고 대답했습니다. 이때 다른 사람들은 도망쳐야 하는지 말아야 하는지 가면 어디로 가야 하는지 우왕좌왕하느라고 사람들에게 먹을 것이 필요하고 마실 것이 필요하다는 것을 생각하지도 못했습니다. 그런데 시바는 다윗이나 그의 가족들에게 꼭 필요한 것을 생각해 내었고 그것 때문에 다윗에게 엄청나게 좋은 인상을 주게 되었습니다.

그때 다윗은 시바에게 "네 주인을 무엇을 하고 네가 이런 것들을 가지고 왔느냐?"고 물었습니다. 즉 므비보셋은 무엇을 하고 있기에 주인은 오지 않고 종이 이런 것들을 직접 가지고 왔느냐고 물은 것입니다. 이것은 므비보셋이 자신을 배신했는지 물어보는 것이었습니다. 이때 시바는 다윗에게 므비보셋을 모함하는 말을 합니다. 즉 자기는 므비보셋이 이번에 이스라엘 백성이 반란에 성공해서 자기를 다시 왕이 되게 할 것이라고 하는 말을 들었다고 했습니다. 이때 다윗은 자세한 것을 알아보지도 않고 므비보셋에 대하여 엄청나게 실망하게 되고 시바의 그 말을 믿어버렸습니다. 그래서 다윗은 거기에서 시바에게 이제부터 네 주인의 땅은 모두 네 것이라고 선언해버렸습니다.

다윗은 므비보셋을 왕자 대우도 하고 엄청난 땅을 선물로 주었는데 아들이 자기를 배반했을 때 므비보셋도 배반했다는 소리를 듣고는 엄청나게 실망을 했던 것입니다. 이런 것들은 다윗이 나중에 돌아온 후에 양쪽의 이야기를 다 들어보고 결정해도 되는데 이때 다윗은 너무 배신감을 느꼈던 것입니다. 그러나 시바가 다윗이 참 어려울 때 기회를 놓치지 않고 무엇이 필요할지를 알고 가지고 온 것은 참으로 잘한 것입니다. 이것으로 시바는 다윗의 신임을 얻게 됩니다.

그래서 우리는 다른 사람이 어려울 때 도울 수 있으면 지체하지 말고 돕는 것이 잘하는 것입니다. 그렇지 않고 생각만 하는 것으로는 소용이 없습니다. 아마도 므비보셋은 나이도 어리고 경험도 없어서 이런 세상 물정을 잘 몰랐던 것 같습니다. 시바는 다윗이 어려울 때 다윗에게 붙었고 그가 필요한 것을 아끼지 않고 가지고 와서 다윗의 편이 됩니다. 이것이 바로 찬스를 잘 잡는 것입니다.

우리는 이 세상에 살면서 사람에게 붙을 필요는 없습니다. 예수님에게 딱 붙어야 합니다. 그리고 할 수 있으면 밑에 있는 사람에게 잘 해주는 것이 좋습니다. 왜냐하면 그들의 말 한마디가 나를 살리기도 하고 망하게 하기도 하기 때문입니다.

2. 다윗을 저주한 시므이

다윗이 피난 갈 때 시므이라는 사람이 있었습니다. 이 사람은 사울 왕의 친척이었는데 베냐민 사람이었습니다. 그는 철저하게 사울파 사람이었고 다윗을 좋아하지 않았습니다. 그래서 그는 다윗이 아들에게 쫓겨서 도망치는 것을 보고 때는 이때라고 생각한 것 같습니다. 그래서 시므이는 다윗과 그 신하를 향해 산 위에서 따라가면서 저주하고 욕을 하면서 돌을 던지고 흙을 던졌습니다. 시므이는 아마도 다윗이 이번에 완전히 망하고 다시는 왕이 되지 못할 줄로 생각한 것 같습니다.

그래서 시므이는 다윗을 향해서 "피 흘린 자여 피 흘린 자여 사악한 자여 가거라 가거라. 하나님이 사울 족속의 모든 피를 너에게 돌리셨도다. 너는 피를 흘린 자이기 때문에 화를 자초했다"고 하면서 저주했습니다. 시므이는 사울 왕이 죽은 것이 다윗의 책임이라고 생각했습니다. 그래서 네가 사울 왕을 애먹이는 바람에 사울 왕이 많이 피곤했고 그 바람에게 왕이 죽었기 때문에 이제 하나님은 네 피를 갚는 것이라고 저주했습니다. 다윗은 지금 아들이 반란을 일으켰기 때문에 도망치고 있습니다. 이때 다윗에게도 위로가 필요했습니다. 그러나 시므이는 다윗을 위로하기보다는 저주를 했습니다. 율법에는 왕을 저주하는 자는 죽이게 되어있습니다. 그것은 함부로 하나님이 세운 왕을 저주하지 말라는 뜻입니다.

사실 하나님의 백성이 쫄딱 망하게 되었을 때 누가 뭐라고 해도 위로가 되지 않을 때가 많이 있습니다. 이럴 때는 그냥 옆에 조용히 함께 있어주는 것만 해도 위로될 때가 많습니다. 또 함께 찬송하고 예배를 드리면 이상하게 알 수 없는 힘이 생기고 위로받을 때가 많이 있습니다. 그런데 믿음이 없는 사람들은 위로를 해 준다고 하면서 실제로는 더 큰 상처를 줄 때가 많이 있습니다. 시편의 말씀처럼 "사람들이 종일 내게 하는 말이 네 하나님이 어디 있느뇨 하오니 내 눈물이 주야로 내 음식이 되었도다"라고 하는 것입니다.

왜 이런 환란이 오는지는 모르겠지만 가족이나 주위 사람들이 "네가 믿는 하나님은 어디 있느냐?" 고 놀릴 때면 얼마나 눈물이 흐르는지 눈물이 국이 되어버리는 것입니다. 즉 음식이 담겨 있는 그릇에 눈물이 얼마나 흘러 들어가는지 저절로 국이 되어버리는 것입니다.

그러나 하나님은 다윗을 많이 위로하셨습니다. 많은 백성이 함께 함으로 위로가 되었고 후새나 제사장 사독 같은 사람도 다윗에게 위로가 되었습니다. 그러나 다윗은 아들 압살롬이 반역을 일으켰다는 사실에 큰 충격을 받았습니다. 그리고 시므이는 산 위에서 계속 따라오면서 돌을 던지고 흙을 던지면서 다윗을 저주했습니다.

이때 다윗의 신하 중 하나인 아비새가 다윗에게 "왕이시여 어찌하여 왕은 죽은 개와 같은 저 미친놈이 왕을 욕하는 것을 내버려두십니까? 제가 당장 올라가서 저놈의 머리를 베어버리겠습니다."라고 말했습니다. 사실 시므이는 다윗이 아무 힘이 없는 줄로 생각하고 마음껏 저주했지만 다윗의 부하들은 용사들이어서 시므이 하나 정도는 얼마든지 죽일 수 있었습니다. 사실 시므이는 다윗의 부하들이 있는 줄 생각하지도 않고 마음대로 다윗을 욕하고 저주하고 있었습니다. 이때 다윗은 아비새에게 너는 참견하지 말라고 하면서 나는 욕을 먹어야 한다고 했습니다.

> 16:10-11, "왕이 이르되 스루야의 아들들아 내가 너희와 무슨 상관이 있느냐 그가 저주하는 것은 여호와께서 그에게 다윗을 저주하라 하심이니 네가 어찌 그리하였느냐 할 자가 누구겠느냐 하고 또 다윗이 아비새와 모든 신하들에게 이르되 내 몸에서 난 아들도 내 생명을 해하려 하거든 하물며 이 베냐민 사람이랴 여호와께서 그에게 명령하신 것이니 그가 저주하게 버려두라"

물론 다윗은 당장 신하를 보내어 시므이를 죽여서 그 입을 잠잠하게 할 수 있었습니다. 그러나 다윗은 시므이가 저주하는 것이 하나님께서 시므이에게 시켜서 저주하는 것이라고 생각했습니다. 즉 다윗은 저주를 더 많이 받아야 하는데 시므이는 다윗이 지은 죄를 다 모르기 때문에 조금밖에 저주하지 않는다고 생각한 것입니다. 그래서 우리가 다른 사람들에게 욕을 얻어먹는다면 사실은 유익한 것입니다. 왜냐하면 우리가 하나님에게 욕을 먹을 때는 정말 사람이 욕하는 것의 수백 배 욕과 고통을 당해야 하는데, 사람은 우리 죄를 다 모르므로 자기 마음에 들지 않는 것만 욕하기 때문입니다. 그러니까 우리는 조금 욕먹고 참음으로써 엄청난 죄를 다 용서받는 것입니다.

다윗은 시므이가 저주하는 것은 사실 하나님께서 자기를 테스트하시는 것이라고 했습니다. 그래서 "내가 시므이의 저주를 잘 참으면 하나님께서 합격이라고 판단하시고 내가 다시 돌아오게 될 것이라"고 했습니다.

16:12, "혹시 여호와께서 나의 원통함을 감찰하시리니 오늘 그 저주 때문에 여호와께서 선으로 내게 갚아 주시리라 하고"

우리가 사람에게 욕을 먹을 때 내가 저 사람에게 욕을 먹을 이유가 없다고 하면서 그 사람과 싸워서 이기려고 하면 하나님의 시험에 불합격하는 것입니다. 그러므로 우리가 사람에게 욕을 먹는 것이 엄청나게 유익한 것을 아시기 바랍니다. 그러나 그 욕을 우리가 소화하려고 하면 엄청난 고통이 따릅니다. 욕이라는 것은 마치 끓는 물과 같아서 그것을 듣는 순간 속이 다 홀랑 타버려서 너무나도 마음이 아프게 되는 것입니다. 그리고 욕을 하지 않고 참으면 이번에는 자기 속이 홀랑 타게 됩니다. 어떻게 하든지 마음이 화상을 입지 않아야 합니다.

3. 아히도벨의 첫 번째 모략

압살롬과 함께 반란을 일으킨 사람이 예루살렘에 도착했을 때, 예루살렘 문은 열려 있고 다윗의 모사였던 후새가 압살롬을 영접하러 나왔습니다. 후새는 압살롬을 보고 "왕이여 만세! 왕이여 만세!"라고 하면서 환영했습니다. 압살롬은 다윗의 충성된 신하 후새까지 자기에게 올 줄은 몰랐던 것 같습니다. 그래서 후새에게 "왜 당신 친구 다윗을 따라가지 않고 왜 여기서 나를 환영하느냐?"고 물었습니다.

그러니까 후새는 노련하게 "하나님과 백성 모두가 당신을 왕으로 택했는데 내가 누구를 섬기겠습니까? 전에 아버지를 섬겼듯이 이제는 아들을 왕으로 모시겠습니다."라고 대답했습니다. 아마 이 말을 듣고 압살롬은 성공이라고 생각했을 것입니다. 압살롬은 천재적인 머리를 가진 아히도벨을 자기편으로 만들었는데, 이번에는 그만한 머리를 가진 후새를 또 자기편으로 만들게 되었으니까 아버지 다윗은 오른팔과 왼팔 다 떨어진 것이나 마찬가지라고 생각했기 때문입니다.

압살롬은 이제 예루살렘에서 가장 먼저 해야 할 일이 무엇인지 아히도벨에게 물었습니다. 그때 아히도벨은 천재적인 머리를 사용해서 정확하게 대답했습니다. 지금 백성은 이 반란이 아버지 다윗과 아들 압살롬의 싸움인 것으로 생각하고 있어서 이 싸움은 언젠가는 화해할 가능성이 크다고 본다는 것입니다. 그래서 자칫 잘못하여 어느 한쪽 편을 들었다가 결국 둘 중 한 사람에게 미움을 받을 가능성이 크다는 것입니다. 그러므로 이스라엘 사람들은 압살롬과 다윗 사이에서 태도를 결정하지 못하고 우물쭈물하고 있었습니다. 이스라엘 백성이 보기에는 다윗의 방식이 너무 성경적이기는 하지만 그렇다고 해서 몰아내어 죽일 정도는 아니고, 또 압살롬이 참신하기는 하지만 기다리고 있으면 저절로 왕이 될 텐데 너무 성급한 것 같기도 했던 것입니다.

그래서 아히도벨은 백성에게 아버지와 화해는 없을 것이고, 너희들은 지금 태도를 결정해야 한다는 것을 보여주는 것이 아주 중요하다고 생각했습니다. 아히도벨은 압살롬에게 아버지와 영원히 화해하지 않는다는 것을 보여주는 방법은 아버지가 남겨두고 떠난 열 명의 첩과 관계를 하면 이스라엘 백성이 그들의 마음을 결정할 것이라고 했습니다. 즉 압살롬은 다윗을 이겼고 다시는 화해하지 않는다는 것을 보여주어야 한다는 것입니다.

그래서 압살롬은 모든 이스라엘 백성이 보는 앞에서 장막을 쳐놓고 아버지의 열 명의 첩과 성관계를 가졌습니다. 이것을 보면 아히도벨의 머리는 아주 뛰어나기는 뛰어나지만 윤리나 도덕이 없는 철저한 인간적인 머리였던 것을 알 수 있습니다. 그래서 다윗이 왕궁을 지키라고 남겨두었던 열 명의 첩들은 압살롬에 의해 첫 번째 희생 제물이 되고 말았습니다.

하나님께서는 다윗에게 "너는 은밀하게 아무도 모르게 밧세바와 관계를 가졌지만 나는 모든 이스라엘 백성이 보는 앞에서 훤한 대낮에 너의 여자들이 강간당하게 하겠다"고 하셨는데 그 말씀 그대로 이루어지게 되었습니다. 특히 요즘은 비밀이라는 것이 없습니다. 사람이 아무도 모를 것이라고 은밀하게 성관계를 가져도 어느 쪽에서나 모든 것을 기자들 앞에서 다 이야기하기도 하고 어떤 때는 CC-TV에 찍혀서 하는 모든 말과 행동을 동영상으로 전부 다 보게 되기도 하는 것입니다.

예수님은 복음도 마찬가지라고 했습니다. "이러므로 너희가 어두운 데서 말한 모든 것이 광명한 데서 들리고 너희가 골방에서 귀에 대고 말한 것이 지붕 위에서 전파되리라"(눅 12:3)고 말씀하셨습니다.

아히도벨의 모략은 얼마나 뛰어났던지 그가 하는 말은 하나님께서 말씀하시는 것같이 귀신같은 지혜라고 했습니다. 그러나 하나님께서 함께 하시지 않으니까 아히도벨의 계략은 실패하게 되고, 결국 그는 고향에 가서 목을 매어서 자살하게 됩니다.

우리가 어려움 당할 때도 하나님은 우리와 함께하시며 전부 다 살길을 주십니다. 반대로 인간적으로 머리가 좋은 사람들이 길이 없어서 자살을 많이 합니다. 서울의 어느 다리에서 떨어져 자살하려는 사람들을 많이 건진 구조대원이 있었습니다. 이 사람은 많은 사람의 생명을 건졌기 때문에 많은 상을 받기도 하고 의인이라고 불리기도 했습니다. 그런데 놀랍게도 얼마 전에 그 사람이 자살한 상태로 발견되었습니다. 사람의 미래라는 것은 정말 알 수가 없습니다. 그러나 우리에게는 반드시 살길이 있고 우리의 믿음에는 응답이 있습니다. 사람의 지혜를 믿지 마시고 하나님의 지혜를 믿고 끝까지 하나님께 영광 돌리는 성도들이 다 되시기 바랍니다.

21

아히도벨의 계략

삼하 17:1-29

우리는 사람이 아무리 머리가 좋고 기술력이 뛰어나다고 해도 하나님의 지혜와 능력을 이길 수는 없다는 것을 보게 됩니다. 그 대표적인 예가 중국의 샨샤댐입니다. 중국은 양쯔강에 세계 최대의 댐인 샨샤댐을 만들었습니다. 그 댐은 우리나라에서 가장 큰 소양강 댐의 27배나 되고, 거기서는 어마어마한 전기가 만들어지고 있다고 했습니다. 그런데 중국 남부 지방에 60일 이상 폭우가 쏟아지니까 그 샨샤댐은 아무 소용없게 되었고 오히려 샨샤댐이 무너진다고 세계 여러 언론이 크게 걱정을 했습니다. 샨샤댐 수문을 열지 않으면 댐이 무너지든지 그 위쪽에 있는 충칭 같은 도시가 침수되고, 샨샤댐 수문을 열면 그 아래 있는 난찡이나 우한 같은 도시가 침수되어버린다는 것입니다.

우리나라 어느 곳에서 무슨 건강식품 설명회를 가진 것 같습니다. 그런데 거기에 간 사람들은 전부 코로나에 걸렸는데 할아버지 한 명만 걸리지 않았다고 합니다. 그 할아버지는 절대로 마스크를 벗지 않았고 남들은 수박을 먹을 때도 밖에 나가서 수박을 먹지 않았다는 것입니다.

사람이 아무리 머리가 좋고 기술이 뛰어나다고 해도 하나님보다 더 좋을 수는 없습니다. 다시 말해서 사람이 아무리 똑똑해도 기도하는 것보다 더 능력 있을 수 없다는 것입니다. 우리 교회는 20년 동안 금요기도회를 했습니다. 그동안 금요기도회는 별 도전 없이 진행되었습니다. 가끔 금요일에 축구 시합이 있었고 태풍도 있었고 제 무릎이 부서지는 위기를 맞이하기도 했습니다. 그러나 우리는 그런 것들을 다 이기고 기도를 했습니다. 그런데 코로나가 퍼지니까 정부에서 모든 모임을 모이지 못하게 했습니다. 그때 우리는 기도를 했습니다. 그런데 하나님의 능력은 이상이 없었습니다.

우리가 경기하든지 전쟁하든지 전략이라는 것이 아주 중요합니다. 그래서 배구나 축구나 야구 경기 같은 것을 보면 감독이 계속 작전 지시를 하는 것을 볼 수 있습니다. 배구에서도 감독의 작전이 매우 중요합니다. 그래서 블로킹을 어떻게 하라는 둥, 어느 곳을 커버하라는 둥, 특히 수비에 빈 곳이 있으면 거기를 집중적으로 공략하게 해서 승리를 얻으려고 애를 씁니다.

1. 아히도벨의 전략

아히도벨은 원래 다윗의 신하였는데, 머리가 비상했습니다. 그는 압살롬이 반란을 일으켰을 때 다윗을 배반하고 압살롬의 신하가 되었습니다. 다윗이 하나님의 말씀을 따라서 통치하다 보니까 그의 눈에는 너무 발전이 늦고 너무나도 비능률적으로 보였던 것입니다. 아히도벨은 하나님을 믿는 신앙에다가 세상적인 방법을 섞으면 효과가 열 배 이상 나온다는 것을 알고 있었습니다. 이 부분에 있어서 아히도벨은 압살롬과 통했습니다. 압살롬과 아히도벨은 다윗의 통치 방법이 너무 답답했던 것입니다. 다윗의 통치 방법이라는 것은 백성이 하나님의 말씀을 듣고 기도하고 순종해서 부흥이 일어나는 방식이었습니다. 그러나 이것은 결과가 눈에 잘

드러나는 것도 아니고, 부흥이 언제 일어날지 아니면 안 나타나는지 알 수도 없었던 것입니다.

그런데 사실은 압살롬이나 아히도벨 같은 인간적인 방법을 좋아하는 사람들이 이스라엘에서는 월등하게 많았습니다. 특히 지도층에 있는 사람들은 훨씬 더 많았습니다. 그러다가 압살롬이 외국에 도망갔다가 외국물을 좀 먹고 돌아와서 반역을 일으켰을 때 엄청나게 많은 신하와 백성이 압살롬 편에 붙었던 것입니다. 아히도벨은 이 반란이 성공하려고 하면 압살롬이 아버지 다윗에 비하여 얼마나 뛰어난가 하는 것을 백성에게 빨리 보여주어야 한다고 생각했습니다.

그래서 아히도벨은 압살롬이 예루살렘에 들어가자마자 가장 먼저 하게 한 것은 아버지의 첩들과 성관계를 가지는 것이었습니다. 이 행위는 압살롬이 왕이 되었고 아버지의 첩들은 전부 압살롬의 것이 되었다는 것을 선포하는 것이었습니다. 그래서 다윗의 첩들은 훤한 대낮에 백성이 보는 앞에서 모두 압살롬과 성관계를 가짐으로 압살롬의 여자가 되어버렸습니다. 이제 예루살렘에 다윗의 여자는 없는 것이었습니다. 예루살렘은 압살롬의 성이 되어버렸습니다.

그리고 아히도벨이 생각한 것이 있었습니다. 이것은 가장 무서운 작전이었고 핵심을 찌르는 전략이었습니다. 아히도벨은 이 반역은 아들이 아버지를 대항해서 일으킨 반란이기 때문에 다른 사람들은 별로 중요하지 않다고 생각했습니다. 가장 중요한 것은 압살롬이 최고이고 압살롬이 지도자이며 앞으로 이스라엘은 압살롬이 다스리는 나라가 된다는 것을 나타내는 것이었습니다. 그렇게 하려면 다윗만 없어지면 되는 것이었습니다.

그래서 아히도벨이 생각해보니까 다윗은 많은 백성을 데리고 예루살렘을 떠났기 때문에 아마도 요단강을 건너지 못했을 가능성이 컸습니다. 그리고 설사 요단강을 건넜다 하더라도 다윗을 맞이하거나 다윗이 정비할 수 있는 성이 없었습니다. 이때 아히도벨이 만 이천 명 정도의 군사를 데리고 다윗을 추격해서 다윗만 찾아서 죽이면 이번 반란은 성공할 것이라고 자신 있게 생각했습니다.

지금 압살롬은 예루살렘도 차지했고 아버지의 첩들도 다 가졌기 때문에 이번 반란은 성공했다고 생각하고 있었지만, 아히도벨은 다윗이 죽기까지는 성공한 것이 아니라고 생각하고 있었습니다. 그러나 이것은 아히도벨의 생각이 맞았습니다. 그래서 아히도벨은 압살롬에게 제안했습니다.

17:1-3, "아히도벨이 또 압살롬에게 이르되 이제 내가 사람 만 이천 명을 택하게 하소서 오늘 밤에 내가 일어나서 다윗의 뒤를 추적하여 그가 곤하고 힘이 빠졌을 때에 기습하여 그를 무섭게 하면 그와 함께 있는 모든 백성이 도망하리니 내가 다윗 왕만 쳐죽이고 모든 백성이 당신께 돌아오게 하리니 모든 사람이 돌아오기는 왕이 찾는 이 사람에게 달렸음이라 그리하면 모든 백성이 평안하리이다 하니"

압살롬은 생각보다 너무 쉽게 예루살렘을 정복했습니다. 그리고 아버지의 첩들을 두고 가는 바람에 전부 자기 여자로 만들었습니다. 여기서 다윗까지 죽여 버리면 반란은 완전히 성공하게 되는 것이었습니다. 그 뒤에는 압살롬이 마음대로 나라를 다스려도 뭐라고 할 사람이 없었습니다. 압살롬과 그의 신하들도 아히도벨의 이 전략은 참 좋은 생각인 것 같았습니다. 그때 만일 압살롬이 아히도벨에게 네 생각대로 하라고 했으면 다윗은 죽는 것이었고 반란은 압살롬의 승리로 끝나는 것이었습니다.

그런데 이때 갑자기 압살롬은 후새의 전략도 한번 들어보고 싶었습니다. 왜냐하면 후새도 다윗의 신하였다가 압살롬에게 항복한 사람인데 아히도벨만큼은 천재가 아닐지 몰라도 굉장히 전쟁을 잘하는 사람이었기 때문입니다. 그래서 압살롬은 다윗의 두 모사인 아히도벨과 후새를 가진 것이 최고의 자랑이었습니다. 그런데 실상은 후새는 진짜 항복한 것이 아니라 다윗이 심어놓은 첩자였습니다.

압살롬은 후새를 오라고 해서 아히도벨이 당장 만 이천 명의 군사를 데리고 가서 다윗만 죽이면 반란이 성공한 것이라고 하는데, 너의 생각은 어떠냐고 물었습니다. 이때 후새의 등에는 식은땀이 흘렀습니다. 왜냐하면 아히도벨의 말대로 하면 틀림없이 다윗이 죽고 이스라엘은 망하게 되어있기 때문입니다.

그러나 후새는 태연하게 아히도벨이 머리가 좋기는 하지만 이번의 전략은 지혜로운 것 같지 않다고 대답했습니다. 압살롬은 우선 예루살렘을 차지했고 다윗의 첩들을 가졌으며 많은 백성이 이미 지지하고 있으므로 반란은 이긴 것이나 마찬가지라고 주장했습니다. 그런데 뭐가 급하다고 당장 군대를 보내어 아버지를 추격하면 왕이 무엇엔가 쫓기는 것 같고 당당하게 보이지 않는다는 것입니다. 더욱이 아버지 다윗은 전쟁을 수없이 치른 용사요 전략가인데 오늘 밤에 습격할 것에 대비하지 않을 리가 없다는 것입니다. 그래서 다윗은 틀림없이 백성들과 같이 있지 않고 어느 굴이나 은밀한 곳에 숨어 있으면서 복병을 숨겨놓았을 텐데 그것도 모르고 다윗을 죽이려고 갔다가 습격당해서 사람들이 죽으면 압살롬의 군대가 패했다는 소문이 퍼질 것이라고 했습니다.

압살롬이 가만히 생각해보니까 그 말도 맞는 말인 것 같았습니다. '내가 예루살렘 성까지 차지했는데 뭐가 급하다고 밤에 군대를 보내어 아버지를 추격하겠느냐' 는 것입니다. 그때 후새는 이제는 그런 기습을 하지 말고 날짜를 정해서 이스라엘 백성 전부를 모래같이 모아서 다윗과 전면전을 벌여야 한다고 주장했습니다. 그래야 압살롬의 위엄도 살고 아버지가 죽어도 당신의 책임이 적어진다고 했습니다. 즉 아히도벨은 압살롬에게 기습을 하자고 했고, 후새는 전면전을 해야 당당하다고 주장했던 것입니다.

후새는 아버지가 몇 명 되지도 않는 군대를 가지고 대항하면 하늘에서 이슬이 내리듯이 덮쳐서 한 명도 살려놓지 말고 다 죽이고, 만일 다윗이 어느 성에 들어가서 숨어 있으면 밧줄로 성을 묶어서 강으로 끌고 가서 돌 하나 남기지 않는 것이 더 화끈하고 멋있는 전략이라고 주장했습니다.

압살롬이 가만히 생각해보니까 다윗은 그래도 아버지인데 밤에 추격대를 보내어서 죽이는 것은 너무한 것 같았습니다. 그래도 아버지는 나에게 좋게 대해주셨는데, 모든 이스라엘 백성을 다 모아서 전면전을 벌이면 양심에 가책이 덜 될 것 같고 이미 많은 백성이 자기를 지지하고 있기 때문에 아버지도 항복하든지 아니면 전쟁하다가 죽든지 하셔야 한다고 생각했습니다. 그런데 사실 압살롬은 원래 잘생긴 왕자였기 때문에 왕자병이 있었습니다. 그는 나르시시즘 같은 자기도취가 있었던 것입니다. 그래서 압살롬은 한순간에 마음이 변해서 아히도벨의 의견을 따라갈 듯 하다가 한순간에 마음이 바뀌어서 후새의 전략이 더 좋다고 하면서 다윗을 추격하지 못하게 했습니다.

이것은 바로 하나님의 간섭이었습니다. 하나님은 한순간에 압살롬의 허영을 충동질하셔서 다윗을 추격하는 것보다 전면전을 함으로 다윗에게 군대를 정비할 수 있는 시간을 벌어준 것입니다. 그래서 우리는 적에게 아무리 뛰어난 무기가 있고 천재가 있어도 기도를 하면 그 전략이나 계획이 틀어지게 된다는 것을 알아야 합니다. 처음의 계획이 엄청 좋은데도 교만과 허영에 빠져서 다른 의견을 따르고 망하게 됩니다. 그래서 나중에 나라가 망할 때 왕은 일절 신하들의 말을 듣지 않는 것을 보게 됩니다. 히틀러도 이차대전 때 '후퇴'라는 말을 절대로 하지 못하게 했습니다. 후퇴하면 군인들이 살 수 있는데 절대로 후퇴하지 말고 죽으라고 했기 때문에 독일군이 소련군에 항복해버리게 된 것입니다.

2. 다윗을 돕는 사람들

다윗은 굉장히 어리석은 생각을 하고 있었습니다. 그래서 다윗은 요단강을 건너가지 않고 강가에 앉아서 예루살렘에서 오는 소식을 기다리고 있었습니다. 그러므로 만일 아히도벨의 전략대로 군대가 추격을 했더라면 다윗은 그 자리에서 죽었을 것입니다. 그때 가장 중요한 것은 다윗이 좌우간 요단강을 건너가서 숨는 것이었습니다. 물론 압살롬이 아히도벨의 전략을 거부한 것은 사실이지만 아히도벨 같이 머리 좋은 사람이 압살롬 몰래 군대를 끌고 추격할 수도 있고, 또 다른 신하 중에서 누군가가 아히도벨의 전략이 맞다고 생각해서 추격대를 보낼 수도 있는 것이었습니다.

그래서 다윗이 심어놓은 연락병이 바로 제사장 사독과 아비아달의 아들들이었습니다. 이 두 아들은 요나단과 아히마아스였는데 달리기를 굉장히 잘 하는 청년들이었습니다. 크리스천은 성령의 음성에 민감해야 하고 어떤 사실을 알았을 때 빨리 알려야 할 필요가 있습니다. 예를 들어서 어떤 분이 병원에서 갑자기 병이 악화되어서 돌아가시게 되었다면 빨리 달려서 교역자나 응급실에 알려야 합니다. 예전에 어떤 교인이 너무 병이 깊어서 돌아가시게 되었는데 제가 알게 되었습니다. 그래서 무조건 부교역자에게 병원으로 쳐들어가 중환자실에 들어가서 환자 손을 붙들고 기도하라고 했습니다. 그리고 그분은 살아나셨습니다. 이미 사람이 죽고 난 후에 알리면 아무 소용이 없습니다. 죽기 전에 달려서 최선을 다해야 하는 것입니다.

그렇게 해서 후새는 두 제사장 사독과 아비아달을 찾아가서 오늘 저녁 회의에 아히도벨이 추격대를 보내어 다윗을 죽이자고 했는데 일단 부결되기는 했지만 언제 어떻게 압살롬의 뜻이 변할 줄 모르니까 아들들을 보내어서 무조건 다윗에게 오늘 저녁 요단강을 건너가서 숨어 있어야 한다고 전하라고 했습니다. 두 제사장의 아들 요나단과 아히마아스는 예루살렘 성안에 들어가지 못하고 밖에서 숨어 있었는데, 이때 여종이 후새의 말을 두 젊은이에게 전달했습니다. 사실 높은 사람이 성 밖에 나와서 제사장의 두 아들과 이야기를 한다면 모든 사람이 주의해서 볼 것입니다. 그러나 아무도 알아주지 않는 여종이 성 밖에 나오는 것에 대해서는 아무도 주의를 기울이지 않았습니다. 이 여종은 성 밖으로 나와서 요나단과 아히마아스에게 압살롬의 작전 회의에서 오고 갔던 중요한 결정을 알려주었습니다.

그래서 집이나 어디서 청소하고 정리하는 사람들은 비밀을 많이 알고 있다고 보아야 합니다. 옛날에 정치인들의 비밀을 말하는 자들은 주로 운전기사였습니다. 그래서 미국의 중요한 정치인들의 차는 운전기사와 사이에 유리 칸막이가 내려오게 해서 그들이 하는 이야기를 듣지 못하게 되어있습니다. 그러나 우리나라는 운전기사들이 듣든지 말든지 비밀스러운 내용을 다 지껄이다가 나중에 문제가 터지게 되는 것입니다. 특히 술좌석에서 하는 말들은 아주 중요한 정보들이 많은 것입니다.

두 제사장의 아들들이 여종의 말을 듣고 달리기 시작하는데 그것을 본 청년이 있었습니다. 이 청년이 보기에 아무리 봐도 요나단과 아히마아스는 다윗 편인 것 같은데 누구의 말을 듣고 달리기 시작했던 것입니다. 그래서 그 청년은 빨리 성안에 들어가서 압살롬에게 보고했습니다. "아무래도 우리 안에 스파이가 있는 것 같습니다. 요나단과 아히마아스가 회의가 끝난 후 뛰어가는 것을 보았습니다."라고 전했습니다. 그러자 압살롬은 빨리 군대를 보내어 그 두 사람을 잡으라고 했습니다. 이 두 청년이 체포되기만 하면 다윗은 망할 수밖에 없었습니다. 그러나 이 두 청년은 숨을 곳을 찾았는데, 그곳은 바로 어느 사람의 집에 있는 우물 속이었습니다.

이 두 청년은 도망치다가 바후림의 어느 집으로 들어갔는데, 마침 그 집에 우물이 있었습니다. 이 두 사람은 우물 안으로 들어갔고, 그 집 여자는 빨리 우물 덮을 것을 가져오고 그 위에다가 찧은 곡식을 널어놓았습니다. 그때 압살롬의 군대가 들이닥치면서 여기에 요나단과 아히마아스가 오지 않았느냐고 물었습니다. 그랬더니 그 집 여인이 여기에 오기는 왔는데 조금 전에 시내를 건너서 뛰어가더라고 했습니다. 압살롬의 군인들은 그 집과 동네를 뒤지고 시내 건너편을 뒤져도 두 사람의 스파이를 찾을 수 없었기 때문에 어쩔 수 없어서 돌아가고 말았습니다. 그래서 우리는 스파이를 찾을 때 고추 따서 말린 것이라든지 아니면 고구마 줄기 말린 것이나 누룽지 말린 것이 있으면 반드시 그 밑을 들추어 보아야 합니다. 그러면 스파이를 찾을 수 있을 것입니다. 그래서 여성들은 마술사라고 보아야 합니다. 여인들이 눈 하나 깜짝 하지 않고 그런 사람을 본 적이 없다고 하면 본 것입니다. 그리고 여성은 신뢰하면 끝까지 신뢰

합니다. 그래서 신실한 여성이 중요한 것입니다.

결국 이 두 청년이 요단강까지 뛰어가 보니까 역시 다윗은 건너가지 않고 이 두 청년을 기다리고 있었습니다. 이 두 청년은 다윗에게 오늘 저녁 작전회의에서 추격대를 파견하자는 안이 있었는데 후새 때문에 부결되기는 했지만 어떻게 될지 모르니까 오늘 밤에 무조건 요단강을 건너가야 한다고 했습니다. 그래서 다윗만이 아니라 모든 백성이 밤새도록 요단강을 건너가서 모두 안전한 곳에 숨게 되었습니다.

3. 아히도벨의 최후

아히도벨은 머리가 아주 비상한 천재였기 때문에 다른 사람들보다 몇 수를 더 생각하는 능력이 있었습니다. 그는 다윗의 아들 압살롬이 반역을 일으키는 것을 보고 다윗은 너무 답답하니까 압살롬을 지지해서 새로운 멋진 나라를 세워야겠다고 생각했습니다. 그러나 아히도벨은 인정사정이 없는 사람이었습니다. 그는 다윗의 신하였고 다윗도 참 신뢰했던 사람이었습니다. 그러나 그는 자기가 살기 위해서는 다윗을 죽여야 한다고 주장했습니다. 그런데 아히도벨의 좋은 계획이 좌절되었습니다. 그 이유는 압살롬이 허영심이 많기도 했지만 머리가 썩 좋은 편이 아니었기 때문입니다.

만약 압살롬이 머리가 아주 좋은 천재였다면 아히도벨의 말을 들었을 때 그것이 무슨 뜻인지 당장 알았을 것이고 즉시 군대를 파견했을 것입니다. 그런데 압살롬은 아히도벨의 말을 듣지 않았습니다. 여기서 아히도벨은 자신의 미래를 보았습니다. 그것은 끊임없는 머리 나쁜 압살롬과의 말싸움이었던 것입니다. 아히도벨은 자기만 머리가 좋았지 다른 사람들을 설득하는 힘이 없었습니다. 그래서 아히도벨은 이 머리 나쁜 압살롬과는 일을 할 수 없다고 생각하고 나귀를 타고 집으로 돌아가서 집을 정리하고 목을 매어 죽고 말았습니다. 결국 아히도벨은 그 좋은 머리를 하나도 써먹지 못하고 죽고 말았던 것입니다.

이것을 보면 아히도벨은 가룟 유다와 비슷한 점이 있는 것 같습니다. 가룟 유다는 예수님이 십자가에 못 박혀 죽으실 것을 알았습니다. 가룟 유다는 예수님처럼 십자가에 못 박혀 죽을 수 없었기 때문에 대제사장을 찾아가서 은 삼십에 예수님을 팔았다가 나중에 양심의 가책을 받아서 목을 매어 죽고 말았습니다.

결국 후새의 말이 맞았습니다. 다윗과 압살롬은 모두 군대를 정비해서 정면대결을 할 수밖에 없었습니다. 이것은 바로 인본주의와 하나님 말씀의 대결이었습니다.

압살롬은 아마사라고 하는 용사를 군지휘관으로 삼아서 요단강을 건너와서 길르앗 땅에 진을 쳤습니다. 그리고 다윗은 거기서 좀 떨어진 마하나임에 있었는데, 암몬 사람들이 전쟁에서는 다윗에게 졌지만 다윗이 베푼 은혜가 고마워서 음식을 가지고 나와서 도왔습니다. 그리고 거기에 길르앗 사람 바르실래라는 부자가 있었는데, 이 사람은 자기가 가지고 있던 많은 곡식이나 물건과 종을 가지고 와서 다윗을 도왔습니다. 그는 침상과 대야와 질그릇과 밀과 보리와 밀가루와 볶은 곡식과 콩과 팥과 녹두와 버터와 양과 치즈를 다 가지고 와서 다윗과 함께 따라온 백성들을 먹였습니다.

이것이 진정한 부자의 자세입니다. 부자는 자기 혼자만 잘 먹고 잘살라고 부자인 것이 아니라 하나님 나라를 위하여 과감하게 쓸 때 쓰라고 부자인 것입니다. 우리나라는 부자들이 많이 있기는 하지만 대개 인색하고 자기밖에 모르는 경우를 많이 봅니다. 그러나 하나님의 나라를 위하여 싸울 때는 과감하게 투자해야 합니다.

아히도벨은 천재였지만 악한 천재였습니다. 그는 미래를 내다보는 눈은 가지고 있었지만, 그런 중에도 역사하시는 하나님의 능력을 믿지 못했습니다. 결국 우리의 미래는 똑똑한 머리에 달린 것이 아니라 믿음에 달렸습니다. 하나님은 우리의 믿음대로 이루어지게 하실 것입니다.

22

압살롬과의 전쟁

삼하 18:1-33

제가 어렸을 때 놀던 산꼭대기에는 봉수대가 있었습니다. 이 봉수대는 적이 쳐들어왔을 때 그것을 왕에게 알리는 역할을 했습니다. 그래서 봉수대는 항상 불을 붙일 준비를 하고 있어야 합니다. 일단 적이 쳐들어오면 맨 앞에 있는 봉수대에 불을 붙이고 그것을 보고 그다음 산꼭대기에 있는 봉수대에 불을 붙이고 그다음에 있는 봉수대에 불을 붙이고 하는 식으로 알려나가면 무선 통신이 없던 시절에 직접 말을 타고 달리거나 혹은 직접 달려가서 말로 알리는 것보다 훨씬 빨리 적이 공격했다는 소식을 알릴 수 있었던 것입니다. 그런데 만일 적들이 봉수대까지 쳐들어와서 그 불을 끄려고 한다면 백성은 몰려와서 목숨을 걸고 적과 싸워서 그 봉수대의 불을 지키려고 할 것입니다. 왜냐하면 그 봉수대의 불을 꺼버린다면 나라 전체가 적의 공격에 무방비 상태에 빠지고 말기 때문입니다.

6.25전쟁이 벌어졌을 때 우리나라에 많은 미군과 유엔군이 와서 공산군과 싸우다가 죽었습니다. 그때 그들은 전쟁하면서 정말 아무것도 없는

이 조그만 나라에 왜 우리가 와서 피를 흘리면서 싸우다가 죽어야 하는지 이해가 되지 않았다고 합니다. 그때만 해도 우리나라는 정말 아무것도 없었습니다. 공장도 없었고 발전된 기술도 없었습니다. 남자나 여자나 모두 무식했고, 남자들은 긴 공방대로 담배를 피우고 여자들은 등에 아기를 업고 머리에는 이불이나 짐을 지고 다녔습니다. 아이들은 먹을 것이 없어 미군 지프차만 보면 몰려와서 껌이나 초콜릿을 달라고 구걸했습니다.

그런데 우리나라에는 자유민주주의 싹이 있었습니다. 지금은 오히려 우리나라가 자유민주주의를 아무것도 아닌 것처럼 생각해서 버리려고 하고 있지만, 옛날에는 이것이 우리의 생명이었던 것입니다. 수많은 사람이 예배의 자유를 찾아서 남한으로 내려왔습니다. 그리고 50년이 지나고 70년이 지났을 때 6 · 25 때 살아남은 군인들은 한국의 발전된 모습에 너무 놀랐습니다. 민주주의는 꽃이 피었고 경제적으로는 선진국이 되었고 옛날의 흔적은 찾아볼 수도 없을 정도로 발전한 한국의 모습을 보고 자기들이 죽어가면서 이 작은 나라를 지킨 것이 정말 잘한 일이라는 것을 깨닫게 되었습니다.

다윗은 아들 압살롬의 반란으로 예루살렘을 포기하고 도망쳤습니다. 이 세상에서 가장 아름답지 못한 것이 같은 민족끼리 싸우고 같은 형제끼리 싸우고 같은 교회 안에서 싸우는 것입니다. 이런 싸움은 이겨도 잘난 것이 하나도 없고 져도 부끄러운 것밖에 없습니다.

다윗은 일단 압살롬을 피하여 요단강을 건너서 마하나임이라는 곳으로 도망쳤습니다. 그리고 드디어 압살롬은 모든 이스라엘 군대를 모아서 아버지를 치기 위하여 요단강을 건너와서 아버지의 군대와 승부를 건 전투를 벌이려고 했습니다. 이때 다윗을 따라서 제법 많은 이스라엘 백성이 요단강을 건너왔습니다. 그런데 중요한 것은 왜 많은 이스라엘 백성이 젊고 참신하고 새로운 아이디어가 풍부한 압살롬을 왕으로 모시지 않고, 늙고 이제는 힘도 빠지고 의욕도 없어진 다윗을 따라서 죽을지도 모르는 싸움을 하기 위하여 요단강을 건너왔을까 하는 것입니다.

다윗도 그 이유를 잘 깨닫지 못했던 것 같습니다. 다윗은 이 아들과의 전쟁에서 죽으려고 생각하고 있었기 때문입니다. 다윗은 지금까지 왕 노릇 할 만큼 다 했고 자기가 아들을 죽이고 왕 노릇을 더 해봐야 무슨 소용이 있겠습니까? 그래서 다윗은 전쟁하다가 할 수 있으면 자기는 죽고 아들인 압살롬이 왕이 되어서 나라를 좀 더 젊고 참신하게 다스렸으면 좋겠다는 생각을 하고 있었던 것 같습니다.

그런데 다윗을 따라온 백성의 마음은 그것이 아니었습니다. 이스라엘 백성이 다윗을 따라서 이 요단 건너편까지 따라온 이유는 오직 하나였습니다. 그것은 다윗에게는 부흥의 등불이 있었기 때문입니다. 이 사람들은 다윗이 죽으면 이스라엘에 부흥의 불이 꺼진다는 것을 알았습니다. 그래서 그들은 이스라엘에 부흥의 불이 꺼지지 않게 하기 위하여 모든 것을 버리고 다윗을 따라온 것입니다.

결국 이스라엘 부흥의 불을 지킨 사람들은 바로 이 부흥을 사랑하는 이스라엘 백성이었습니다. 이 사람들은 다윗이 전쟁터에 직접 나가려고 해도 절대로 나가지 못하게 했습니다. 왜냐하면 다윗이 전쟁터에서 죽으면 이스라엘 부흥의 불이 꺼져버리기 때문입니다. 다윗이 죽으면 이스라엘 백성은 또 수십 년 혹은 수백 년을 미신과 우상숭배와 독재의 지배를 받게 될 것입니다.

그래서 이 사람들이 하는 말을 들어보면 얼마나 귀한지 알 수 있습니다. 이 사람들은 다윗에게 우리 만 명이 죽어도 당신의 목숨 한 명이 더 귀하기 때문에 당신은 전쟁터에 나가서는 안 된다고 했습니다. 그들은 압살롬이나 아무리 참신하고 똑똑하게 정치한다고 해도 필요 없고 오직 하나님 나라의 부흥만 있으면 된다고 생각했습니다. 이런 사람들이 군인 중에도 있었고 청년 중에도 있었고 여종 중에도 있었던 것입니다. 결국 이 사람들이 이스라엘의 부흥을 지켜내었던 것입니다.

1. 다윗의 군대

다윗은 정신없이 예루살렘에서 도망치는 바람에 제대로 된 군대 조직을 가지지 못했습니다. 그러나 대략 지휘관을 조사해보니까 군대를 세 부대로는 나눌 수 있었습니다.

18:1-2, "이에 다윗이 그와 함께 한 백성을 찾아가서 천부장과 백부장을 그들 위에 세우고 다윗이 그의 백성을 내보낼새 삼분의 일은 요압의 휘하에, 삼분의 일은 스루야의 아들 요압의 동생 아비새의 휘하에 넘기고 삼분의 일은 가드 사람 잇대의 휘하에 넘기고 왕이 백성에게 이르되 나도 반드시 너희와 함께 나가리라 하니"

다윗은 일단 부대를 세 부대로 나누었습니다. 부대는 뭉쳐서 싸운다고 해서 반드시 좋은 것이 아닙니다. 왜냐하면 부대를 하나로 뭉치면 적과 만날 수도 있고 자기들끼리 밀치다가 지치기 쉽기 때문입니다. 그러나 군대를 분산하면 한 부대가 나가 싸우다가 지쳐서 빠져나가면 다음 부대가 나가고 그다음 부대는 뒤에서 공격하면 효율적으로 싸울 수 있을 것입니다. 물론 이때는 전체를 지휘하는 장군이 있어야 합니다.

그리고 또 전쟁에서 중요한 것은 신병이 많은 것보다는 전쟁 경험이 많은 고참이 많아야 전쟁을 잘할 수 있다는 것입니다. 여기서 잇대는 가드 사람 즉 블레셋 사람인데도 이스라엘의 한 부대를 맡았습니다. 이 사람은 다윗이 블레셋에 망명 왔을 때 다윗을 통해서 은혜를 받았는데, 그 후로는 절대로 다윗을 떠나지 않고 다윗의 생명을 지켰습니다.

다윗은 이 전쟁이 너무나도 중요한 전쟁이기 때문에 자기가 직접 나가서 군대를 격려하고 지휘하겠다고 말을 했습니다. 물론 전쟁을 하는데 왕이 직접 나가서 격려하고 칭찬하는 것이 군인에게 엄청난 격려가 되는 것은 틀림이 없습니다. 그러나 백성들은 반대했습니다. 그 이유는 그들이 이번에 전쟁하는 목적이 이스라엘의 부흥의 불을 지키려 나가는 것인데,

다윗이 잘못되어 죽어버리면 전쟁에 이겨봐야 아무 소용이 없기 때문입니다. 그래서 백성은 다윗에게 절대로 전쟁에 나가지 말라고 했습니다.

> 18:3, "백성들이 이르되 왕은 나가지 마소서 우리가 도망할지라도 그들은 우리에게 마음을 쓰지 아니할 터이요 우리가 절반이나 죽을지라도 우리에게 마음을 쓰지 아니할 터이라 왕은 우리 만 명보다 중하시오니 왕은 성읍에 계시다가 우리를 도우심이 좋으니이다 하니라"

이때 이스라엘 백성이 알고 있었던 것은 압살롬 군대의 목적은 다윗의 등불을 꺼트리려 한다는 것이었습니다. 즉 하나님의 불을 꺼트리는 방법은 오직 한 사람 다윗만 죽이면 되는 것이었습니다. 그래서 이스라엘 백성은 지금 하나님의 불이 다윗 한 사람에게 있으므로 우리가 아무리 전쟁에 져서 도망치거나 혹은 반이 죽는다 하더라도 압살롬은 신경을 쓰지 않는다고 했습니다. 지금 이 전쟁은 하나님의 부흥의 불을 지키느냐 아니면 이것을 삼키느냐의 전쟁이기 때문에, 왕은 제발 이 전쟁에 나가지 마시고 후방에게 부흥의 불을 지키는 일을 해달라고 부탁했습니다.

이것을 보면 다윗에게는 부흥의 중요성을 아는 백성들이 얼마나 많이 있었는가 하는 것을 알 수 있습니다. 결국 하나님의 부흥을 사모하는 이들이 하나님의 능력을 끌어오게 되는 것입니다. 그래서 우리는 모든 것을 다 잘하는 것이 중요한 것이 아님을 알 필요가 있습니다. 우리가 아무것도 모를 때에는 몰려나가서 전쟁에 이기는 것이 중요한 줄 알지만 더 중요한 것은 부흥의 원자폭탄을 지키는 것입니다.

그래서 다윗은 백성의 말을 듣고 전쟁터에 직접 나가지 않고 문 옆에서서 전쟁터에 나가는 백성을 쳐다보면서 격려했습니다. 아마 다윗은 지나가는 백성에게 모두 살아서 돌아오라고 말을 해야 했을 것입니다. 그런데 이때 다윗은 전쟁하러 나가는 이스라엘 백성에게 아주 부담스러운 것을 부탁했습니다. 그것은 "젊은 압살롬을 너그러이 대우하라"는 부탁이었습니다. 이것은 압살롬을 죽이지 말고 꼭 살려서 데리고 오라는 뜻이었습니다.

전쟁이라는 것은 인정사정없고 적을 죽이지 않으면 내가 죽기 때문에 적을 죽이는 것입니다. 그러나 다윗은 전쟁하러 나가는 백성에게 모두 살아서 돌아오라고 격려하지 않고 내 아들 압살롬은 반역했지만 죽이지 말고 살려서 데려오라는 식으로 부탁했던 것입니다. 그러면 백성은 전쟁의 원수인 압살롬을 죽이지도 못하고 상처를 내지도 못한다면 이 전쟁은 처음부터 이길 수 없는 전쟁이 되는 것입니다.

우리나라가 한창 북한에 대하여 햇볕정책을 쓸 때 대통령은 군인들에게 절대로 북한이 공격하기 전에 먼저 공격하지 말라는 명령을 내렸습니다. 그러면 북한의 공격을 받은 후에야 도망가든지 아니면 반격해야 하는데 그때는 이미 배가 포를 맞아서 구멍이 뚫어진 후의 일인 것입니다. 군인들은 단순하기 때문에 선제공격하는 것이 아주 중요합니다. 그러나 다윗은 자기 부하들이 살아서 돌아오는 것보다 압살롬이 살아서 돌아오는 것을 더 중요하게 생각을 했던 것입니다. 그렇게 하려면 다윗의 백성은 압살롬만 보면 도망쳐야 하는 것이었습니다.

우리 성도들은 말씀을 듣고 은혜를 받으면 한 사람 한 사람 모두 부흥을 일으킬 수 있는 사람이 됩니다. 그래서 우리는 우리의 목숨을 너무 가볍게 생각해서는 안 됩니다. 또 우리는 악한 자와 싸워서 반드시 이기려고 해서는 안 됩니다. 우리는 부흥의 불로 하나님을 움직여야 하는 것입니다.

2. 에브라임 숲의 전쟁

다윗과 압살롬의 부하들이 싸운 곳은 에브라임의 수풀이었습니다. 왜 이들이 전쟁터를 수풀로 정했는지는 쉽게 이해되지 않습니다. 왜냐하면 일단 숲은 많은 사람이 진격하는 데 걸림돌이 되는 잡나무들이 많고, 특히 후퇴할 때는 작은 나무에 걸려서 넘어지든지 깔려 죽는 경우가 많기 때문입니다.

대개 수풀은 전쟁터로는 아주 좋지 못합니다. 단지 자신의 정체를 감추고 숲에서 활을 쏜다든지 아니면 총을 쏜다든지 할 때는 요긴할 것입니다. 숲은 자신들의 군대의 수가 적은 것을 은폐하고 숨어서 적을 공격하기에는 유리할 것입니다. 그러나 그동안 압살롬은 충분히 많은 수의 군사를 모을 수 있었기 때문에 굳이 수풀에서 싸울 필요가 없었을 것입니다. 오히려 다윗의 군대가 수풀에 숨어 있어도 밖으로 유인해 내야 할 것입니다.

그런데 압살롬이 수풀에서 전쟁한 것은 보면 역시 압살롬은 전쟁에 대한 두려움이 있었거나 아니면 실전 경험이 부족했다고 볼 수밖에 없습니다. 아마 아히도벨 같은 모사가 있었더라면 절대로 수풀에서 전쟁하지 못하게 했을 것입니다. 다윗의 군대는 압살롬의 군대가 수풀에서 숨어서 활을 쏘는 것을 보고 한꺼번에 수풀을 밀어붙이니까 결국 이들은 도망치다가 수풀에 걸리고 사람들에게 깔려서 이만 명이나 되는 사람들이 깔려 죽었습니다.

18:6-7, "이에 백성이 이스라엘을 치러 들로 나가서 에브라임 수풀에서 싸우더니 거기서 이스라엘 백성이 다윗의 부하들에게 패하매 그 날 그 곳에서 전사자가 많아 이만 명에 이르렀고"

일단 수풀에서 싸우려고 하면 숫자가 적어야 하고 자신의 몸을 숨길 수 있어야 하는데 압살롬의 군대는 그런 전략이 없었습니다. 차라리 그들이 들판에서 싸웠더라면 유리할 수도 있었는데, 수풀에 숨는 바람에 깔려 죽은 사람들이 많았던 것입니다.

그런데 여기서 압살롬은 전쟁하면서 결정적인 실수를 하게 됩니다. 그것은 바로 그의 긴 머리를 정리하지 않은 것이었습니다. 전쟁할 때는 몸에 걸리적거리는 것을 전부 없애야 날렵하게 움직일 수 있습니다. 압살롬에게 가장 문제가 되는 것은 그의 긴 머리칼이었습니다. 군인은 머리가 적에게 잡힐 수 있기 때문에 머리를 짧게 깎습니다. 그래서 압살롬이 전쟁의 경험이 있다면 머리를 아주 짧게 자르든지, 아니면 머리에 투구를 써서 머리카락이 보이지 않게 하든지, 아니면 최소한도 머리를 끈으로 묶어서 다른 데 걸리지 않게 정리해야 했을 것입니다. 그러나 압살롬은 멋있게 보이는 긴 머리를 펄럭이는 채로 그냥 전쟁하러 나갔습니다. 아마 압살롬은 그렇게 나가기만 해도 다윗의 부하들은 겁을 집어먹고 도망치리라고 생각했던 것 같습니다.

그러나 문제는 전쟁하는 장소가 에브라임 수풀이었던 것입니다. 압살롬은 머리를 풀어서 헤치고 나귀를 타고 달려나가다가 그만 머리털이 나뭇가지에 걸려버렸습니다. 그런데도 나귀는 자기 주인이 나뭇가지에 걸린 것도 모르고 달려가는 바람에 압살롬은 머리가 나뭇가지에 걸린 채로 대롱대롱 달려 있었습니다. 머리털이라는 것은 얼마나 강하게 머리에 뿌리를 내리고 있는지 머리털을 잡고 몸을 끌고 갈 수 있을 정도입니다. 압살롬이 나무에서 풀려나려고 하면 칼로 머리털을 자르든지 해야 하는데 그것이 쉽지 않았던 것 같습니다. 어쩌면 압살롬은 머리털이 나무에 걸리면서 칼을 놓쳤을 수도 있습니다. 머리털이 나무에 걸려서 대롱대롱 달려 있으니까 얼마나 머리가 아팠겠습니까? 그러나 압살롬은 그 나뭇가지에서 빠져나올 수 없었습니다.

그런데 바로 이 장면을 다윗의 부하가 보았던 것입니다. 그는 당연히 압살롬의 배를 창으로 찌르든지 해서 죽여야 하지만 다윗 왕이 자기 아들을 죽이지 말아 달라고 부탁했기 때문에 죽일 수가 없었습니다. 이것이 다윗의 부하들의 갈등이었습니다. 전쟁은 해야 하는데 압살롬을 죽여서는 안 되는 것이었습니다. 그러면 다윗의 부하들만 죽는 수밖에 없는 것입니다. 그런데 이 부하는 지혜가 있어서 요압을 찾아가서 이 사태를 보고했습니다. 지금 압살롬이 머리가 나무에 걸려서 대롱대롱 달린 것을 보았다고 하니까 요압은 압살롬이 그동안 도망갔을까 해서 이 부하를 책망했습니다.

"왜 너는 적장을 보고도 죽이지 않았느냐? 만일 네가 압살롬을 죽였더라면 큰 상을 내렸을 터인데"라고 말했습니다. 그랬더니 그 부하는 "왕이 자기 아들을 죽이지 말라고 하는데 어떻게 죽일 수 있습니까? 내가 만일 압살롬을 죽였다면 왕의 명령을 거역했다고 해서 당신이 나를 죽였을 것입니다"라고 했습니다. 이것을 보면 전쟁 때는 갖다 붙이는 것이 이유라는 것을 알 수 있습니다. 이때 요압은 너와 말싸움할 시간이 없다고 하며 압살롬이 있는 곳으로 가 보니까 그때까지 압살롬은 나무에 대롱대롱 달려 있었습니다.

이때 요압은 압살롬과 친했음에도 불구하고 창으로 압살롬의 배를 찔러서 죽이고 또 청년 열 명으로 에워싸서 압살롬을 치게 했습니다. 열 명이 칼로 치면 누가 쳤는지 모르므로 책임질 사람이 없어지기 때문입니다.

결국 압살롬이 머리를 정리하지 않고 멋있게 보이려고 머리를 풀어헤치고 전쟁터에 나간 것은 하나님의 지혜와 인간의 지혜의 차이입니다. 하나님은 압살롬을 죽이기로 작정하셨습니다. 그래서 그가 마음 놓고 머리를 풀어헤치고 전쟁터에 나갔는데 그것이 바로 자기가 죽는 길이었던 것입니다.

요압은 수풀의 큰 구덩이에 압살롬의 시체를 던지고 그 위에 돌무더기를 쌓아서 압살롬의 무덤을 만들었습니다. 그리고 압살롬이 죽었기 때문에 요압은 나팔을 불어서 전쟁이 끝났다는 것을 알렸습니다. 그러니까 압살롬을 따르던 자들은 모두 뿔뿔이 흩어져서 도망가고 말았습니다. 결국 이스라엘의 부흥을 지키려고 하는 다윗의 부대가 압살롬의 부대를 너무 쉽게 이겼습니다. 그것은 압살롬의 허영심 때문이었습니다.

우리가 하나님 나라의 부흥을 위하여 싸우면 하나님은 생각하지도 못한 방법으로 이기게 하십니다. 만약 압살롬이 투구를 쓰기만 했더라도 나뭇가지에 걸리지 않았을 것입니다. 옛날 한때는 커피 배달하는 여성이 스쿠터를 타면서 헬멧을 쓰지 않고 긴 머리를 펄럭이면서 달렸는데 잘못해서 넘어지면 머리부터 땅에 부딪치기 때문에 중상을 입을 수 있습니다. 요즘은 퀵이나 배달의 민족 같은 배달 기사들이 주로 오토바이를 타는데, 이 사람들은 헬멧을 반드시 씁니다. 아무튼 압살롬은 하나님을 버렸고 아주 사소한 일에 주의하지 않는 바람에 아주 허무하고 고통스럽게 죽어야만 했습니다.

3. 승리의 소식

다윗과 그 백성은 압살롬 때문에 거의 죽을 뻔했던 전투에서 살게 되었고, 꺼질 뻔했던 이스라엘 부흥의 불을 도로 살려놓았습니다. 이것은 너무나도 기쁜 소식이었습니다. 이 기쁜 소식을 빨리 다윗과 백성에게 알려야만 했습니다. 그러나 요압 장군에게는 우려되는 것이 있었습니다. 그것은 다윗이 나이가 들면서 이스라엘의 부흥보다는 자식의 사랑에 너무 집착하고 있었기 때문입니다. 지금 다윗의 부대는 전쟁에서 이겨서 너무나도 기쁘지만 다윗의 아들 압살롬은 죽고 말았습니다. 요압은 다윗이 틀림없이 이번 전쟁의 승리로 기뻐하지 않을 것이라는 사실을 알았습니다.

이 승리의 소식을 알리기 위해서 늘 전령으로 사용했던 제사장 사독의 아들 아히마아스가 나서서 다윗에게 이 소식을 알리겠다고 하니까 요압이 허락하지 않았습니다. 요압은 "너는 오늘 소식 전하는 자가 되지 말고 다른 기회에 소식을 전하는 자가 되라"고 하면서 왕의 아들이 죽었기 때문에 왕이 기뻐하지 않을 것이라고 했습니다. 그 대신 요압은 구스 사람인 흑인으로 하여금 네가 달려가서 전쟁의 소식을 전하라고 명했습니다. 이때까지만 해도 흑인을 크게 차별하지는 않았던 것 같습니다. 그러나 아무래도 얼굴이 검기 때문에 이번 소식이 좋지 않은 소식이라는 표시가 될 수도 있었습니다.

그래서 일단 구스인은 요압에게 절을 하고 소식을 전하기 위하여 달리기 시작했습니다. 그런데 아히마아스는 어려서 그런지 아무리 생각해도 전쟁에서 승리했는데 왜 기쁘지 않은지 이해하지 못했습니다. 그래서 그는 다윗에게 자기도 달려가겠다고 하면서 한사코 가게 해 달라고 요청했습니다. 그래서 결국 전쟁의 결과를 기다리고 있을 다윗에게 두 사람의 전령이 달려가게 되었습니다. 한 사람은 얼굴이 흰색이고 다른 사람은 검은색이었습니다.

성에서 파수꾼이 보니까 한 사람이 달려오고 있었습니다. 그래서 다윗왕에게 "한 사람이 달려옵니다"라고 보고하니까 그는 소식을 전하는 전령이라고 했습니다. 그런데 잠시 후에 또 한 사람이 달려오고 있었습니다. 그래서 파수꾼이 "또 한 사람이 달려옵니다"라고 보고하니까 다윗은 그도 소식을 전하는 전령일 것이라고 했습니다. 전령이 달려오는데 검은색도 달려오고 흰색도 달려왔습니다. 그런데 흰색 아히마아스가 먼저 도착했습니다.

다윗 왕은 아히마아스에게 다른 말보다 먼저 "내 아들은 어떻게 되었느냐?"고 물었습니다. 아히마아스는 전쟁에는 우리가 이겼고 아들은 모르겠다고 대답했습니다. 아히마아스는 압살롬이 죽은 줄 알았지만 그대로 말하지 않았습니다. 즉 아히마아스는 우리가 전쟁에서 이겼으면 되었지 압살롬이 죽은 것은 나중에 알면 된다고 생각했던 것입니다. 그런데 늙은 아버지의 마음은 자꾸 아들이 걱정되었던 것입니다. 잠시 후에 검은 구스인이 도착했습니다. 다윗은 구스인에게 "내 아들이 어떻게 되었느냐?"고 물었습니다. 그랬더니 구스인은 신이 나서 "그놈은 잘 죽었습니다"라고 대답했습니다. 그랬더니 "내 아들 압살롬아, 차라리 내가 너를 대신해서 죽었어야 했는데"라고 하면서 통곡하기 시작했습니다. 왕은 부흥에 대한 갈망은 없어지고 자식이 잘되는 것만 생각했던 것 같습니다.

다윗은 자식에 대한 욕심 때문에 이스라엘의 부흥보다는 아들이 사는 것을 더 중요하게 생각했습니다. 그러나 이스라엘의 부흥을 아끼는 사람들이 다윗을 살렸습니다. 하나님은 압살롬으로 하여금 사소한 실수를 하게 하셔서 그를 죽게 하셨습니다. 우리는 하나님의 부흥을 소중하게 생각해야 합니다. 자기 아들의 성공이나 자기 아들의 명성보다 하나님의 불을 지키는 성도들이 다 되시기 바랍니다.

23

왕의 귀환

삼하 19:1-23

왕이 난을 피해 왕궁을 떠나서 다른 곳으로 피난갔다가 다시 환궁한다는 것은 매우 중요한 일입니다. 임진왜란이나 6.25 같은 전쟁이 터져서 피난 갔다가 다시 환궁하거나 수도로 돌아오는 것은 우리나라의 국권이 회복되는 것을 의미합니다. 우리나라도 왕이 남한산성으로 피난했거나 혹은 대통령이 부산으로 피난갔거나 혹은 탄핵되었다가 풀려서 회복된 적이 있었습니다. 그러나 왕이나 대통령이 영원히 돌아오지 못한다면 그는 죽었거나 아니면 포로가 되어서 먼 데로 잡혀간 것을 의미할 것입니다. 옛날 로마제국에서 어떤 황제는 페르시아와 전쟁 중에 패하여 포로가 된 적이 있었습니다. 그는 로마로 돌아오지 못했습니다. 그는 페르시아에서 왕의 노예가 되어 말을 탈 때마다 엎드려서 왕은 그의 등을 밟고 타곤 했습니다.

아마 이 세상에서 가장 슬픈 소식이 있다면 자기 아들이나 동생이나 아버지가 전쟁터에 나갔다가 죽어서 돌아오지 못한다는 소식일 것입니다. 적군이든 아군이든 전쟁터에서 죽어서 집에 돌아오지 못한다면 그것보다 가슴 아픈 일이 없을 것입니다. 그래서 요즘 우리나라는 옛날 전쟁터에서 중국군이나 미군이 죽었던 시체를 파내어서 뼈와 군번표와 수첩 같은 것을 관에 넣어 국기를 덮어서 자기 나라에 보내 줍니다. 그러면 가족은 뼈나 수첩이 돌아온 것만으로도 큰 위로를 받습니다. 전쟁할 때 가장 걱정되는 일은 싸우러 가는 사람들을 보내는 일이고, 가장 기쁠 때는 사랑하는 사람이 살아서 돌아올 때인 것입니다.

다윗은 드디어 압살롬이 일으켰던 반란에서 이겼습니다. 그러나 다윗은 기뻐할 수 없었습니다. 왜냐하면 반역을 일으킨 자가 자기 아들 압살롬이었고, 또 압살롬이 전쟁에서 죽었기 때문이었습니다. 그래서 다윗은 자기 아들 압살롬이 죽었다고 해서 엉엉 소리 내어 울면서 통곡했습니다. 이 바람에 전쟁에 이기고 돌아온 군인들은 무슨 큰 잘못을 저지른 것처럼 모두 숨어서 조용히 들어왔습니다. 내전이 고통스러운 것은 이겨도 가슴이 아프고 져도 가슴이 아프기 때문입니다.

1. 무엇이 중요한가?

아마 이 세상에서 자기 아들이 죽었는데 슬프지 않은 사람은 없을 것입니다. 만일 자기 아들이 전쟁터에서 죽었다고 하면 누구든지 소리를 내서 통곡할 것입니다. 압살롬은 전쟁에서 죽어 살아오지 못했습니다. 더욱이 압살롬은 반역의 두목이었고 반역 왕이었습니다. 그럼에도 불구하고 다윗은 자식에 대한 정 때문에 통곡했습니다. 다윗은 "내 아들 압살롬아, 차라리 내가 너를 대신하여 죽었으면 좋았을 텐데"라고 하면서 울었던 것입니다.

보통 전쟁 같으면 충분히 아버지가 자식의 죽음에 대하여 울 수도 있고 통곡할 수도 있습니다. 그러나 다윗의 전쟁은 이스라엘 부흥의 불을 지키기 위한 전쟁이었습니다. 다윗의 아들 압살롬은 아버지의 부흥의 불을 끄기 위하여 반역을 일으킨 대적이었고, 다윗 편에서 싸운 사람들은 모두 이 부흥의 불을 지키기 위하여 자기 목숨을 바쳐서 싸웠던 것입니다. 그런데 전쟁에 이기고 난 후에 돌아와 보니까 막상 다윗은 이스라엘의 부흥에는 관심이 없었고 자기 아들이 죽은 것만 가지고 슬퍼하고 있었던 것입니다. 다윗이 너무 큰 소리로 통곡하니까 백성은 부흥을 위하여 싸운 것이 마치 크게 잘못한 것 같았고, 하나님의 말씀을 지키려고 한 것이 크게 부끄러운 일처럼 느껴졌습니다.

우리가 이것을 보면 다윗도 부흥이 오래 지속되다 보니까 부흥의 가치는 덜 중요하게 되었고, 오직 자기 자식이 잘되고 번창하는 것이 기쁨이 되었던 것입니다. 예를 들어서 어떤 아버지가 처음에 선교사로 나갈 때는 오직 자신의 목숨을 바쳐서 하나님의 일만 생각하고 뛰어듭니다. 그래서 가족이 아파도 병원에 가서 치료받게 하고는 바로 선교지로 뛰어듭니다. 그러나 나중에 나이 들어서 유명하게 되고 선교지도 안정되면 옛날의 그런 열정은 사라져 버리고 오로지 박사학위를 받거나 사역이 인정받으면서 성공하는 것에 집착하는 것을 보게 됩니다.

다윗 편에 서서 요단 동쪽까지 따라와서 다윗을 위하여 싸운 사람들은 다윗이 좋아서 따라온 것도 아니고 높은 직책을 바라보고 따라온 것도 아니었습니다. 그들이 원한 것은 오직 이스라엘 부흥의 불이 꺼지지 않는 것이었습니다. 그러나 막상 이스라엘의 불인 다윗은 자기에게 부흥의 불이 있고 자기가 얼마나 중요한 사람인지 생각하지 않고 자식이 죽은 것만 가지고 통곡하고 있었던 것입니다. 이때 모든 백성이 부흥을 지키려고 한 것이 부끄러워져 버렸습니다. 왕 자신이 부흥을 중요하게 생각하지 않는데 누가 부흥을 중요하게 생각하겠습니까?

그런데 요압은 신앙이 깊은 것은 아니지만 순간적인 판단 하나는 아주 정확한 사람이었습니다. 요압은 다윗의 사람들이 오직 부흥 하나만을 생각하고 목숨을 걸고 싸웠는데 다윗이 그런 것은 생각하지도 않고 부흥을 끄려고 했던 아들이 죽었다고 통곡하고 자기가 대신 죽었으면 좋았겠다고 하니, 이것은 다윗이 크게 잘못 생각하는 것이라고 판단했습니다. 그래서 어떤 이스라엘 백성이 다른 사람에게 말할 수는 없고 요압을 찾아와서 왕이 압살롬이 죽었다고 통곡하고 있는데 모든 백성이 하나님이 주신 승리가 부끄러운 일이 되어버렸고 전부 전쟁터에서 도망쳐 온 패잔병같이 살금살금 성읍으로 도망쳐서 돌아왔다고 말을 했습니다.

물론 아버지의 입장에서 볼 때 아들이 반역을 일으키고 아들이 전쟁에서 죽은 것은 슬픈 일입니다. 그러나 아직도 많은 이스라엘 백성이 부흥의 중요성을 알고 있고 그것을 위하여 목숨을 걸고 싸운 것은 더 감사한 일이었습니다. 그러나 다윗은 아들을 위하여 더 크게 통곡했습니다.

19:4, "왕이 그의 얼굴을 가리고 큰 소리로 부르되 내 아들 압살롬아 압살롬아 내 아들아 내 아들아 하니"

다윗은 적장인 아들의 죽음에 큰소리로 통곡했습니다. 전에 우리나라 대통령은 현충일에 공산당 지도자 중의 한 사람을 칭찬하는 말을 했습니다. 또 대통령과 어떤 목사는 감옥에 오래 갇혀서 끝까지 전향하지 않았던 간첩을 가장 존경하는 사람이라는 말도 했습니다. 대통령은 나라를 지키다가 죽은 사람의 장례식에는 가지 않고 오히려 사고로 죽은 사람의 유족은 찾아가서 위로했습니다. 그러면 앞으로 이 나라를 위해 싸울 사람은 아무도 없게 되는 것입니다.

미군은 나라나 자유를 위해서 싸우다 죽은 사람들은 시신을 관 안에 넣고 그 위에 성조기를 덮습니다. 그리고 의장대는 그 죽은 사람들의 숫자만큼 공포탄을 쏜 후에 국기를 접어서 부모나 가족에게 정중하게 전달한 후에 국립묘지에 안장합니다. 즉 죽음 중에서 가장 가치 있는 죽음은 나라를 위하여 자유를 위하여 싸우다 죽은 것입니다. 그러나 다윗은 노망이 들었는지 반역하다가 죽은 아들을 위하여 통곡하고 있었던 것입니다. 이것은 바로 다윗의 욕심이었습니다.

그래서 요압 장군은 다윗의 울음을 그치게 해야 하겠다고 생각했습니다.

19:5-6, “요압이 집에 들어가서 왕께 말씀 드리되 왕께서 오늘 왕의 생명과 왕의 자녀의 생명과 처첩과 비빈들의 생명을 구원한 모든 부하들의 얼굴을 부끄럽게 하시니 이는 왕께서 미워하는 자는 사랑하시며 사랑하는 자는 미워하시고 오늘 지휘관들과 부하들을 멸시하심을 나타내심이라 오늘 내가 깨달으니 만일 압살롬이 살고 오늘 우리가 다 죽었더면 왕이 마땅히 여기실 뻔하였나이다”

가끔 정치인들이 자기 사상 때문에 원수들을 찬양하고 아부하는 것을 보게 되는데, 그것은 국민을 멸시하는 것이고 그들의 얼굴을 짓밟는 일입니다. 그러나 권력을 가지고 있다고 해서 마구 국민의 얼굴을 짓밟고 있는 것을 볼 때가 있습니다. 그러나 그들은 항상 높은 자리에 있는 것은 아닙니다.

요압은 어린아이와 같은 행동을 하는 다윗에게 당장 눈물을 그치고 밖에 나가서 전쟁한 군인들을 위로하지 않으면 앞으로 더 큰 화가 왕에게 닥칠 것이라고 경고의 말을 했습니다. 왜냐하면 백성이 보기에 왕은 하나님의 영광이나 이스라엘의 부흥 같은 것은 관심이 없고 오직 자기 아들만 잘되기를 바라는 사람으로 변해버렸기 때문입니다.

이때 다윗이 정신을 차리고 성문에 나가 앉으니까 백성이 왕이 방에서 나오셨다고 하면서 모두 성문으로 모여들어서 기뻐했습니다. 즉 백성은 왕이 잠시 압살롬의 죽음을 슬퍼했지 본심은 역시 이스라엘의 부흥을 지키는 것이었다고 믿게 된 것입니다. 백성은 이처럼 잘 믿어주고 잘 속아줍니다. 그러나 만일 이런 일이 길어지게 되면 백성이 완전히 등을 돌리게 되는 것입니다.

왜 다윗은 모든 성공을 거두고 압살롬의 반란까지 제압한 후에 부흥에 대한 열정이 식어지게 되었을까요? 이것이 바로 인간의 마음인 것 같습니다. 사람은 아무리 좋은 것이나 아무리 귀한 것도 너무 오래 가지고 있으면 그것이 귀한 줄 모르는 것입니다. 오히려 그들은 자기 자식들이 잘되는 것을 좋아하고 돈을 많이 모으는 것을 좋아하고 편하게 사는 것을 좋아해서 결국 부흥의 촛대가 다른 곳으로 옮겨지게 되는 것입니다.

우리나라도 일제 강점기에는 교회가 아무리 멀어도 걸어서 가고 교회를 개척하고 부흥을 위해서 그렇게 애를 썼는데, 모두 성공하고 난 후에는 자식들이 미국의 좋은 대학교를 나와서 변호사가 되거나 혹은 성공한 정치인이나 경영자가 되는 것을 더 중요하게 생각하는 것입니다. 그 대신 교회에는 말씀이 사라지고 회의나 하고 먹기나 하고 놀러가는 것만 생각하게 되는 깃입니다. 어떤 교회는 옛날 피난민들이 모였을 때 굉장히 뜨거웠습니다. 그러나 지금은 꽃꽂이모임이나 등산모임을 하고 테니스나 일본어 배우기를 하고 주로 노는 것을 좋아하고 있습니다. 이것이 바로 울어야 하는 일인데 오히려 이들은 재미있어하고 다양한 활동을 하고 있다고 칭찬하고 있는 것을 보게 됩니다.

그래서 예수님은 누구든지 나를 따라오려거든 자기를 부인하고 자기 십자가를 지고 나를 따르라고 하셨고, 누구든지 자기 부모나 자식이나 딸이나 아들이나 형제를 나보다 더 사랑하면 나에게 합당하지 않다고 말씀하셨습니다. 우리가 자식이나 부모나 아내에게 늘 미안한 것이 바로 이것입니다. 우리가 그들을 주님보다 더 사랑할 수 없다는 것입니다.

대개 목회자나 선교사의 자녀들은 자라면서 상처를 많이 입습니다. 그 이유는 자랄 때 부모가 교회나 선교에 너무 정신이 빠져서 자기를 돌보아 주지 않기 때문입니다. 선교사나 목회자 자녀도 돌보아 주고 관심을 가져주는 것이 필요한데 부모는 늘 교회나 선교지 사람들을 돌보느라고 정신이 없으니까 자기는 중요하지 않는 사람이구나 하는 생각이 들게 된다는 것입니다.

2. 다윗의 귀환

다윗은 이제 압살롬과의 전쟁에서 이겼습니다. 그래서 다윗은 그냥 예루살렘으로 돌아가면 됩니다. 그러나 다윗은 인간이기에 누군가가 자기를 모셔가기를 바랬습니다. 즉 어떤 강사가 어느 교회나 대학에 가서 강의나 설교를 하게 되었을 때 자기 발로 걸어가서 강의하고 설교하면 되겠지만 주최하는 쪽에서 좋은 차를 보내서 모시고 가고 또 많은 사람이 영접해주면 기분이 너 좋을 것입니다.

그런데 전쟁이 끝나고 나니까 압살롬에 붙어서 다윗과 싸웠던 사람들은 모두 슬금슬금 집으로 돌아가 버렸습니다. 어쩌면 그들은 다윗의 복수를 두려워하고 있었는지 모릅니다. 그리고 다윗 편에 붙어서 싸웠던 사람들도 전쟁에 이겼으니까 돌아가 버렸습니다. 그래서 다윗이 있던 마하나임에는 다윗의 최측근만 남아 있었던 것 같습니다. 이제는 이렇게 많은 백성이 다윗 옆에 있으면서 양식을 축을 내야 할 이유도 없고 모두 집에 가서 또 할 일이 있었기 때문입니다.

이때 다윗은 어떻게 해야 하겠습니까? 그냥 자기 식구들끼리 예루살렘으로 나귀를 타고 가거나 아니면 걸어서 왕궁으로 들어가야 하겠습니까? 아니면 이스라엘의 어느 지파에게 너희들이 와서 나를 모시고 가라고 해야 하겠습니까? 여기서 두 가지 반응이 나타나게 됩니다.

우선 첫 번째는 압살롬에게 붙어서 다윗을 반역했던 이스라엘 전체 지파의 반응이었습니다. 그들은 서로 토론하기를 다윗 왕이 우리를 원수들에게서 구원했고 블레셋 사람들의 손에서 구원했기 때문에 우리가 다시 가서 다윗을 왕으로 모셔 와야 한다고 의견을 모으고 있었습니다. 즉 우리가 다윗에게 기름을 부어서 왕이 되게 했고 우리가 잠시 따랐던 압살롬은 죽어버렸으니까 결국 또 다윗에게 반역하지 말고 우리 잘못을 시인하고 다윗에게 복종하자고 한 것입니다. 이것은 이스라엘 백성이 어쩔 수 없이 다윗에게 복종을 하겠다는 의미였습니다. 어쩔 수 없어서 복종하든 기쁨으로 복종하든 의견이 이렇게 모아진 것은 대단히 좋은 일이고 이것은 하나님께서 하신 일이었습니다.

두 번째로 다윗은 이스라엘 백성을 불신했습니다. 그것은 "내가 이스라엘 왕이 되어서 그렇게 너희들을 위하여 목숨을 아끼지 않고 싸우고 수고했는데 어떻게 나에게 반역할 수 있느냐?" 하는 것입니다. 처음에 어떤 일이 일어났을 때는 별 생각이 없다가 시간이 지나면서 생각하고 생각할수록 괘씸하거나 섭섭한 생각이 들게 되는 경우가 있습니다. 그렇지만 다윗은 이 이스라엘 백성의 왕이고 이들을 믿어주어야만 했습니다.

그런 점에서 모세의 탁월함이 나타납니다. 모세는 하나님의 돌비를 받으려고 시내산에 올라갔을 때 이스라엘 백성은 금송아지를 만들어 놓고 술 마시고 춤을 추고 우상숭배를 했습니다. 그때 하나님이 모세에게 "이스라엘 백성을 다 죽이고 너를 통해서 새 이스라엘을 시작하겠다"고 했을 때 모세는 하나님께 "내 이름을 하나님의 생명책에서 지우시고 이 이스라엘 백성을 용서해 달라"고 간청했습니다. 그리고 모세는 수없이 배신을 당하고 불신을 당하면서도 이 이스라엘 백성을 요단강까지 데리고 갔습니다.

그런데 다윗은 막상 이스라엘 백성이 자신을 왕으로 모시겠다고 했을 때 그들의 말을 믿지 않았습니다. 그 대신 다윗은 다른 술책을 썼습니다. 그것은 두 제사장 사독과 아비아달에게 유다 지파 쪽으로 가서 자기의 말을 전하라는 것이었습니다. 그것은 "왕의 말씀에 지금 온 이스라엘이 왕을 예루살렘으로 모셔오려고 하는데 유다 지파 너희는 왜 왕을 모셔오는데 꼴찌가 되려고 하느냐?"는 것이었습니다. 즉 "왕이 유다 지파이고 한 골육이고 같은 친척인데 왜 먼저 와서 나를 모셔가지 않느냐?"는 것입니다. 그리고 다윗 편에 서서 싸웠던 용사는 요압이었는데, 왕은 압살롬의 사령관인 아마사에게 "내가 맹세하고 너를 군대장관으로 세우지 않으면 하나님이 벌을 주실 것이라"고 했습니다.

이것을 보면 다윗이 너무 자기감정에 빠진 것을 볼 수 있습니다. 이스라엘 백성 전체에게는 "너희가 나를 배신하고 압살롬에게 붙은 주제에 입 다물고 있어야지 왜 또 나를 모셔오겠다고 하느냐? 나를 모셔갈 지파는 유다지파"라고 했던 것입니다. 그래서 다윗은 은근히 자기는 유다 지파만 믿고 이스라엘 지파 너희들은 뒤에서 딴소리를 했기 때문에 믿지 않는다는 것을 은연중에 드러낸 것입니다. 사실 이스라엘 전체 지파가 압살롬에게 속은 것도 있고 거기에 붙은 것도 있지만 다윗에게도 답답한 것이 있었던 것은 사실입니다. 그래서 다윗이 우리는 지나간 것은 다 지나간 것이고 나라를 새로 시작해보자고 했으면 이스라엘이 하나가 될 수 있었을 텐데, 다윗은 이스라엘과 유다를 차별해서 자기는 유다만 믿는다는 것을 은근히 나타낸 것입니다. 이것이 다윗의 옹졸함이고 일종의 복수였다고 할 수 있습니다.

이차대전 때도 윈스턴 처칠이 아니었다면 유럽 전체가 히틀러에 의해 죽든지 노예가 되었을 것입니다. 그러나 처칠은 독일과 끝까지 싸워서 결국 전쟁에서 이겼습니다. 그러나 전쟁이 끝난 후 수상 투표를 했을 때 처칠은 수상에서 떨어졌습니다. 영국 사람들은 이제 전쟁이 끝났기 때문에 다른 사람이 더 필요하다고 생각했기 때문입니다. 그러나 아마도 처칠은 엄청나게 국민에게 섭섭했을 것입니다. 그러나 그런 것이 국민입니다. 어떤 때는 국민이 아주 현명하고 어른스러울 때도 있지만 어떤 때는 아주 즉흥적이고 어린아이 같을 때도 있는 것입니다.

그리고 다윗은 전체 군대장관으로 압살롬에게 붙었던 아마사를 임명하겠다고 했습니다.

19:13, "너희는 또 아마사에게 이르기를 너는 내 골육이 아니냐 네가 요압을 이어서 항상 내 앞에서 지휘관이 되지 아니하면 하나님이 내게 벌 위에 벌을 내리시기를 바라노라 하셨다 하라 하여"

전쟁을 이기게 한 사람은 요압인데, 왜 적장을 군대장관으로 임명했을까요? 그것은 요압이 압살롬을 죽였고 건방지게 자기에게 울지 말라고 했기 때문에 섭섭했던 것 같습니다. 다윗은 이것을 마음에 꽁하게 두고 용서하지 않았던 것입니다. 다윗은 모든 것을 전체적으로 보지 못하고 자기감정의 노예가 되어있었습니다. 이것은 이스라엘 백성에게 참 불행한 일이었습니다. 왕이 누구는 믿고 누구는 불신하고 누구는 용서하고 누구는 건방지게 생각한다는 것은 옹졸한 것입니다. 그런데 사람이 늙으면 늙을수록 마음이 옹졸해지기 쉽습니다. 이스라엘 중에 알고 보면 나쁜 사람이 없습니다. 단지 표현 방법이나 중요하게 생각하는 것이 달라서 그런데 다윗은 이 부분에 있어서 관대하지 못했습니다.

3. 시므이의 처세술

다윗이 전쟁에 이기고 돌아왔을 때 가장 큰 일 난 사람은 바로 시므이였습니다. 시므이는 다윗은 이제 끝장났다고 생각해서 다윗이 도망칠 때 따라가면서 욕이란 욕은 다 했던 사람입니다.

사람들이 욕하는 것을 보면 북한과 남한 사람이 참 다른 것 같습니다. 남한 사람들은 개가 들어가면 심한 욕이 됩니다. 그래서 사람보고 '개××'라고 하면 최고의 욕이 되는 것입니다. 그런데 북한은 '종간나××' 라고 해도 큰 욕이 아니라고 합니다. 북한 사람들은 문장을 만들어야 큰 욕이 된다고 합니다. 그래서 "삶은 돼지가 하늘을 보고 웃을 일이다"라고 하면 큰 욕이 된다고 합니다. 우리는 그것이 무슨 욕이 되는지도 모르는데 말입니다.

시므이는 다윗이 도망치는 것을 보고 돌을 던지고 흙을 날리고 나쁜 욕이란 욕은 다했기 때문에 다윗이 예루살렘에 돌아오면 죽일 사람 일번이 자기라는 것을 알았습니다. 그래서 시므이는 가장 먼저 다윗 왕을 맞이하러 갔습니다. 그런데 그냥 가지 않고 베냐민 사람 천 명을 데리고 배를 타고 요단강을 건너가서 왕 앞에 엎드렸습니다. 시므이가 나룻배를 타고 요단강을 건넌 이유는 왕이 배를 타고 요단강을 건너게 하기 위해서였습니다. 그리고 시므이는 다윗 왕 앞에 엎드려 "왕이시여 제가 지난날 왕 앞에서 나쁜 짓 한 것을 기억하지 말아주십시오"라고 하며 머리를 조아렸습니다. 그러면서 "제가 왕에게 죄를 지은 줄 알기 때문에 제일 먼저 내려와서 왕을 영접합니다."라고 했습니다. 이것이 악한 자들이 살기 위해서 처세하는 방법입니다. 그는 아마도 왕이 베냐민 사람들 천 명 앞에서 자기를 죽이지 않을 것이라고 생각했던 것 같습니다.

그러니까 다윗의 부하인 요압의 동생 아비새는 시므이가 하나님의 기름 부음을 받은 왕을 저주하고 욕했기 때문에 당연히 죽여야 한다고 주장했습니다. 그때 다윗은 "스루야의 아들들아, 이 일이 너와 무슨 상관이 있느냐?" 고 했습니다. 즉 자기는 하나님이 시므이를 통해서 자기를 욕한 것으로 받아들였다고 말을 했던 것입니다. 우리는 누가 나에게 욕할 때 하나님이 욕하게 하셨다고 받아들이면 굉장히 덕을 보게 됩니다. 왜냐하면 나머지 죄들은 자동적으로 용서되기 때문입니다. 그리고 오늘같이 이렇게 왕이 귀환하면서 사람을 죽이는 것은 보기에 좋지 않다고 하면서 시므이에게 "네가 죽지 아니하리라" 고 맹세했습니다. 시므이는 왕에게 그렇게 심한 욕을 하고도 살 수 있었습니다. 그 이유는 그날이 은혜의 날이고 구원의 때였기 때문입니다.

오늘 사람들은 하나님을 향해서나 예수 그리스도에 대해서 욕을 엄청나게 합니다. 그리고 '갓' 이라는 말은 정말 함부로 쓰는 것을 볼 수 있습니다. 야구를 잘하면 류현진을 '갓현진' 이라고 고쳐서 부르는 것입니다. 정말 빨리 회개해야 합니다. 가수들 중에서 'GOD' 가 있는데 빨리 다른 이름으로 바꾸어야 합니다.

그러나 그 처세에 능한 시므이도 나중에 자기 한계를 지키지 않아서 솔로몬의 손에 죽고 맙니다. 요압도 군대장관 한번 더하려고 하다가 솔로몬 손에 죽습니다. 우리 인간의 욕심은 끝이 없습니다. 과연 어디서 우리의 욕심은 끝이 날까요? 인간은 아무리 다윗이라 하더라도 장단점이 있는 것 같습니다. 결국 이 모든 것은 부흥의 불이 약해져서 일어난 일입니다. 부흥의 불만 붙으면 실수할 시간도 없습니다. 하나님의 한계를 잘 지키는 성도들이 다 되시기 바랍니다.

24

므비보셋의 운명

삼하 19:24-43

우리나라나 일본의 조직 폭력배 중에는 자신이 두목으로부터 충성심을 의심받을 때 자신의 손가락을 칼로 잘라서 충성심을 표시하는 자들이 있습니다. 물론 자신의 손가락을 자르는 것이 고통스럽기는 하지만 두목의 의심을 받으면 결국 자기 목숨이 날아가기 때문에 그런 방법을 택하는 것입니다.

우리나라 임진왜란 때 이순신 장군은 자기가 왕인 선조의 시기를 받고 있다는 것을 알았습니다. 그래서 그는 아무리 전쟁에 이기고 돌아온다 하더라도 결국 왕의 시기 때문에 죽임당할 것을 알았습니다. 그래서 이순신 장군은 마지막 전쟁하러 나갈 때 갑옷을 입지 않고 맨몸으로 싸우러 나갔습니다. 결국 그는 왜적의 흉탄을 가슴에 맞고 죽습니다. 그는 죽어가면서도 부하들의 사기가 떨어지지 않도록 계속 북을 치라고 명령했습니다. 이순신 장군은 미래를 내다보는 눈을 가지고 있었기 때문에 죽어서 지금까지 모든 국민의 마음에 아름답게 살아남아 있을 수 있었습니다. 해군에서 구축함을 만들면서 나라를 지켰던 사람들의 이름을 붙였습니다. 그런데 두 사람의 이름을 함부로 붙일 수 없었습니다. 그 하나가 이순신이고 다른 하나가 세종대왕이었습니다. 그러나 지금은 가장 좋은 구축함에 '이순신함' 과 '세종대왕함' 이라는 이름을 붙여서 사용하고 있습니다.

제가 군에 있을 때 가장 기억에 남는 배는 '대구함' 이라는 큰 구축함이었습니다. 우리는 그 배의 갑판에서 선상 부흥회를 했습니다. 그때 저는 결혼한 지 얼마 되지 않아서 아내도 군부대 안에 들어가서 구축함 갑판에서 예배를 드렸습니다. 이 배는 출동한 지 얼마 되지 않아서 간첩선을 포로 맞추어서 가라앉혔습니다. 그리고 그 배는 너무 오래되었기 때문에 퇴역했습니다. 그런데 몇 년 전에 해군에 가니까 새 구축함이 만들어졌는데 '대구함' 이라는 이름을 붙였습니다. 옛날에 맥아더 장군은 말하기를 "노병은 죽지 않는다. 다만 사라질 뿐이라" 고 했는데 '대구함' 도 잠시 사라졌다가 최신에 구축함으로 다시 살아나게 된 것입니다.

얼마 전 신문에서 이차대전 때 일화를 소개한 기사를 보았습니다. 영국 폭격기가 독일의 군수 공장을 폭격하게 되었습니다. 그래서 가지고 간 폭탄을 다 떨어트렸는데 이 와중에 독일군의 대공 포화를 맞아서 많이 추락하게 되었습니다. 그런데 한 중위가 운전하던 비행기는 기관총이나 대공포를 너무 맞아서 비행기가 성한 곳이 없었습니다. 그때 맞은편에 독일군 비행기가 나타났습니다. 이 독일군 조종사가 보니까 영국군 비행기가 온통 다 부서졌고 거기 탄 사람들은 전부 중상을 입었는데 영국으로 돌아가려고 하고 있었습니다. 방향도 못 잡아서 엉뚱한 데로 날아가고 있었습니다. 이 독일군 비행기는 그 영국군 비행기를 에스코트해서 바다까지 데리고 갔습니다. 왜냐하면 독일군 비행기와 같이 날아가면 대공포를 쏘지 않기 때문이었습니다. 그리고 그는 상부에는 영국군 비행기가 바다에 빠져서 다 죽었다고 보고했습니다. 그는 사실 목숨 걸고 싸우는 영국 청년들의 용기에 감동했던 것입니다.

극적으로 살아난 영국 조종사는 자기를 살려준 독일 조종사를 찾기 시작했습니다. 나중에 드디어 그들은 만나게 되어서 죽을 때까지 친한 친구로 지내다가 죽었다고 합니다. 이것이 바로 모든 이해관계나 자기 출세를 뛰어넘는 우정이고 사랑인 것입니다.

1. 므비보셋의 충성

므비보셋은 양다리를 쓰지 못하는 장애인이었습니다. 그는 다윗이 찾아내서 왕자들과 함께 왕의 식탁에서 식사하게 되었고, 왕이었던 할아버지의 모든 재산을 다 찾아서 가질 수 있었습니다. 이것은 므비보셋의 인생에는 대박 중의 대박이었습니다. 로또 당첨도 이런 당첨은 있을 수 없었습니다. 므비보셋은 자기가 태어나기도 전에 자기 아버지 요나단과 다윗이 친구 사이였던 것입니다. 그러나 집안끼리는 원수 사이였습니다. 이것은 마치 두 집안끼리는 원수이지만 두 남녀는 사랑하는 사이였던 로미오와 줄리엣의 관계와 비슷합니다. 다윗은 므비보셋이 살아있는 것을 보고 양다리를 쓰지 못하는 장애인이었지만 왕자 대우를 해주고 사울 왕이 가졌던 그 엄청난 땅을 전부 므비보셋에게 주고 종까지 붙여주었습니다.

그런데 문제는 다윗이 아들 압살롬의 반란으로 도망치게 된 일에서 벌어집니다. 당연히 므비보셋은 자기가 가진 모든 재산을 다 잃어버리게 되었습니다. 자칫 잘못하면 그의 목숨까지 잃어버릴 수도 있었습니다. 그런데 이때 이미 므비보셋은 자기 종 시바의 모함 때문에 다윗에게 의심을 받고 있었습니다. 다윗 왕이 도망치면서 므비보셋의 종 시바에게 "왜 너의 주인 므비보셋은 나를 따라오지 않느냐?" 고 물었을 때 므비보셋의 종 시바는 자기 주인을 모함했습니다. 즉 "왕이시여, 제 주인은 이번 기회에 옛날에 잃어버렸던 나라를 도로 찾으려고 하는 것 같습니다" 라고 모함한 것입니다. 이때 다윗은 엄청나게 화가 났습니다. "살 가치도 없는 므비보셋을 왕자급으로 올리고 할아버지의 모든 재산을 다 찾아주었는데 나를 배반하고 압살롬에게 붙었단 말인가?" 그래서 다윗이 돌아오면 므비보셋에게 의리를 배반한 놈이라고 몰아붙여 죽일 것은 너무나도 분명했습니다.

그러나 이것은 사실이 아니었습니다. 므비보셋은 절대로 다윗을 배반한 것이 아니었습니다. 단지 그는 다리가 불편해서 왕을 빨리 따라갈 수 없었던 것뿐입니다. 그러나 다윗은 므비보셋의 충성을 의심하고 있는 것은 틀림없었습니다. 므비보셋은 피난 가 있던 다윗 왕을 위하여 할 수 있는 것이 아무것도 없었습니다. 그러나 므비보셋이 아무것도 하지 않고 다윗이 올 때까지 가만히 있으면 죽임당하는 것은 틀림없었습니다. 므비보셋은 여전히 다윗의 사랑에 감사하고 있었고 다윗에 의해 새로운 인생을 살게 되었습니다. 그는 다윗이 살아서 돌아올 것을 틀림없이 믿고 있었습니다. 그런데 므비보셋의 이런 충성심을 누가 믿어주겠습니까?

그래서 므비보셋은 결심했습니다. 그것은 다윗의 고통에 조금이라도 동참을 하자는 것이었습니다. 므비보셋은 다윗 왕이 피난 간 후부터 세수를 하지 않았고 수염을 깎지 않았고, 옷을 갈아입거나 빨지 않았습니다. 날이 갈수록 므비보셋의 모습은 점점 거지 같이 되었습니다. 다른 사람들은 왜 므비보셋이 거지가 되고 있는지 이해하지 못했습니다. 그러나 므비보셋은 다른 사람들이 뭐라고 하든지 거지처럼 되는 것을 중지하지 않았습니다. 한 달이 지나고 두 달이 지나고 여러 달이 지난 후에 다윗은 반란군과의 전쟁에서 이기고 예루살렘에 돌아왔습니다. 그때 므비보셋은 다윗 왕 앞에 가서 다윗 왕을 영접했습니다.

그때 다윗 왕은 므비보셋에게 가장 무서운 질문을 던졌습니다. 그것은 "므비보셋이여, 나는 너를 왕자의 자격에 앉히고 할아버지의 모든 재산을 다 찾아주었는데 왜 나와 함께 피난을 가지 않았느냐?"는 것이었습니다. 그때 므비보셋의 충성심을 보여주는 것은 그의 거지 같은 모습이었습니다.

"왕이시여, 제 모습을 잠시 봐주십시오. 저는 거지입니다. 저는 장애인이어서 왕을 빨리 따라갈 수 없었습니다. 그리고 제 종이 제가 왕에 대하여 배반했다고 모함했습니다. 그러나 저는 왕을 위하여 할 수 있는 것이 아무것도 없었습니다. 그 대신 저는 왕의 고통에 조금이라도 동참하기 위해 왕이 떠나신 후 얼굴을 씻지 않았고 수염을 깎지 않았고 옷을 갈아입지 않고 있었습니다. 왕이시여, 저는 절대로 왕을 배반하지 않았습니다."

다윗 왕이 므비보셋을 보니까 정말 거지의 모습이었습니다. 그래서 다윗은 므비보셋의 충성심의 반을 인정해주었습니다.

그래서 왕은 므비보셋을 죽이지 않았을 뿐 아니라 그가 가졌던 재산은 그를 모함했던 종 시바와 반씩 나누어 가지게 했습니다. 왜냐하면 므비보셋의 재산은 그가 감당하기에는 너무 많았기 때문입니다. 그리고 시바는 다윗의 피난 때 실제적으로 도움을 주었습니다. 다윗 왕은 진실하지는 못하지만 다윗이 어려울 때 도움을 주었던 시바와 마음으로는 다윗에게 충성되지만 실제적으로는 아무 도움이 되지 못했던 므비보셋을 동등하게 취급했던 것입니다,

예수님의 비유 중에 주인이 먼 곳으로 떠나면서 종 열 사람에게 한 므나씩 나누어준 '므나' 비유가 있습니다. 그때 충성된 종들은 한 므나를 가지고 열 므나나 다섯 므나를 남겼습니다. 그러나 한 므나를 받았던 종은 주인이 무서워서 한 므나를 땅에 파묻어 두었습니다. 주인이 돌아왔을 때 주인은 그 악하고 게으른 종에게 왜 한 므나를 은행에 넣어서 이자라도 가지고 오지 않았느냐고 하면서 바깥 어두운 데 쫓아버리라고 했습니다.

우리는 주님이 반드시 온다는 것을 항상 인식하면서 살아야 합니다. 우리가 주님 앞에 섰을 때 주님은 반드시 우리에게 물으실 것입니다. "너는 무엇을 하다가 왔느냐?" 그때 어떤 종은 돈 번다고, 또 어떤 종은 놀러 다닌다고 바빴고, 또 다른 종은 아이를 키운다고 바빴다고 할 것입니다. 주님은 너희들이 하는 말은 다 거짓이라고 하면서 정말 내가 올 줄 알았더라면 최소한도 너희가 할 수 있는 일을 했어야 한다고 할 것입니다. 그것도 할 수 없으면 마지막 선이 세수하지 않고 수염 깎지 않고 주님을 기다리는 것입니다.

아무리 장애인이라도 전도를 해야 합니다. 그러나 멀쩡한 몸으로 아무

것도 하지 않고 세상 일만 하다가 주님 앞에 선다면 이것은 반역자인 것입니다. 어떤 부인은 자기가 전도를 잘하지 못하는 것을 알았습니다. 그래서 아이를 열 명을 낳아서 전부 신앙으로 잘 키웠습니다. 그는 가장 훌륭한 전도를 한 것입니다.

예수님의 비유 중에는 '부자와 거지 나사로' 비유가 있습니다. 부자는 돈이 많으니까 그 돈으로 매일 잘 살았습니다. 그러나 거지 나사로는 하나님의 말씀만 가지고 사니까 점점 더 가난하게 되었습니다. 이 두 사람이 죽어서 주님 앞에 섰을 때 부자는 지옥에 가서 뜨거운 맛을 봐야 했고, 거지는 천국에서 아브라함 품에 행복하게 있었습니다.

우리는 주님이 오셨을 때 내놓을 것이 있어야 합니다. "주님, 저는 이것을 하다가 왔습니다. 저는 이것 때문에 모함을 당했고 몽둥이로 맞아서 다리 병신이 되었습니다." 그때 주님은 착하고 충성된 종이라고 칭찬하실 것입니다. 그러나 "저는 명예를 위하여 살았습니다." "저는 돈을 모으느라고 정신이 없었습니다." "저는 건강에 전력을 다했습니다." 이 모든 변명은 악하고 게으른 종이 되는 것입니다.

2. 바르실래의 충성

길르앗에 사는 바르실래는 아주 큰 부자였습니다. 그의 창고 안에는 곡식과 기름과 말린 과일이 가득 차 있었습니다. 그는 이것을 다 어디에 써야 할지 몰랐습니다. 그러나 드디어 기회가 오게 되었습니다. 그것은 왕이 아들의 반역으로 요단 동쪽으로 쫓겨온 것입니다. 바르실래는 창고의 문을 활짝 열어서 자기가 그동안 모아놓은 모든 곡식과 먹을 것을 다윗 왕을 위해 다 쓰게 했습니다.

19:32, "바르실래는 매우 늙어 나이가 팔십 세라 그는 큰 부자이므로 왕이 마하나임에 머물 때에 그가 왕을 공궤하였더라"

그는 하나님의 나라가 현실적으로는 돈이 필요하고 양식이 필요하고 옷이 필요하다는 것을 알았습니다. 그래서 그는 그동안 아끼고 모아놓았던 것을 전부 다 풀어서 다윗의 전쟁 비용이나 양식으로 내놓았습니다.

전쟁하는데 가장 중요한 것은 군수입니다. 용기나 정신력은 며칠 버티는 데 도움이 될 것입니다. 전략도 아주 중요합니다. 그러나 무기나 양식이 따르지 않으면 아무 소용이 없습니다. 군인에게 가장 무서운 적은 배가 고픈 것입니다. 그리고 그다음은 추위입니다. 발에 동상 걸려서 진물이 흐르면 걸을 수 없습니다. 그래서 전쟁하다가 적이 죽어있는 것을 보면, 빨리 군화를 벗겨서 신고 외투를 입는다고 합니다. 그리고 먹을 것이 있으면 배에 들어가는 한 많이 먹어두는 것이 좋습니다.

그런데 다윗의 부대가 그 전투에서 배고프지 않고 춥지 않을 수 있었던 것은 바르실래가 있었기 때문입니다. 하나님의 나라는 돈으로 만드는 나라는 아닙니다. 그러나 하나님의 일을 할 때 먹을 것이나 돈이 필요할 때가 있습니다. 그때를 대비해서 모아두는 것은 믿음이 없는 것이 아닙니다.

다윗은 반란을 제압한 후에 바르실래에게 은혜를 갚으려고 같이 예루살렘으로 가자고 했습니다. 그러나 바르실래는 이 모든 양식과 옷을 하나님께 바친 것이지 다윗에게 빌려주었다가 도로 받으려고 한 것이 아니었습니다. 바르실래는 자신의 임무는 다윗 왕으로 하여금 무사히 요단강을 건너가게 하는 것까지이고 거기서 자기 임무는 끝난다고 생각했습니다.

그래서 바르실래는 다윗 왕에게 내 나이가 팔십인데 아름다운 음악을 연주해도 들리지 않고 맛있는 음식을 먹어도 맛을 모르고 여인들이 춤을 춰도 재미있는 줄 모른다고 하면서 자기는 왕을 따라가 봐야 짐밖에 되지 않으니까 자기의 고향 부모님의 묘지가 있는 곳에 남아 있겠다고 했습니다. 그런데 김함이라는 자가 있는데 자기 아들인 것 같습니다. 이 사람을 좀 데리고 가서 왕에게 충성하게 해 달라고 부탁했습니다. 바르실래는 자기의 나이를 알고 있었고 자기가 할 수 있는 것이 무엇인지 알고 있습니다. 그러나 아들 김함은 아직 젊기 때문에 전쟁할 수도 있고 왕이

시키는 일을 할 수 있으리라는 것을 알았던 것입니다.

3. 이스라엘 사람들의 이기심

이스라엘 사람들은 압살롬이 반역을 일으켰을 때 거의 다윗 왕에게 등을 돌렸습니다. 그들은 일단 압살롬이 죽으니까 전부 집으로 도망쳤습니다. 이제 다윗 왕이 요단강을 건너서 예루살렘으로 돌아오는데, 그들이 보니까 유다 족속들이 다 나와서 왕을 모셔서 요단강을 건너고 예루살렘으로 오고 있는 것이었습니다. 이 장면을 보고 이스라엘 사람들은 유다 지파에게 "유다 지파가 어떻게 왕을 도둑질해서 자기들만 왕을 인도하여 요단강을 건너서 예루살렘으로 오고 있느냐" 고 하며 강하게 항의했습니다.

사실 이것은 다윗이 걱정했던 것이 맞았다는 것을 보여줍니다. 만일 이스라엘 사람들이 진정으로 다윗을 자기의 왕으로 생각한다면 누가 왕을 데리고 오든지 상관없이 왕이 돌아온다는 것 자체를 기뻐하고 환호성을 질렀을 것입니다. 그러나 이스라엘 사람들은 우리가 왕을 모시고 와야 하는데 왜 유다 지파만 왕을 도적질해서 데리고 오느냐고 화를 내었던 것입니다.

아마도 이들은 왕을 가까이에서 데리고 오는 것이 자신들의 출세와 관계있다고 생각했던 것 같습니다. 그들은 압살롬이 다윗보다 더 참신하고 똑똑한 것 같으니까 압살롬에게 붙었다가 압살롬이 죽고 다윗이 다시 돌아오니까 다윗에게 또 붙으려고 하는 것입니다. 그런데 유다 지파가 다윗을 둘러싸서 자기들을 가까이 오지 못하게 하니까 화가 났던 것입니다. 이에 유다 지파는 다윗은 우리 일가 종친이고 우리는 이렇게 한다고 해서 다윗으로부터 조금이라도 혜택받는 것이 없다고 변명했습니다. 유다 지파가 생각하는 것은 역시 하나님의 언약이었습니다. 하나님께서 다윗을 통해서 이스라엘을 통치하고 이스라엘을 구원하겠다는 약속을 생각한 것이지, 다윗을 가까이 모신다고 해서 무슨 출세를 하거나 대가를 바라는 것은 아니라고 했던 것입니다.

그러니까 이스라엘 사람들은 유다 사람들에게 우리는 너희보다 열 개의 몫을 더 가졌기 때문에 당연히 왕과 더 관계가 있다고 주장했습니다. 이것은 이스라엘은 열 지파이고 유다 지파는 한 지파에 불과하기 때문에 자기들이 더 기득권이 있다는 의미였습니다. 그런데 이번에는 유다 지파가 지지 않고 아주 강경하게 그런 소리 하지도 말라고 하면서, 다윗은 이스라엘 전체의 왕이지 이것을 지파 숫자대로 나누어서 자기 권리를 주장하면 안 된다고 했습니다. 그런데 이스라엘 사람 중에서 다윗을 맞으러 나온 사람들은 반밖에 되지 않았습니다. 어떤 사람들은 다윗의 복수가 무서웠을 것이고 어떤 사람들은 아직까지 다윗을 자기의 왕으로 인정하기 싫었을 것입니다.

예수님의 비유 중에 이와 비슷한 비유가 나옵니다. 왕이 잔치를 베풀고 사람들을 초청했는데 어떤 사람들은 장사하러 가야 하고, 어떤 사람들은 소를 샀기 때문에 보러 가야 하고, 어떤 사람들은 결혼을 앞두고 있기 때문에 준비하러 가야 한다면서 못 간다고 했습니다. 그래서 왕은 화가 나서 종들에게 길에 가서 아무나 다 데리고 와서 자리를 채우라고 했습니다. 하나님의 나라는 누구든지 왕에게 나아와서 영접하면 되는 것이지 서열을 따지고 지분을 따지고 재물 많은 것을 따지면 안 되는 것입니다.

그러나 실제로 요즘 기독교 모든 행사는 큰 교회 위주로 되는 것을 볼 수 있습니다. 왜냐하면 큰 교회가 헌금하지 않고 큰 교회에서 많은 사람이 가지 않으면 행사가 안 되기 때문입니다. 이것은 행사를 크게 하려고 해서 그런 것입니다. 하나님의 나라는 유명한 사람들이 많이 모이고 먹고 마시고 자기 자랑을 하는 곳이 아닙니다. 우리는 하나님을 사랑하기 때문에 모이는 것이고 예수님을 나타내기 위해서 모이는 것입니다. 하나님의 나라는 복음의 능력에 있는 것이지 사람의 많고 적음에 있는 것이 아닙니다. 하나님과의 약속을 끝까지 믿고 예수님을 자신의 주님으로 모시는 자들이 하나님의 백성들입니다. 이런 하나님 나라의 백성이 다 되시기 바랍니다.

25

세바의 반역

삼하 20:1-26

얼마 전 어느 도시에서 한 사람이 아주 비싼 포르쉐를 타고 사거리를 엄청난 속도로 달렸습니다. 그런데 그 사람은 대마초를 피운 상태였기 때문에 술에 취한 것처럼 기분이 좋았습니다. 특히 그가 속도를 내서 달리고 있던 곳은 사람이나 차가 가장 붐비는 해운대 바닷가 건널목이었습니다. 그는 자기 나름대로 운전한다고 했지만 택시를 들이박고 택배 오토바이를 박살내고 건널목 지나가는 사람을 여러 명 치고 차를 일곱 대나 들이박고 나중에는 버스까지 충돌한 후 자기 차가 뒤집힌 후에야 멈추었습니다. 다행히도 포르쉐를 운전한 사람은 많이 다치지 않았지만 건널목을 건너던 사람들이나 오토바이 운전자나 택시 탄 사람이나 다른 사람들은 아주 심하게 다쳤습니다. 그 사람은 자기가 포르쉐를 몰고 대마초까지 피웠으니까 너무 기분이 좋았지만 그 사람의 정신은 차를 제대로 운전할 상태가 되지 못했던 것입니다.

배를 타고 바다를 항해하다 보면 가장 무서운 것이 밤 안개가 많이 끼는 것이라고 합니다. 밤안개가 끼면 다른 배들도 보이지 않을뿐더러 자기도 모르는 사이에 암초가 많은 지역에 들어가게 되는데, 그곳에 들어가면 앞으로 가도 암초이고 뒤로 가도 암초이고 옆으로 돌아도 암초이기 때문에 결국 배가 암초에 부딪쳐서 침몰하게 된다는 것입니다. 잘못하다가는 대형 해난 사고로 이어지게 됩니다.

세월호 같은 경우도 규정을 지키지 않고 배의 중심 잡는 물건을 많이 빼고 거기에다가 많은 물건을 싣고 또 조류가 아주 심한 곳을 고속으로 달리다 보니까 결국 배가 사고날 짓만 골라서 한 것입니다. 결국 그 큰 배가 뒤집혔을 때 제대로 대피 지시도 하지 않고 배 안에 있으라고 하니까 많은 사람이 배 안에 갇혀 있다가 물에 빠져 죽은 것입니다.

다윗은 자신을 정치하는 데는 프로라고 생각했습니다. 그러나 아들 압살롬이 반란을 일으키니까 그만 길을 잃어버린 초보 운전자가 되어버리고 말았습니다. 다윗은 여기서 몇 가지 실수를 하는데, 그 하나는 전쟁 중에 최고 사령관을 바꾸어버린 것입니다. 지금까지 유다 백성들은 요압을 사령관으로 믿고 싸웠는데, 다윗은 요압이 밉다고 갑자기 적장이었던 아마사를 사령관으로 바꾸었던 것입니다.

거기에다가 다윗은 예루살렘으로 돌아가는 과정에서 유다 지파에 밀사를 보내서 자기를 모셔가게 했습니다. 이것은 이제 이스라엘 백성은 꼴도 보기 싫다는 의미였습니다. 그러니까 요단강가에서 유다 지파와 이스라엘 백성이 '왜 너희들이 왕을 먼저 모셔가려느냐' 고 하면서 싸웠습니다. 누가 왕을 모셔가든 좋은 것이었습니다. 이제 새로 시작하면 되는데, 그들이 서로 싸우고 삐지는 바람에 세바라고 하는 베냐민 사람이 반란을 또 일으켰습니다. 그는 온 이스라엘을 돌아다니면서 우리가 다윗을 왕으로 받아들이면 옛날 케케묵은 시절로 돌아가는 것이라고 선동했습니다.

요즘 우리나라가 바로 이런 상태에 빠져 있습니다. 우리나라는 삼십 년 이상을 바른 방향으로 나가지 못하고 표류하고 있었습니다. 그러다가 정권이 바뀌면서 완전히 혁명이 일어난 것처럼 고위직은 잡아 가두고 모든 것을 바꾸었습니다. 그러다가 코로나는 퍼지고 빚은 엄청 많아지는 데다가 장관들은 모두 아첨하는 자기편으로 세우고 결국 옛날 해방된 후 미국과 일본을 그렇게 미워하던 정치를 하다가 지금은 자기들이 그 길로 가고 있습니다.

코로나바이러스 이후에 교인들 출입을 QR코드로 만들었던 교회는 후회하고 있다고 합니다. 왜냐하면 개인정보나 인적사항이 노출될 가능성이 크기 때문입니다. 그래서 무엇이든지 너무 튀거나 잘난 체하지 않는 것이 좋습니다. 이런 때는 뒤에서 슬슬 따라가면서 위험지대로 들어가지 않는 것이 잘하는 것입니다.

1. 세바의 반란

이스라엘 베냐민 지파에 세바라는 사람이 있었습니다. 이 사람은 별 볼 일 없는 사람이었는데, 압살롬이 반란을 일으키는 것을 보고 한 자리를 잡아야 하겠다고 생각했습니다. 그는 다윗이 압살롬을 죽이고 돌아오는 과정이 순탄하지 않는 것을 보았습니다. 그는 요단강가에서 유다 지파와 이스라엘 사람들이 왕을 모셔오는 과정에서 서로 싸우는 모습을 본 것입니다. 그리고 다윗을 영접하러 요단강에 나온 이스라엘 사람들이 반밖에 되지 않았고, 그 반도 유다 지파와 싸운 후에는 다 돌아가고 말았던 것입니다. 이것을 보고 세바는 이 기회를 틈타서 아직 모든 것이 정비되지 않았을 때 반란을 일으켜야겠다고 생각하고는 이스라엘 사람들을 선동하기 시작했던 것입니다.

20:1-2, "마침 거기에 불량배 하나가 있으니 그의 이름은 세바인데 베냐민 사람 비그리의 아들이었더라 그가 나팔을 불며 이르되 우리는 다윗과 나눌 분깃이 없으며 이새의 아들에게서 받을 유산이 우리에게 없도다 이스라엘아 각각 장막으로 돌아가라 하매 이에 온 이스라엘 사람들이 다윗 따르기를 그치고 올라가 비그리의 아들 세바를 따르나 유다 사람들은 그들의 왕과 합하여 요단에서 예루살렘까지 따르니라"

여기 '불량배' 라는 것은 아주 성격이 포학하고 나쁠 뿐 아니라 자기 나름대로 부하들을 거느리고 무기를 가지고 있는 조직폭력배 같은 사람을 말합니다. 그래서 전쟁이 나거나 반란이 일어나면 완장을 두른 사람들이 많이 나타나게 됩니다. 이 사람들은 새로 권력을 잡은 공산당이나 경찰 같은 사람들과 통하면서 그들에게 충성해서 빨갱이를 소탕한다든지 혹은 반동분자를 색출한다든지 해서 아무나 잡아가서 고문하고 두들겨 패고 나중에 총으로 쏘아 죽이든지 대창으로 찔러 죽이든지 하는 불량한 사람들입니다.

세바는 아주 별 볼 일 없는 사람인데 깡패 두목쯤 되었던 것 같습니다. 그러나 그에게는 부하들이 있고 무기가 있었기 때문에 일반 사람들은 세바가 하라고 하면 하는 수밖에 없었습니다. 세바는 "만약 다윗이 왕으로 돌아오면 우리는 모두 압살롬을 따랐기 때문에 하나도 건질 것이 없다. 다윗은 우리 모두를 알거지로 만들 것이다"라고 하며 선동했습니다. 그리고 다윗같이 케케묵은 사람이 나라를 다스리면 우리나라는 조금도 발전하지 못할 것이라고 하면서 백성에게 집으로 가라고 위협하니까 이스라엘 사람들은 전부 다 집으로 가버렸습니다.

다윗은 곰을 피하려고 하다가 호랑이를 만난 격이 되었습니다. 다윗은 압살롬과 싸워서 겨우 이기고 요단강을 건너서 간신히 예루살렘으로 돌아오나 했더니 세바라는 불량배가 부하들을 이끌고 나와서 백성으로 하여금 다윗을 따르지 못하도록 모두 다 쫓아버렸던 것입니다.

세바는 압살롬이 패배한 원인이 에브라임 수풀에서 싸웠기 때문이라고 생각했습니다. 그래서 세바는 이스라엘 전체에 사람들을 보내어서 넓은 곳에서 다윗과 싸우면 이길 수 있다고 선동했습니다. 지금 다윗은 암초지대에 빠져 있는 것과 같았습니다. 압살롬을 물리치니까 세바라는 놈이 나오고 또 세바가 여러 지역으로 자기 부하들을 보내거나 견고한 성으로 들어가서 항거하면 물리치기가 쉽지 않았던 것입니다. 다윗이 압살롬이라는 산을 넘어가니까 이번에는 세바라는 산이 새로 생겼던 것입니다.

우리에게 이런 식으로 어려운 시험이 계속 몰려오면 우리는 절망하거나 좌절하기 쉽습니다. 그러나 하나님의 백성에게는 언제나 살길이 있습니다. 우리는 이때 길을 찾아야 합니다. 만일 길을 찾지 못하면 고생은 고생대로 하고 결과는 결과대로 나빠지기 때문입니다. 이때 우리는 하나님의 영감의 말씀을 들어야 합니다. 우리가 평소에 하나님의 말씀을 듣는 이유는 바로 이러한 영감의 말씀을 듣기 위한 것입니다.

2. 다윗의 전략

다윗은 유다 지파가 일치단결해서 세바의 말을 듣지 않음으로 겨우 예루살렘에 들어올 수 있게 되었습니다. 다윗이 처음 생각했던 것은 온 이스라엘 백성이 환호성을 지르며 환영하는 것인데, 그것은 이미 물 건너가버리고 눈앞에 닥친 세바의 반란을 해결해야만 했습니다.

다윗은 먼저 왕궁에 들어가서 압살롬이 강제로 성관계를 맺었던 열 명의 첩을 별실에 가두어서 나오지 못하게 했습니다. 다윗은 아버지와 아들이 같은 여자와 관계한 것은 도저히 인륜상 있을 수 없는 일이고 코로나처럼 위험한 병이라고 생각해서 이 여인들을 한평생 격리시켰던 것입니다. 이것은 바른 일이었습니다. 다윗의 인생에 있어서 가장 수치스러운 일이었기에 다윗은 다른 어떤 일보다 먼저 이 여인들을 가두었던 것입니다. 무엇인가 옳지 않은 일들을 불쌍하다고 해서 풀어버리면 나라 전체가 썩게 되는 것입니다. 그래서 본인의 의사와는 상관없이 강제로 압살롬에게 당했지만 열 명의 후궁은 죽을 때까지 별실에서 나오지 못했습니다. 그들은 모두 갇혀서 죄수 아닌 죄수로 살다가 죽었던 것입니다.

그리고 왕은 새로 군대장관으로 임명된 아마사에게 삼일 안에 유다 사람들을 큰 소리로 불러 모아서 세바를 공격하러 가라고 명령을 내렸습니다. 원래 유다 백성들은 다윗에게 충성하는 사람들이기 때문에 큰 소리로 부르면 삼일이 아니라 하루만이라도 다 나오게 되어있었습니다. 그러나 유다 지파를 헷갈리게 하는 것이 있었습니다. 그것은 군인을 모집

하는 사람이 지금까지 적장이었던 아마사라는 사실이었습니다. 유다 백성은 과연 아마사가 군대를 소집하는 것이 다윗을 위하는 것인지 아니면 다윗에게 또 반역하려고 하는 것인지 헷갈렸습니다. 그래서 이스라엘 백성은 확신이 서지 않으니까 망설였던 것입니다. 다윗이 갑자기 요압을 내치고 적장이었던 아마사를 군대 장관으로 세운 것에 문제가 있었던 것입니다.

성경에는 나오지 않지만 다윗은 요압이 압살롬을 죽인 줄 알고 그를 미워했던 것 같습니다. 그래서 요압은 실컷 다윗을 위해서 싸우고도 군대 장관 자리에서 쫓겨난 것입니다. 그러나 백성은 아마사를 믿지 못했습니다. 군대는 시간이라는 것이 아주 중요합니다. 군인은 소집하는 시간에 1분만 늦어도 탈영병이 되어서 영창에 들어가게 됩니다. 그런데 아마사는 다윗이 명령을 내린지 삼일이 지나도 군대를 모으지 못했습니다. 아마 배를 타는 사람들은 잘 알 것입니다. 모든 준비는 출항 30분 전에 끝을 내야 합니다. 그리고 출항 5분 전이 되면 어느 누구도 움직일 수 없습니다. 그리고 정시가 되면 배는 떠나는 것입니다.

삼일이 되어도 아마사가 돌아오지 않으니까 다윗은 요압의 동생 아비새에게 당장 있는 군사를 데리고 세바를 추격하라고 명령했습니다. 만일 세바가 견고한 성에 들어가 버리면 압살롬보다 더 골칫덩어리가 될 것이라고 생각했기 때문입니다. 그래서 아비새는 군인들을 다 모으지 않은 상태에서 무조건 세바를 추격했습니다. 이것이 바로 다윗의 순발력이었습니다. 다윗은 처음에 세바가 굉장한 세력을 모은 것으로 생각한 것 같습니다. 그러나 아마사가 군대를 시간 안에 모으지 못하는 것을 보고는 무조건 하나님만 믿고 적은 군사라 할지라도 세바와 싸우라고 보낸 것입니다.

이때 요압과 아마사가 만나게 됩니다. 이때 요압이 어디를 갔다 왔는지 모르겠지만 아마도 세바를 추격하다 놓치고 돌아오는 길이었던 것 같습니다. 이때 요압에게는 그렛과 블렛이라는 블레셋 사람들도 같이 있었습니다. 그런데 이때 비로소 아마사가 군대를 거느리고 세바를 추격하려고 나타났던 것입니다. 이것을 보면 아무래도 아마사는 행동이 느린 것 같아 보입니다. 요압과 그렛 사람과 블렛 사람들은 세바를 추격하다가 세바가 너무 빨라서 잡을 수 없어서 군대를 더 데리고 가려고 돌아오고 있는데, 그때 비로소 아마사가 군대를 거느리고 요압 앞에 나타난 것입니다.

그런데 요압은 다윗의 처사를 받아들일 수 없었습니다. 자기는 목숨을 걸고 압살롬과 싸웠고 거기에다가 압살롬은 반란대장이기 때문에 당연히 죽어야 하는데도 불구하고 다윗은 자기 아들을 요압이 죽였다고 해서 자기를 파면하고 적장을 군대 장관으로 임명한 것이 이해가 되지 않았습니다.

요압과 아마사는 서로 원수였기 때문에 함께 공존할 수 없었습니다. 이 두 사람 중에서 한 사람은 없어져야 했습니다. 이때 요압은 아마도 높은 데서 내려오면서 고개를 숙인 것 같은데 이때 요압의 칼이 칼집에서 빠져 버렸습니다. 아마사는 요압에게 칼이 없는 것을 보고 더 안심했습니다. 요압은 아마사에게 아주 친한 것 같이 가까이 가서 오른손으로 아마사의 수염을 잡고 입을 맞추려고 하는 것 같이 하면서 “아마사 형님은 잘 지내고 계신가요?” 하면서 왼손으로 아마사의 칼을 빼서 아마사의 배를 찔러 버렸습니다. 요압이 아마사의 수염을 잡으니까 아마사는 고개를 돌리지도 못하고 몸도 피하지 못한 상태에서 칼에 찔려 죽고 말았습니다.

아마사의 단점은 그가 너무 주인을 자주 바꾸었다는 점이었습니다. 그는 사울이 왕이 되니까 사울을 섬기다가, 압살롬이 반역을 일으키니까 압삽롬의 사령관이 되었다가, 다윗이 자기를 임명하니까 또 다윗의 군사령관이 되었습니다. 그는 너무 중심 없이 여기저기 왔다 갔다 했습니다. 아마사는 먹고 살려고 여기 붙었다가 저기 붙었다가 하다가 결국 요압의 칼에 창자를 쏟고 죽어버렸습니다.

그때 청년 장교 하나가 “요압을 좋아하며 요압과 다윗을 따르는 자는 앞으로 가자” 고 했을 때 아마사의 시체가 길 한복판에 있는 것을 보고는 가려고 하지 않았습니다. 즉 사람들은 누가 옳은지 모르겠다는 것이었습니다. 그리고 괜히 우리도 요압을 따라갔다가 다윗의 손에 죽는 것이 아닌가 하는 의심을 하게 된 것입니다. 그 청년이 아마사의 시체를 밭에 갖다 두었는데도 사람들은 앞으로 가려고 하지 않았습니다. 그래서 아예 아마사의 시체가 보이지 않도록 옷을 그 위에 덮으니까 사람들이 죽은 자는 잊고 앞으로 가기 시작했습니다. 우리의 지난 과거는 옷으로 덮어버려야 합니다. 자꾸 그것을 들추어내서 이야기하면 앞으로 나갈 수 없고 세바를 잡을 수 없는 것입니다. 나중에 잘잘못은 나윗 왕이 판단하기로 하고 아마사를 죽인 것은 요압이니까 백성들은 세바를 잡으면 되는 것입니다.

3. 지혜로운 여성

세바는 상당히 빠른 속도로 이스라엘 모든 지파를 다니면서 반란을 선동했습니다. 더욱이 아벨과 벧마아가와 베림에서 주로 반역하는 사람들을 모으려고 했습니다. 원래 세바는 이스라엘 전체에서 반란 세력을 모으려고 했는데 워낙 요압이 빠르게 추격하니까 군대를 모으지는 못했습니다. 그러니까 벧마아가 사람들이 아벨로 가서 토성을 쌓고 요압의 군대와 대항해서 싸우려고 했습니다. 이제 세바를 따르는 자도 제법 인원이 되고 또 아벨이라는 성안으로 들어갔기 때문에 요압이 세바를 잡아내기는 쉽지 않았습니다.

그러나 일단 요압은 아벨 성을 쳐서 성을 부수고 반역자들과 세바를 잡아내려고 했습니다. 요압이나 블렛이나 그렛 사람들은 수는 많지 않아도 백전노장들이었고 말 한마디만 하면 다 알아듣는 숙련된 군인들이었습니다. 아마 이들은 머리 위에 방패를 쓰고 아벨 성에 가서 밑에서부터 큰 돌을 빼내기 시작했을 것입니다. 그러면 시간이 얼마 걸리든지 간에 성벽은 무너지게 되고 그동안 다윗의 군대는 점점 늘어나게 되면서 그 성 안에 있는 사람은 어린아이 하나 남지 않고 다 죽게 될 것입니다.

그런데 이 아벨이라는 성은 성 이름이 이야기하는 것처럼 아벨의 믿음을 가지고 있는 성이었습니다. 이 성은 주위 이스라엘 사람들의 등대 노릇을 하는 성이었습니다. 그래서 사람들이 어떤 어려운 일을 당해서 해결되지 않으면 아벨 성에 가서 물으라고 말을 했던 것입니다.

그런데 아벨 성에 아주 지혜로운 여인이 한 사람 있었습니다. 이 사람이 아벨 성의 등대 역할을 했습니다. 그 사람은 자기 머리에 떠오르는 생각이 하나님의 영감이라는 것을 알았습니다. 그래서 그 지혜로운 여인은 성벽에 서서 요압의 군인들에게 "내가 요압에게 중요한 할 말이 있다"고 하면서 요압을 불러달라고 했습니다. 이것은 아벨 성 사람들이 모두 사느냐 죽느냐를 결정하는 아주 중요한 말이었습니다. 그렇다고 해서 세바의 사람들도 있는 성에서 큰 소리로 말할 수는 없었습니다. 아마 이 여인은 성의 구석자리 같은 곳에서 요압을 불렀을 것입니다. 부하들이 요압에게 이 사실을 보고했습니다. 그래서 요압이 여인에게 가니까 여인이 요압에게 "당신이 요압입니까?" 하고 물었습니다. 그래서 그렇다고 하니까 "내 말을 들을 용의가 있느냐?" 고 물었습니다. 요압은 듣겠다고 했습니다.

이 여인은 요압에게 옛날부터 아벨은 하나님의 말씀을 붙드는 성이었고, 주위 성들이 방향을 잃고 헤매면 아벨에 가서 물으라고 했을 정도로 충성스런 성이라는 점을 강조했습니다. 즉 이 성은 이 주위에서는 어머니 같은 역할을 하는 성이라는 것입니다. 그런데 이스라엘에 충성되고 한 번도 반역한 적이 없는 이 아벨 성을 어떻게 요압 당신은 다 죽이려고 이 성을 부수느냐고 물었습니다. 이것은 하나님의 기업을 삼키는 행위라고 했습니다. 즉 하나님의 재산을 부수는 행위라는 뜻입니다.

요압은 이 여인의 말을 듣고 마음을 아주 넓게 가졌습니다. 요압은 이 성안에는 세바 같은 인간만 있는 것이 아님을 안 것입니다. 즉 다윗과 하나님께 충성된 사람들이 이 성안에는 더 많이 있었던 것입니다. 그래서 요압은 우리가 절대로 이 성을 멸망시키려고 하거나 사람들을 다 죽이려고 하는 것이 아니라고 강조했습니다. 단지 왕을 반역하는 세바라는 한 사람이 이 성안에 도망쳐있기 때문에 우리는 세바만 잡으면 된다고 했습니다. 그래서 요압은 이 여인에게 너희가 세바만 넘겨주면 우리는 더이상 싸우지 않고 성을 떠나겠다고 약속했습니다. 그때 이 여인은 그것이 사실이라면 우리가 세바의 머리를 성벽에서 당신께 던지겠다고 했습니다.

여기서 우리는 바른 믿음을 가진 여인 한 사람의 신앙이 얼마나 중요한지 알 수 있습니다. 신앙을 가진 여인은 마술사와 같습니다. 겉으로는 웃고 있지만 속으로는 복수의 칼을 갈고 있는 것입니다.

아마 이때 세바는 어떻게 하면 요압 군대에 맞서서 오래 버티느냐 하는 문제로 정신이 없었을 것입니다. 그때 이 여인은 아벨 성의 신앙을 가진 자들을 모두 설득했습니다. 그리고 아벨 사람들은 모두 이 여인의 지혜를 따랐습니다. 이 여인은 반역자 세바를 죽이고 그의 머리를 요압 앞에 던졌습니다. 여자들이 얼마나 무서운지 모릅니다. 이 여인은 피가 뚝뚝 흐르는 세바의 머리를 마치 공을 던지듯이 던졌습니다. 이에 요압이 나팔을 부니까 모든 유다 백성들은 모여서 철수하고 요압은 예루살렘에 가서 이 모든 사실을 보고했습니다. 그리고 아벨 사람들은 세바의 추종세력을 그 성에서 내쫓았을 것입니다.

세례 요한은 자신을 광야에서 외치는 소리라고 했습니다. 광야는 길이 없습니다. 그래서 사람들이 길을 잃어버리기가 쉽습니다. 밤에 광야를 지나가다가는 절벽에서 떨어지기도 하고 길이 없는 곳으로 헤매기도 하고 독사나 전갈에 물리거나 쏘일 수도 있습니다. 이때 하나님의 말씀은 내 발의 등이요 내 길의 빛이 되는 것입니다.

우리는 어떤 사람을 등대로 생각합니다. 그러나 자기를 선전하고 욕만하는 사람은 빛이 아닌 것입니다. 우리는 하나님의 말씀을 따라서 길을 잃지 말고 안전하게 목적지에 도착해야 할 것입니다.

26

기브온 족속

삼하 21:1-22

중국은 영국과 아편 전쟁에서 지는 바람에 홍콩을 100년 동안 영국에 빌려주게 되었습니다. 그런데 놀랍게도 100년이라는 세월이 흘렀습니다. 영국도 여러 왕이 죽었고 중국도 청나라가 망하고 중국 공산당이 지배하는 나라가 되었지만, 나라와 나라끼리 약속한 것은 지켜야만 했습니다. 그래서 드디어 중국의 지도자 등소평은 영국의 수상 마가렛 대처에게 앞으로 50년 동안 지금의 홍콩 체제를 바꾸지 않겠다고 약속하고는 홍콩을 돌려받게 됩니다. 그런데 중국은 그 약속을 깨고 17년 만에 홍콩의 자유를 빼앗으려고 하기 때문에 홍콩 사람들이 열심히 데모하고 있습니다. 한번 왕이나 최고 통치자가 약속한 것은 수십 년이 지나고 수백 년이 지나도 반드시 지켜야 하는데 중국은 이미 약속을 지키지 않는 나라가 되어버린 것입니다.

서울 어느 여자 대학교는 학교 부지를 두고 서울시와 분쟁하고 있습니다. 학교 측에서는 옛날 고종이 그 땅을 그 여자 학교에 하사했다고 주장합니다. 그런데 서울시에서는 그런 근거를 찾을 수 없으므로 학교는 그 땅을 사든지 아니면 반환해야 한다고 주장하고 있습니다. 그런데 만일 누군가가 고종이 이 학교에 땅을 하사한 기록 문서를 찾기만 한다면 그 땅은 당연히 학교의 부지가 될 것입니다.

한번 왕에 의해 내려진 명령은 아무리 세월이 오래 지나도 없어지지 않고 효력을 발생하게 됩니다. 그런데 정말 놀라운 것은 온 우주를 만드신 하나님의 약속이 아예 책으로 우리에게 전해지고 있다는 사실입니다. 그것이 바로 성경 말씀입니다. 우리가 성경 말씀의 뜻을 발견하고 그 말씀을 자기의 것으로 만들면 아무리 세월이 흘러도 하나님의 약속은 이루어질 것입니다. 단지 성경은 가지고 있지만 자신의 말씀으로 만들지 못하면 소용이 없는 것입니다. 그 증거가 오늘 성경 본문에서 나타나 있습니다.

다윗의 정치가 좀 안정되었을 때 계속해서 3년 동안 하늘에서 비가 내리지 않아서 이스라엘 백성이 매우 굶주리게 되었습니다. 다윗은 첫해 흉년이 들었을 때는 그럴 수도 있는 일이라고 생각했습니다. 그런데 그 다음 해도 비가 오지 않았습니다. 다윗은 조금 심각하게 생각했습니다. 그런데 그다음 3년째에도 이스라엘에 비가 내리지 않았습니다. 다윗에게는 하나님의 뜻을 물어보는 방법이 있었습니다. 그것은 바로 기도였습니다. 다윗은 하나님께 나아가서 "하나님, 3년 동안이나 이스라엘에 비가 오지 않는데 그 이유가 도대체 무엇입니까?"라고 물어보았습니다. 그랬더니 하나님께서 답을 내려주셨습니다.

처음 여호수아가 가나안 땅을 공략할 때 기브온 족속에게 속아서 그들을 살려주기로 약속했습니다. 그런데 사울은 대단한 이스라엘 우월론자였기 때문에 이스라엘 사람들의 단합을 위해서 가나안 족속인 기브온 족속을 많이 죽여 버렸습니다. 이스라엘 백성은 기브온 족속을 살려준다고 약속하고서는 그들을 많이 죽여 버렸기 때문에 하나님은 그 벌로 비를 주시지 않는다는 것이었습니다. 이것을 통해서 우리가 알 수 있는 것은 하나님의 약속은 영원불변이라는 사실입니다.

예수님은 "천지는 변하겠지만 하나님의 말씀은 일점일획도 변하지 않고 그대로 다 이루어진다"고 하셨습니다. 그래서 이 세상에서 가장 가치 있는 일은 하나님의 말씀을 캐내어서 자기의 것으로 삼는 것입니다. 그러면 아무리 이천 년, 삼천 년 전의 말씀이라 하더라도 나에게 주신 약속이 되는 것입니다. 그래서 요즘은 은행이나 보험회사 같은 데서는 중요한 약관 같은 것을 녹음해두는 것을 볼 수 있습니다. 말이라는 것은 그냥 없어져버리기 때문에 "이제부터 하는 말은 녹음하겠습니다."라고 한 후에 말을 하게 됩니다. 저도 얼마 전에 어떤 보험회사 직원이 약관을 알려주는데 너무 빨리 말을 하는 바람에 "하도 빨라서 한 마디도 못 알아듣겠다."고 했는데 그런 말도 다 녹음이 되는 것입니다.

1. 사울 왕의 잘못된 열심

여호수아가 요단강을 건넌 후 가장 먼저 무너뜨린 성은 여리고였습니다. 그리고 한번 실패한 후 아이 성을 함락했습니다. 그리고 세 번째 차례가 기브온이었습니다. 그런데 기브온 사람들은 이스라엘 백성들을 겁을 내서 그랬는지 아니면 믿음이 조금이라도 있어서 그랬는지 모르겠지만 이스라엘 백성들에게 항복하기로 작정했습니다. 그래서 그들은 마치 먼 곳에서 온 사람들인 것처럼 가장해서 일부러 옷도 다 떨어진 것을 입고, 떡도 곰팡이가 핀 것을 가지고 왔고, 신발도 다 떨어진 것을 신고, 포도주도 전부 다 시어빠진 것을 가지고 와서 자신들은 먼 데서 왔으며 이스라엘의 종이 되겠으니까 우리의 항복을 받아달라고 간청했습니다. 그런데 이것은 거짓이었습니다. 그러나 여호수아나 이스라엘 족장들은 세상 사람들이 하는 것을 잘 모르니까 그 말만 믿고 화해를 했습니다.

그러나 알고 보니까 기브온은 가까운 데 있는 족속이었고 요즘으로 치면 부실기업이나 마찬가지였습니다. 즉 이스라엘 사람들은 기브온을 치지 못하면서 기브온이 공격을 당하면 막아주어야 하는 계약을 맺었던 것입니다. 그래서 이스라엘 사람들 가운데는 속았다고 불평하는 사람들이 있었지만 여호수아는 한번 한 약속은 반드시 지켜야 한다고 강조했습니다.

그리고 난 후 곧 중부 지역에 있는 가나안 족속들이 기브온 족속을 공격하자 이스라엘은 손해 보는 줄 알면서도 기브온 족속을 위하여 싸웠는데 하나님은 하늘에서 우박을 떨어트려서 가나안 족속들을 물리치게 하셨고 태양과 달이 머무는 기적도 일어났습니다. 이스라엘이 약속을 지키는 것은 손해처럼 보였지만 실제로는 엄청난 복이었습니다. 전 세계 어느 누구도 기도하여 태양과 달이 머무는 기적을 체험한 사람이 없습니다. 여호수아는 기브온 족속에게 “너희는 우리를 속였기 때문에 우리의 노예가 되어 성전에서 나무를 패고 물을 깃는 일을 해야 한다”고 했습니다. 그런데 이것이 기브온 족속에게는 더 복이었습니다. 그들은 하나님으로부터 아주 거리가 먼 사람들이었는데 종이 되는 바람에 하나님께 가장 가까운 곳에서 봉사하는 사람들이 되었던 것입니다.

사울은 이방인들을 별로 좋아하지 않았습니다. 사울에게 중요한 것은 오직 이스라엘 족속뿐이었습니다. 더욱이 이스라엘 백성이 기브온 족속을 받아들인 것은 속은 것이기 때문에 별로 효력이 없다고 생각했습니다. 그래서 사울은 이방 족속과 싸우면서 기브온 족속을 끌고 와서 죽이면서 우리는 모든 이방인을 다 죽일 것이라고 큰소리쳤던 것입니다. 그러나 이것은 하나님께서 한번 허락하신 것을 자기 마음대로 뒤집는 것이었습니다. 아무리 속아서 약속했다 하더라도 약속한 것은 약속한 것인데 사울은 그것을 자기 마음대로 깨트려버렸던 것입니다. 이스라엘 백성들이 속아서 약속했지만 하나님은 태양이 머물고 달이 머무는 기적을 통해서 인정해주셨습니다.

그러나 사울은 기브온 족속과의 약속을 우습게 생각했습니다. 그러나 하나님은 틀림이 없는 분이셨습니다. 사울은 자기 마음대로 기브온 족속을 죽였지만 하나님은 수백 년 전에 한 약속을 기억하시고 다윗의 때에 이스라엘을 징계하셔서 비를 주시지 않았던 것입니다.

2. 기브온 족속의 요구

다윗은 하나님의 뜻을 알고 난 후 살아남은 기브온 족속을 만났습니다. 그리고 그들이 원하는 것이 무엇인지 물었습니다. 사람이 누군가가 어떤 원한을 가지고 있으면 그 원한을 가진 사람에게 어떻게 해주면 원한을 풀겠느냐는 것을 물어보아야 합니다. 그러면 원한을 가진 사람들의 요구가 많지 않을 수도 있습니다. 예를 들면 한번 진심이 담긴 사과를 해 달라고 하든지, 아니면 깨트린 물건을 구해달라고 하든지, 혹은 이젠 더이상 나에 대하여 나쁜 이야기를 하지 말아달라든지 하는 일일 것입니다.

우리나라 위안부들이 일본이라는 나라에 바라는 것은 돈이 아닙니다. 그것은 나라의 대표로서 총리가 위안부 할머니들에게 진심으로 사과해 달라는 것이었습니다. 18세 꽃 같은 나이에 그 먼 중국이나 버마나 필리핀 같은 데 끌고 가서 강제로 몹쓸 일을 당했고 인생을 망쳤으니까 진심으로 사과하라는 것입니다. 그러나 일본 총리는 절대로 안 한다고 했습니다. 그것은 결코 자기들에게 유익한 것이 아니기 때문입니다.

다윗이 기브온 족속에게 어떻게 하면 너희가 원한을 풀고, 원한을 풀었다는 것을 하나님께 기도하겠느냐고 물으니까 그들은 이것은 돈을 주고받아서 해결될 문제도 아니고 또 우리가 이스라엘 사람들을 마음대로 죽일 수 있는 권한도 없다고 했습니다. 단지 우리의 원한이 풀어지려고 하면 우리를 죽인 사울의 직계 자손 일곱 명을 넘겨달라고 했습니다.

21:6, "자손 일곱 사람을 우리에게 내주소서 여호와께서 택하신 사울의 고을 기브아에서 우리가 그들을 여호와 앞에서 목 매어 달겠나이다 하니 왕이 이르되 내가 내주리라 하니라"

한동안 우리 사회에서 '갑질' 이라는 말이 유행했던 적이 있습니다. 즉 높은 자리에 있고 고용인의 자리에 있는 사람이 자기 밑에 있는 사람을 괴롭히는 행위입니다. 한때는 간호사들 사이에서 '태움' 이라고 해서 온

몸이 하얗게 탈 때까지 괴롭힌다는 뜻인데, '괴롭히기'가 심해서 자살하는 신임 간호사까지 있었습니다. 심지어 많은 남자 상관은 여비서에게 성적인 수치심을 주는 행동을 하거나 혹은 성추행까지 하는 바람에 한평생 마음에 한이 생기게 하고, 그것이 나중에 '미투'라고 해서 그런 사실이 드러나면서 사회 문제가 되기도 한 것입니다. 어떤 종교에서는 사제가 봉사하는 어린이들을 성추행했지만 그에게 장학금도 주고 운동도 시켜줌으로 말도 못하고 있다가 나중에 어른이 되어서 그 사실을 폭로하는 경우도 있었습니다.

다윗은 이스라엘에 비가 안 와서 망하는 것보다는 이 원한을 가지고 있는 사람들의 요구를 풀어주어야겠다고 생각했습니다. 그래서 사울의 자손 일곱 명을 고르는데 사람들이 첫째로 꼽은 사람은 누가 보나 두 발에 장애가 있는 므비보셋이었을 것입니다. 므비보셋은 자기들이 생각하기에는 아무 쓸모없는 사람이었기 때문입니다. 그러나 므비보셋에게는 엄청난 것이 있었는데 그것은 그가 태어나기도 전에 므비보셋의 아버지와 다윗 왕 사이에 세운 약속입니다. 그것은 요나단과 다윗이 누가 살아남든지 자손들을 죽이지 않고 잘 대해주기로 약속한 것입니다. 그래서 다윗에게는 므비보셋이 장애인이든지 아니든지 약속의 대상이었습니다. 그러나 다른 사울의 자손들은 잘생기고 똑똑하다 해도 약속이 없는 사람들이었습니다.

그래서 다윗은 우선 사울의 첩이 낳은 두 아들 알모니와 다른 므비보셋을 넘겨주었습니다. 그리고 정말 불행했던 사람은 사울의 큰 딸 메랍이었습니다. 그는 처음에 다윗과 결혼할 뻔했는데 싫어서 다른 남자와 결혼해서 아들을 다섯이나 낳았는데 이번에 아들 다섯이 다 죽게 되었습니다.

그러니까 우리가 일시적으로 잘 되는 것은 결코 잘 되는 것이 아닙니다. 우리가 끝까지 잘 되려고 하면 하나님의 언약이 우리에게 있어야 합니다. 하나님께서 세상 끝날까지 우리와 함께하시겠다는 약속이 있어야 마귀가 아무리 우리 영혼을 내놓으라고 해도 절대로 놓아주시지 않는 것입니다. 그리고 우리는 예수님과 마치 다윗과 요나단 사이에 있던 우정과 신뢰가 있어야 합니다. 이 다섯 아들은 어머니가 사울의 맏딸이니까 얼마나 대단합니까? 정말 엄마 찬스로 성공한 것 같지만 결국 그들은 목이 매어달리는 신세가 되고 말았습니다.

예수님이 잡히시기 전날 밤에 마귀는 예수님께 베드로를 내놓으라고 했습니다. 그러나 예수님은 가룟 유다는 내주고 베드로는 절대로 포기하지 않으셨습니다. 다윗이 일곱 사람을 기브온 족속에게 넘겨주니까 기브온 족속은 이 일곱 명의 목을 매달았습니다. 그때는 바로 보리를 베기 시작할 때였는데, 다윗이 기브온 족속의 한을 풀어주니까 하늘에서 비가 쏟아지기 시작했습니다.

이때 죽은 자 중에 사울의 딸의 아들도 있었고, 사울의 첩의 아들도 있었는데, 그들의 시체를 지킨 사람은 사울의 첩이었습니다. 그녀는 자기 아들들의 시체 위에 비가 쏟아지기 시작하고 또 독수리나 들개가 시체를 뜯어 먹으려고 하니까 굵은 베를 바위 위에 펴고 잠도 자지 않고 그 시체를 지켰습니다. 그러나 사울의 딸 메랍은 자존심이 강해서 그런지 아들들의 시체가 목이 매달렸는데도 나오지 않았습니다. 그런데 이 첩 리스바가 밤낮을 자지 않고 자기 아들들의 시체를 지키는 것을 보고는 다윗이 감동한 것 같습니다. 그래서 다윗은 기왕이면 이때 사울과 요나단의 시체까지 제대로 장사지내자고 생각했습니다. 그래서 다윗은 기브아에 임시로 묻어두었던 사울과 요나단의 뼈를 파내어서 사울의 아버지 기스의 묘에 장사를 지내주었습니다.

옛날에는 뼈를 편하게 묻는 것이 사람이 죽은 후에 편하게 쉰다는 미신이 있었던 것 같습니다. 그러나 우리 그리스도인들은 언제 어디서 죽어도 상관이 없습니다. 우리가 죽는 것은 소풍 가는 것과 같습니다. 우리는 드디어 고대하던 천국으로 소풍 가는 것입니다. 우리는 거기서 주님을 만나게 되고 하나님을 만나게 되고 죽은 성도들을 만나게 될 것입니다. 저는 교인들을 만나게 될 것입니다. 할머니도 있고 장로님도 있고 앞서가신 목사님도 있고 처녀도 있고 청년들도 있을 것입니다.

그런데 이스라엘 백성에게 있어서 죽은 시체가 공중의 새에게 먹히고 들짐승에게 뜯기는 것은 저주받은 것이라는 의미가 있었습니다. 사울의 첩은 적어도 자기 아들들이 저주받은 자는 아니라는 뜻으로 시체를 지켰던 것 같습니다. 저는 교인들이 돌아가시기 전에 병실이나 뜰에도 따뜻한 햇볕이 비취고 성도들도 빨리 가고 싶다고 말씀하실 때 너무나도 아름다운 죽음을 보게 됩니다. 사울의 첩이 시체를 지킨 것은 사울 가문의 명예를 지킨 것이었습니다.

다윗이 기브온 족속의 응어리를 다 풀어주었을 때 하나님은 비를 내려주셨을 뿐 아니라 이스라엘의 모든 기도를 다 들어주셨습니다. 그래서 우리가 다른 사람의 마음에 응어리 맺히게 하면 기도가 응답되지 않습니다. 부인이라든지 며느리라든지 자식이라든지 한이 맺히지 않게 하는 것이 중요합니다.

3. 거인들을 다 죽임

하나님께서는 하나님의 말씀에 순종하는 다윗에게 더 큰 힘과 능력을 주셨습니다. 가나안 땅에서 가장 무서운 것은 거인족이었습니다. 우리가 영화에서 거인을 본 것은 〈해리포터〉나 〈반지의 제왕〉 같은 판타지 영화였습니다. 거기에는 '트롤'이라고 해서 머리는 엄청 둔하고 거대한 체격에 몽둥이를 들고 있는 거인들이 나옵니다. 그런데 원래 트롤은 노르웨이 요정이라고 하는데, 노르웨이에 가면 트롤의 혀라고 해서 엄청나게 큰 혀처럼 생긴 바위가 있습니다. 거기에 올라가면 상당히 위험한데도 그곳에 올라가서 뛰면서 사진을 찍는 청년들이 있습니다.

그런데 옛날 가나안 땅에는 진짜 거인들이 살았습니다. 이 거인들은 키도 엄청나게 크고 힘도 무지무지하게 센 살인 무기나 마찬가지였습니다. 다윗이 블레셋과 싸우는데 힘이 빠지게 되었습니다. 그때 거인 중 하나가 놋창을 들고 다윗을 죽이려고 덤벼들었는데 창만 삼백 세겔이었습니다. 아마 우리 무게로 따지면 35kg 정도 될 것입니다. 그리고 새로 만든 칼을 찼습니다. 이때 잘못했으면 다윗은 거인의 손에 죽을 수 있었습니다. 그때 요압의 동생 아비새가 이 거인을 쳐 죽였습니다.

그리고 모든 다윗의 추종자들은 다윗에게 이제부터 전쟁에 나가지 말라고 했습니다. 다윗이 쓸데없이 대적과 싸우다 죽으면 이스라엘의 등불이 꺼질 수 있었기 때문입니다. 이스라엘 사람들은 모두 부흥의 등불을 아끼는 사람들이었습니다. 그들은 다윗에게 전쟁터에 가지 말라고 했습니다. 왜냐하면 지금 다윗은 나이도 들었고 옛날 같지 않았기 때문입니다. 그리고 이스라엘 백성이 곱에서 싸울 때 또 거인이 있었습니다. 이 거인은 십브개라는 사람이 쳐 죽였습니다.

그리고 다윗이 죽인 골리앗도 거인이었지만 골리앗의 동생도 거인이었습니다. 골리앗의 동생의 이름은 라흐미였는데, 그의 창 자루는 베틀의 채같이 굵었습니다. 골리앗의 동생은 엘하난이라는 용사가 죽였습니다.

그리고 가드에서 전쟁할 때 키가 굉장히 큰 거인이 있었는데, 이 거인은 손가락도 여섯 개이고 발가락도 여섯 개였습니다. 그래서 이 거인은 손가락과 발가락을 모두 합치면 스물네 개였습니다. 이 거인이 산수를 못했다는 것을 알 수 있습니다. 손가락 발가락이 열 개가 되어야 계산이 되는데 스물네 개면 계산이 안 되는 것입니다. 손가락과 발가락이 모두 스물네 개인 거인이 이스라엘을 능욕했기 때문에 다윗의 형의 아들 다른 요나단이 죽였습니다. 그래서 이스라엘 백성을 두렵게 하던 모든 거인은 다윗 때 다 죽었습니다.

우리는 약한 사람들의 마음에 한이 생기지 않도록 해야 하겠습니다. 하나님의 약속은 수백 년이 지나도 효력이 있습니다. 하나님의 약속을 내 것으로 만드는 성도들이 다 되시기 바랍니다.

27

여호와 나의 반석

삼하 22:1-25

사람이 자기 인생을 어떻게 마치느냐 하는 데 따라서 그의 인생 전체가 빛이 나기도 하고 실패한 인생이 되기도 합니다. 사울 왕 같은 경우에는 평생 히스테리성 우울증으로 고생하다가 인생의 미지막을 길보아 산에서 블레셋 군대와 싸우다가 자살로 비참한 인생의 막을 내리게 됩니다. 그리고 그의 목은 베여서 블레셋 신전에 전시가 되고 그의 몸은 벧산 성벽에 못이 박혀서 달리게 됩니다. 이것은 참 아름답지 못한 죽음입니다.

사람들은 때때로 헤밍웨이가 부러울 때가 있습니다. 헤밍웨이는 마치 현장에서 실제로 겪은 것 같은 생생한 필치로《누구를 위하여 종을 울리나》와《무기여 잘 있거라》를 써서 크게 성공시킵니다. 그러나 그는 이제 나이가 들어서 아무것도 할 수 없을 것 같았습니다. 사람들은 이제 헤밍웨이는 더이상 걸작을 남길 수 없을 것이라고 생각했습니다. 그러나 그는 마지막 힘을 몰아서《노인과 바다》라는 작품을 써서 성공시킵니다. 그 소설을 보면 85일 동안 아무것도 잡지 못했던 노인이 먼 바다에 나가서 배보다 더 큰 참치를 잡아 돌아오다가 상어의 공격을 받아서 살은 다 뜯어 먹히고 노인은 상어와 치열하게 싸웠지만 참치의 뾰족한 머리와 뼈만 배에 달고 돌아옵니다. 이 작품으로 헤밍웨이는 퓰리처상을 받았고 노벨문학상도 받게 됩니다. 그러나 그는 당시 알코올중독에다가 심한 우울증으로 상 받는 곳에 가지 못하고 쿠바대사관에서 대신 상을 받게 됩니다. 그러나 그는 더이상은 작품을 쓸 수 없다는 것을 알고는 엽총으로 머리를 쏘아서 자살로 인생을 마칩니다. 그러나 헤밍웨이는 노인이 되었어도《노인과 바다》라는 뛰어난 작품을 쓸 수 있었던 것을 보면 참 대단한 사람이라는 생각이 들게 됩니다.

얼마 전에 우리나라 어느 가수는 "테스형, 인생이 왜 이렇게 고달파?"라는 노래로 큰 히트를 쳤습니다. 그런데 그는 곧 은퇴할 것이라고 했습니다. 얼마 전에 어느 야구 선수는 은퇴하면서 결국 울었습니다. 그리고 코리안리그에서 우승하지 못한 것이 항상 후회로 남을 것이라고 했습니다. 어느 정치인은 성공의 길을 걷다가 미투에 걸려서 감옥이나 자살로 인생을 마쳤고, 어느 시인도 유명세를 탔지만 미투에 걸려서 그 명성을 다 날려 버렸습니다. 어떤 기업가는 123층 되는 높은 빌딩을 지었지만 치매로 인생을 마쳤습니다. 우리는 과연 무엇으로 인생을 마치겠습니까?

본문을 읽으면서 이상했던 것은 왜 역사서의 끝을 노래로 마치고 있느냐 하는 것입니다. 다윗은 자기 인생을 하나님에 대한 찬양으로 마치고 있습니다. 아마 오페라 가수 같으면 그럴 수 있을 것입니다. 죽기 전에 "제가 인생을 마치는 노래를 하나 부르겠습니다." 하고 노래를 부르다가 죽을 수도 있을 것입니다. 그러나 다윗은 왕이고 전쟁하는 군인이었는데 하나님을 찬양하는 시로 인생을 마치고 있다는 점입니다.

그런데 사무엘하 22장의 시는 시편 18편에 나오는 내용과 거의 같습니다. 이 시는 시편에도 또 실려 있는 것입니다. 그런데 차이가 있습니다. 시작하는 부분에서 시편 18편 1절에는 "나의 힘이 되신 여호와여 내가 주를 사랑하나이다"가 추가되어 있습니다.

아마도 바로 이 1절 말씀이 다윗의 인생의 고백이고, 그가 하나님에 대하여 드리고 싶었던 모든 말씀의 요약이라고 생각됩니다. 하나님은 다윗의 힘이셨고 그를 위기에서 건지시는 분이셨습니다. 다윗은 하나님을 사랑하는 생애를 살았습니다. 이것이 다윗의 생애였습니다.

1. 다윗의 체험

다윗은 어렸을 때 무척이나 가난하고 비천하게 살았습니다. 다윗이 하는 일은 목동이었고 그에게는 친구조차 거의 없었습니다. 그러나 다윗은 어느 날 하나님의 말씀을 읽게 되었습니다. 다윗은 아마 심심하니까 집에서 내려오는 아주 낡은 율법서를 양 치는 곳에 들고 가서 읽기 시작한 것 같습니다. 왜냐하면 양 치는 일은 시간이 많이 남는 일이었기 때문입니다. 다윗이 읽었던 율법서는 처음에는 별로 재미가 없었을 것입니다. 그러나 다윗은 그 책을 읽으면 읽을수록 재미가 있었고 때때로 살아계신 하나님을 체험할 수 있었습니다. 양을 치고 있는데 늑대나 사자가 양 새끼를 잡아먹으려고 오면 다윗은 겁이 나지 않았고 오히려 막대기를 들고 따라가서 쫓아버리기도 하고 어떤 때는 몸싸움을 해서 양 새끼를 건져내기도 했습니다.

다윗은 자신의 한평생을 회고하면서 '나의 인생은 도대체 무엇이었는가?' 를 생각해보았습니다. 다윗의 인생은 하나님 없이는 설명할 수 없었습니다. 그리고 하나님은 다윗의 인생에 서 있을 수 있는 든든한 반석이었습니다. 다윗이 하나님을 의지하고 서 있으면 아무도 다윗을 해치려고 올 수 없었습니다.

하나님은 다윗이 위기를 당했을 때 든든한 반석이 되어주셨습니다. 즉 하나님은 절대로 다윗이 망하게 하시지 않을 뿐 아니라 살길을 가르쳐주셨습니다. 다윗이 조금만 정신을 차리고 주위를 둘러보면 살길이 있었습니다.

22:2-3, "이르되 여호와는 나의 반석이시요 나의 요새시요 나를 위하여 나를 건지시는 자시요 내가 피할 나의 반석의 하나님이시요 나의 방패시요 나의 구원의 뿔이시요 나의 높은 망대시요 그에게 피할 나의 피난처시요 나의 구원자시라 나를 폭력에서 구원하셨도다"

다윗은 하나님에 대하여 아홉 가지로 표현하고 있습니다. 첫 번째는 반석이고, 두 번째는 요새입니다. 이것은 전쟁이 일어났을 때 안전을 말합니다. 전쟁이 일어나서 적이 쳐들어왔을 때 요새 안에 있으면 안전합니다. 현대전에서도 적이 아무리 포를 쏘아도 방공호 안에 들어가 있으면 죽지 않습니다. 다윗은 적들이 아무리 공격해도 어느 선 이상으로는 가까이 올 수 없는 선이 있다는 것을 발견했습니다. 이것이 바로 눈에 보이지 않는 요새였습니다. 하나님은 다윗을 건지시는 분이셨습니다. 다윗이 감당할 수 없는 적을 만나서 고전하거나 죽게 되었을 때 반드시 누군가가 와서 적을 죽이고 다윗을 구했습니다.

하나님은 다윗이 피할 반석이라고 했는데, 이것은 굴이 있는 반석입니다. 아무리 적이 불화살을 쏘고 몰려와도 다윗은 그 굴 안에서 안전했습니다. 오히려 다윗은 사울을 죽일 수도 있었습니다. 하나님은 다윗의 방패였습니다. 옛날에는 싸울 때 화살이 무서웠는데 다윗은 방패이신 하나님을 앞장세우고 앞으로 갈 수 있었습니다. 성을 공격할 때도 방패를 머리 위에 들고 달려가면 맞지 않았습니다. 하나님은 구원의 뿔이었습니다. 그래서 다윗의 동료들은 적의 성문을 이 뿔로 부술 수 있었습니다. 옛날에 성문을 부술 때 아주 단단한 나무 기둥을 군인들이 들고 와서 문을 때리면 결국 부수어졌습니다.

하나님은 높은 망대시고 피할 피난처이시고 다윗의 구원자이셨습니다. 하나님은 다윗의 무기였고 다윗의 피난처이셨으며 다윗을 위험에서 건지시는 구원자이셨습니다. 이것이 다윗 한평생의 고백이었습니다. 물론 다윗은 이스라엘의 왕이었고 수많은 시를 남겼고 싸운 전쟁마다 이겼습니다. 그러나 한마디로 요약하면 하나님은 다윗의 반석이셨습니다.

우리가 어릴 때 산에 올라가면 큰 바위가 있었습니다. 그 바위는 아주 크고 둥근 바위였는데 거기에 올라가면 성경 말씀이 생각났습니다. '이 위에 올라와 있으면 맹수들이 있다 해도 올라오지 못하겠지. 이 위에 서 있으면 나쁜 아이들이 돌을 던져도 맞지 않겠지. 이 바위는 구르지 않고 몇십 년 몇백 년 남아 있을 거야.'

그리던 어느 날 우리 집 양식이 떨어져서 며칠을 굶었습니다. 그때 길 바닥에 있는 돌이 빵으로 보이고 제과점에 있는 유리를 깨고 빵을 훔치고 싶은 생각이 들었습니다. 그러나 저는 교회를 다니기 때문에 산에 올라가서 그 바위 위에서 하나님께 무슨 약속을 했습니다. 그리고 집에 내려왔습니다. 그런데 집에 오니까 반장이 빵과 쌀과 돈을 가지고 와서 저를 기다리고 있었습니다. 반장은 "우리 반에서 너를 위해서 거둔 것이다"라고 했습니다. 하나님께 기도하니까 먹을 것이 생겼던 것입니다.

그러나 다윗에게는 이 바위는 늘 움직이는 바위였습니다. 프랑스의 어떤 만화 중에 거인이 힘이 너무 세어서 바위를 늘 업고 다니는 만화가 있었습니다. 그런데 하나님의 반석은 우리가 업고 다닐 필요가 없습니다. 왜냐하면 언제나 우리와 함께 걷기 때문입니다.

2. 다윗의 위기

다윗은 이 세상에 살면서 정말 죽음의 위기를 많이 겪었습니다. 그런데 사울과 요나단은 죽었지만 다윗은 죽지 않았습니다. 그 이유는 그가 하나님께 부르짖는 방법을 알고 있었기 때문입니다. 다윗은 꼭 죽을 수밖에 없는 위험을 맞이한 적이 있었던 것 같습니다. 그것은 어딘지는 모르겠지만 그의 온몸은 밧줄에 묶이고 웅덩이나 우물에 빠져서 물이 점점 차오를 때였습니다. 처음에는 물이 허리까지 찼는데 그다음에는 가슴까지 차고 그다음에는 목까지 차고 그다음에는 콧구멍까지 찼습니다. 이제 숨만 겨우 쉴 수 있고 살 수 있는 시간은 1, 2분밖에 남지 않았습니다. 그때 다윗은 하나님의 이름을 불렀던 것입니다.

22:5-7, "사망의 물결이 나를 에우고 불의의 창수가 나를 두렵게 하였으며 스올의 줄이 나를 두르고 사망의 올무가 내게 이르렀도다 내가 환난 중에서 여호와께 아뢰며 나의 하나님께 아뢰었더니 그가 그의 성전에서 내 소리를 들으심이여 나의 부르짖음이 그의 귀에 들렸도다"

아마도 다윗은 가드 왕 아기스에게 도피했을 때 죽음의 위기를 많이 겪었던 것 같습니다. 아기스의 신하들은 다윗을 의심해서 그를 죽이려고 했습니다. 그래서 그들은 다윗을 밧줄로 묶은 뒤 깊은 물웅덩이에 넣고 물을 넣기 시작했습니다. 다윗은 자기가 절대로 간첩이 아니라고 해도 아기스나 아기스의 부하들은 믿어주지 않았습니다. 그들은 다윗에게 하나님을 부정해야 믿어주겠다고 말을 했을지도 모릅니다. 블레셋 사람들은 무자비했습니다. 그들은 웅덩이나 우물 안에 물을 계속 집어넣었습니다. 이제 물은 다윗의 목을 넘어서 입을 넘어서 그의 콧구멍까지 오게 되었습니다. 물은 계속 들어오고 있는데 이제 조금만 더 물이 차면 다윗은 숨을 쉬지 못하고 죽을 것입니다.

그때 다윗은 그 죽음의 순간에 하나님을 향하여 소리를 쳤습니다. "여호와, 나의 반석이시여, 나를 구원하소서. 나를 살리소서! 여호와여!" 그때 다윗은 하나님의 음성을 들었습니다. "다윗아, 네가 나를 부르고 있느냐? 이것이 과연 네 음성이란 말이냐?" 고 하시면서 잠시만 참으라고 하셨습니다. 이제 물은 다윗의 코를 넘어서 눈까지 올라왔습니다. 다윗은 물속에서 눈을 떠서 모든 것을 보고 있습니다. 그때 땅이 진동하고 하늘의 기초가 요동하고 흔들렸습니다. 그리고 다윗을 죽이려고 하는 물의 높이가 내려가기 시작했습니다. 즉 우물에 구멍이 뚫리면서 물이 내려가고 있었던 것입니다. 이제 물은 다윗의 입에서 목으로 허리로 그리고 아래로 완전히 빠져 버렸습니다.

그러나 하나님의 진노는 그것으로 끝난 것이 아니었습니다. 하나님의 코에서 연기가 오르고 있었습니다. 이것은 갑자기 블레셋 땅이 짙은 안개로 꽉 차서 도무지 앞을 볼 수 없게 된 것입니다. 짙은 안개가 끼면 바로 앞에 있는 사람이나 물건도 보이지 않습니다. 하나님께서는 불을 피우셨습니다. 그것은 바로 번개가 치면서 일어나는 불이었습니다. 팔레스타인에는 불이 한번 붙으면 그 불이 잘 꺼지지 않습니다. 처음에는 안개가 낀 줄 알았는데 알고 보니까 연기였습니다. 그리고 그 불이 블레셋 사람들을 향하여 퍼지기 시작했습니다.

22:9, "그의 코에서 연기가 오르고 입에서 불이 나와 사름이여 그 불에 숯이 피었도다"

팔레스타인에는 나무뿌리까지 불이 붙기 때문에 숯이 되어버립니다. 그래서 불이 꺼진 것 같아도 꺼진 것이 아닙니다. 다윗의 적들은 다윗을 죽이려고 하다가 도리어 자기들이 불에 타 죽게 되었습니다. 그래서 그들은 도망치기 바빴습니다. 이때 다윗의 부하들은 와서 묶인 밧줄을 끊고 다윗을 구원해내었던 것입니다.

이때 하나님은 바람을 타고 강림하셨습니다.

22:10-12, "그가 또 하늘을 드리우고 강림하시니 그의 발 아래는 어두캄캄하였도다 그룹을 타고 날으심이여 바람 날개 위에 나타나셨도다 그가 흑암 곧 모인 물과 공중의 빽빽한 구름으로 둘린 장막을 삼으심이여"

이때 회오리바람이 나타나게 됩니다. 사람들은 이것을 용오름이라고 하기도 합니다. 즉 하늘에서부터 땅까지 회오리바람 기둥이 생기는 것입니다. 그래서 바람이 땅에 있는 모든 것을 빨아 올라갑니다. 지붕도 나무도 빨아올리고 사람도 빨아올리고 어떤 때는 버스나 유조차 같은 것도 빨아올립니다. 이 때 유조차가 땅에 떨어지면 번개 맞아서 큰불이 일어나게 됩니다.

드디어 하나님은 소리를 내기 시작하셨습니다. 그것은 어마어마한 번개와 우렛소리였습니다. 서양에서는 번개가 하늘에서부터 쪼개지면서 땅 위에까지 내려오는데 어떤 때는 나무가 맞아서 부러지기도 하고 불이 붙기도 하고 우렛소리는 그야말로 대포 쏘는 소리처럼 굉장하게 울립니다.

22:14-15, "여호와께서 하늘에서 우렛소리를 내시며 지존하신 자가 음성을 내심이여 화살을 날려 그들을 흩으시며 번개로 무찌르셨도다"

갑자기 하늘이 어두워지더니 '우르르 쾅!' 하면 블레셋 사람들은 도망을 치기 시작합니다. 그때 하나님께서 화살을 쏘시는데 그것은 번개였습니다. 하나님의 번개는 사람을 맞추었습니다. 사람들이 무더기로 번개에 맞아서 불이 붙기도 했습니다. 그래서 사람들은 비 오는 날 골프 치지 말라고 합니다. 또 들판을 우산을 쓰거나 나무 밑에 있어도 안 됩니다.

하나님은 블레셋 사람들을 책망하셨습니다. 다윗이 있을 곳이 없어서 도망치고 있는데 그를 받아들이지 않고 죽이려고 하는 것은 용서할 수 없는 일입니다. 하나님의 꾸지람과 콧김으로 물밑이 드러났다고 했습니다. 하나님이 한번 번개를 치고 천둥을 치니까 물이 밑바닥까지 드러나 버리는 것입니다. 물이 전부 다 빠져 버렸습니다.

22:17, "그가 위에서 손을 내미사 나를 붙드심이여 많은 물에서 나를 건져내셨도다"

하나님은 손을 내미셔서 다윗을 물에서 건져내셨습니다. 아마 다윗의 부하들이 다윗을 건져내었을 것입니다. 그곳은 물이 깊은 곳이었고 다윗이 죽을 수밖에 없었는데 하나님은 다윗을 건져내셨던 것입니다. 다윗은 이때 체험이 너무 생생했던 것 같습니다.

3. 다윗이 도움 받은 비결

다윗이 죽을 수밖에 없는 그 순간에 하늘에서 번개가 치고 우레가 울리면서 물이 빠지고 다윗이 건짐을 받은 것은 정말 기적이었습니다. 그러나 이 세상에 기적이 늘 일어나는 것은 아닙니다. 그래서 사람 중에는 기적의 힘을 믿는 사람도 있고 믿지 않는 사람도 있습니다. 이것은 결국 하나님을 내 편으로 만드는 데 성공했느냐 아니면 성공하지 못했느냐 하는 것과 관계가 있습니다. 우리가 만일 하나님을 내 편으로 만들 수만 있다면 우리는 천만인이 에워싸도 두려워하지 않을 것이며, 핵무기나 홍수나 태풍도 두려워하지 않을 것입니다. 다윗에게는 강한 원수들이 있었고 그들은 다윗보다 훨씬 강했습니다. 무기도 우세하고 사람들도 훨씬 더 많고 강했습니다. 그러나 하나님은 다윗이 이기게 하셨습니다.

우리는 이 세상 살면서 무수히 많은 위기를 당합니다. 그리고 이런 위기 중에서 사는 자와 죽은 자의 차이는 한순간에 불과할 때가 많이 있습니다. 같은 병실에서 이야기하고 있었는데 어떤 분은 수술하다가 죽고 어떤 분은 수술을 잘 마치고 나와서 사는 것입니다. 사람들은 그 차이를 운이라고 생각합니다. 그런데 운이 아닐 수 있습니다.

다윗은 하나님의 기적을 여러 번 체험한 사람이었습니다. 다윗의 그 기적의 체험은 그의 말씀에 대한 믿음에서 나왔습니다.

22:22-23, "이는 내가 여호와의 도를 지키고 악을 행함으로 내 하나님을 떠나지 아니하였으며 그의 모든 법도를 내 앞에 두고 그의 규례를 버리지 아니하였음이로다"

평소에는 하나님의 말씀을 사랑하는 사람이나 사랑하지 않는 사람이나 별 차이가 나지 않습니다. 오히려 하나님의 말씀을 사랑하지 않고 자기 머리나 능력을 믿는 사람이 훨씬 유능하고 뛰어난 것처럼 보입니다. 그런데 어떤 사람은 하나님의 말씀을 사랑해서 그 말씀에서 벗어나지 않으려고 하고 욕심이 생길 때에도 그 욕심을 하나님의 말씀에 복종시키려고 설득을 합니다.

그런데 위기의 순간이 닥쳤을 때 자신의 머리나 자신의 꾀를 따르는 사람은 순식간에 무너져버립니다. 아무리 기도하고 하나님께 매달려도 하나님은 그를 돕지 아니하십니다. 그러나 우리가 하나님의 말씀을 붙들고 죽음의 순간을 넘어설 때 기적이 일어납니다. 즉 사망의 물이 나와 배와 목에 있을 때 기적이 일어나는 것이 아니라 내 콧구멍을 넘어서고 내 눈을 덮었을 때 기적을 일으켜서 하나님이 하나님이신 것을 보여주시는 것입니다.

22:19-20, "그들이 나의 재앙의 날에 내게 이르렀으나 여호와께서 나의 의지가 되셨도다 나를 또 넓은 곳으로 인도하시고 나를 기뻐하시므로 구원하셨도다"

재앙의 날에 수많은 적이 쳐들어왔지만 하나님은 나의 의지가 되셨습니다. 하나님은 콧김으로 그들을 날리셨으며 우렛소리로 그들을 놀라게 하셨습니다. 사람들은 다윗을 버리고 도망갔지만 하나님은 손을 내밀어서 그를 건져주셨습니다.

깨끗한 양심이 재앙의 날에 하나님의 도움을 받는 비결입니다. 다윗은 한평생 하나님을 노래하기를 원했습니다. 다윗이 자신의 생애를 이렇게 자세하게 표현한 이유는 바로 그때 부흥이 있었기 때문입니다. 우리는 죄를 피하기만 하면 하나님이 우리를 갚아 주십니다. 죄가 유혹할 때 걸려들지 마시고 피하시기 바랍니다. 다윗은 평생 하나님의 기적과 도우심을 노래한 생애였습니다. 우리는 모두 이렇게 아름답고 멋진 삶을 살 수 있습니다.

28

전쟁을 가르치심

삼하 22:29-51

호머가 쓴 《오디세이》를 보면 오디세이가 활을 잘 쏘는 것으로 나옵니다. 오디세이가 얼마나 활을 잘 쏘는가 하면 도끼의 자루를 빼고 도끼 구멍만 열 개 세워 넣고 활을 쏘아서 통과시킬 수 있는 실력을 갖춘 사람이었습니다. 오디세이는 트로이 전쟁을 마친 후 엄청난 전리품을 가지고 집으로 돌아오지만 중간에 큰 폭풍을 만나서 배 탄 사람들은 다 죽고 오디세이 혼자 살아남게 됩니다.

오디세이는 십 년 동안 지중해를 돌아다니다가 드디어 어떤 왕의 도움을 받아서 자기 집에 와 보니까 많은 남자가 자기 집에 죽치고 있으면서 자기 부인 페넬로페에게 결혼해 달라고 조르고 있었습니다. 부인은 옷을 낮에는 짜고 밤에는 풀고 하면서 옷을 다 짜면 한 명과 결혼해 주겠다고 합니다. 오디세이는 거지로 변장하고 거기에 들어가서 아들에게 누구든지 활로 도끼자루를 다 통과시키는 사람과는 결혼하겠다고 하라고 합니다. 그리고 아들에게 모든 문을 다 잠그라고 이야기합니다. 사람들은 오디세이가 쓰던 활을 꺼내어 구부려서 줄을 끼우려고 했지만 그 활은 너무 강해서 줄을 끼우는 것이 쉽지 않았습니다. 그때 오디세이가 나가서 옛날 자기가 쓰던 활에 줄을 끼워서 집에 있는 못된 사람들을 화살로 쏘아서 다 죽입니다. 오디세이는 트로이 전쟁 때문에 집을 떠난 지 십 년 만에 돌아오지만 그의 활 쏘는 실력은 변함이 없었습니다.

이차대전 때 소련은 독일과 전쟁하면서 스탈린그라드에서 많은 사람이 죽었습니다. 특히 볼가강에서 소련군 신병들은 강을 건너가기만 하면 죽고 건너가기만 하면 죽었습니다. 그런데 거기서 맹활약을 한 소련군 저격수가 있었습니다. 그 사람은 어렸을 때부터 늑대 사냥꾼이었던 할아버지로부터 사격을 배웠습니다. 할아버지는 늑대를 잡기 위해서 들판에 말을 묶어 놓고 손자와 늑대를 기다렸습니다. 그리고 늑대가 사람의 입에서 나오는 입김을 보면 도망가니까 손자에게 입에 눈을 넣고 기다리게 했습니다. 손자는 늑대가 말에게 덤벼드는 것을 보고 총을 쏘았지만 빗나가고 말은 늑대에게 물려 죽었습니다.

그러나 그 후 그 손자는 할아버지로부터 계속 사격을 하는 것을 배워서 소련 최고의 저격수가 되었습니다. 일단 이 저격수 손에 걸리면 독일군은 장교든지 장군이든지 다 총에 맞아 죽었습니다. 영화에 보면 저격수들이 다니는 길은 일반 군인들의 길과 다릅니다. 지하수로 가기도 하고 환기구를 타기도 하는데 저격수는 저격수를 죽입니다. 왜냐하면 저격수 한 명이 죽일 수 있는 군인이 많았기 때문입니다.

사무엘하 22장은 다윗의 인생의 클라이맥스인데, 다윗은 하나님을 길게 노래하고 있습니다. 그 이유는 다윗의 생애에서 하나님의 존재를 빼면 그의 생애를 설명할 길이 없었기 때문입니다. 무명의 목자에서 다윗을 이끌어내신 분도 하나님이시고, 유명한 장수가 되게 하신 분도 하나님이시고, 그렇게 죽이려고 추격하던 사울의 손에서 건져내시고 이스라엘의 왕이 되게 하신 분도 하나님이시기 때문입니다. 하나님은 다윗을 수많은 전쟁에서 이기게 하셨고 죽음의 위기에서 건져내셨습니다. 하나님은 다윗이 물에 빠져 죽게 되었을 때도 번개와 우레로 건져내셨습니다.

그래서 이 긴 다윗의 시를 두 부분으로 나눈다고 하면 앞부분에서는 반석이신 하나님을 노래하는 것을 볼 수 있습니다. 하나님은 다윗의 반석이셨습니다. 어떻게 보면 반석 같은 보디가드였다고 할 수 있습니다. 그리고 뒷부분에서는 하나님께서 다윗에게 전쟁하는 방법을 가르쳐주신 것을 볼 수 있습니다.

스포츠 중에서 아주 훌륭한 팀이나 훌륭한 감독에게서 운동을 배운 선수는 시합을 아주 잘할 것입니다. 왜냐하면 감독이 선수들에게 공격하는 방법이나 수비하는 방법이나 이기는 요령을 잘 가르쳐주기 때문입니다. 의사들도 아주 유능한 의사 밑에서 배운 의사가 환자를 잘 고치는 것을 볼 수 있습니다. 특히 군인은 유명한 장군이 지휘하면 군대를 배치하는 것이나 공격하는 방법이 달라집니다. 유능한 장군 밑에 약한 병사가 없다는 말이 있듯이, 하나님은 우리를 모두 하나님의 강한 군사로 만들어 주시는 것입니다.

1. 등불이 되시는 하나님

군인이나 운동선수나 한 번도 전투나 경기 경험 없이 전쟁터나 경기장에 나서면 몸이 경직되어서 자기 실력을 제대로 펼쳐보지도 못하고 패배하고 말 것입니다. 또 학생이 시험에서 한번 떨어지면 자신에 대하여 모든 자신감을 잃어버리고 방구석에 쳐 박혀서 숨어 있으려고 할 때가 많습니다. 음악가 라흐마니노프는 첫 심포니를 발표했을 때 반응이 좋지 못한 것에 충격을 받아서 몇 년 동안 공연하지 못하고 정신치료를 받아야만 했습니다.

운동선수가 시합 경험도 전혀 없는데 막강한 전력을 가진 팀과 시합하다 보면 눈앞이 캄캄해서 평소의 실력을 제대로 발휘하지 못할 것입니다. 더구나 자기 실수 때문에 패배했다면 화장실에 가서 혼자 울고 싶은 심정일 것입니다. 그리고 나 때문에 우리 팀이 패배했다는 자책감을 가지게 됩니다. 그때 경험이 아주 많고 노련한 감독이 있다면 "한번 실수한 것을 가지고 걱정하지 마라. 이것은 네 잘못이 아니고 내 잘못이야. 다음부터는 잘할 수 있도록 해 주겠다"라고 위로해준다면 마음이 좀 풀리게 될 것입니다.

22:29, "여호와여 주는 나의 등불이시니 여호와께서 나의 어둠을 밝히시리이다"

다윗은 어떤 전쟁에서 큰 실패를 했거나 아니면 사울에게 쫓기는 가운데 도망갈 길을 찾을 수 없었던 때가 있었던 것 같습니다. 이때 다윗이 선택할 수 있는 길은 죽는 것밖에 없었습니다. 사람들이 어떤 일을 하다 보면 그 일을 포기하는 수밖에는 방법이 없는 것 같을 때가 있습니다. 운동하는 사람은 뼈가 부러져서 운동을 포기해야 할 것 같고, 공부하는 사람은 공부가 진척이 없고 지도교수가 너무 지독해서 그만두어야 할 것 같을 때가 있습니다.

또 목회하는 목회자들은 교인들이 너무 드세고 당회도 너무 강해서 도저히 목회를 더 할 수 없을 것 같은 때가 있습니다. 그래서 저는 부교역자들이 담임 목회하러 신이 나서 떠날 때면 "큰 부흥을 일으키고 성공하라"는 말은 하지 않고 "죽지 않고 살아남는 것만 해도 잘하는 것이라"는 조언을 해줍니다. 그러면 대개 목회자들은 저의 비겁함과 옹졸함을 비웃으면서 갈 때가 많습니다. 그런데 얼마 지나지 않아서 보면 거의 '피떡'이 되어있는 것을 보게 되는 것입니다.

다윗은 전쟁 경험이 별로 없었습니다. 거기에다가 큰 실패나 큰 어려움에 빠졌던 것 같습니다. 이때 다윗의 상태는 완전 '정전' 이었습니다. 그의 마음속에 불이란 불은 다 꺼지고 온 마음이 새카맣게 되어서 온통 더듬어야 할 처지였습니다. 이때 다윗은 절망했고 죽음을 생각했습니다. 그런데 이상하게 다윗의 마음 한구석에서 하나님의 말씀이 생각나면서 하나님의 음성이 들리기 시작했습니다. '너는 그것으로 안 죽어. 너는 더이상 바보 같은 짓을 하지 말고 다시 일어서야 돼' 라는 음성이 들렸던 것입니다.

이때 다윗은 죽으나 사나 한번 일어나보자고 일어서는데 온 방에 있는 불이 다 들어오는 것입니다. 다윗은 완전히 패배한 것이 아니었습니다. 그리고 다윗은 자신이 나아갈 길이 보이기 시작했습니다. 다윗이 그 길로 갈 때 적들은 전혀 예상하지 못하고 있었기 때문에 당황해하면서 도망치기 시작했습니다. 그리고 다윗의 부하들은 모두 하나가 되어서 다윗의 뒤를 따르고 있었습니다.

하나님은 우리의 등불이 되십니다. 우리에게 도저히 앞으로 나아갈 길이 없을 때 우리는 죽은 것이나 마찬가지입니다. 그런데 하나님은 어둠의 정체를 밝히시고 우리가 달려갈 길을 보여주시는 것입니다. 그래서 우리는 답을 어렵게 찾을 때가 많은데, 정작 답은 가까운 데 있을 때가 많이 있습니다. 이때 우리는 주님이 가르쳐주는 길로 달려가기 시작합니다.

22:30, "내가 주를 의뢰하고 적진으로 달리며 내 하나님을 의지하고 성벽을 뛰어넘나이다"

우리는 대적은 완전히 준비되어 있고 인간도 아니라 신이라고 생각하며, 또 우리가 치러야 할 시험도 모든 것을 완전히 다 알아야 합격한다고 생각합니다. 그러나 하나님께서는 우리에게 이 모든 것은 인간이 하는 것이라는 사실을 가르쳐주십니다. 인간은 완전할 수 없으며 내가 두려워하면 상대방도 두려워하며, 내가 긴장하면 상대방도 긴장한다는 것을 가르쳐주십니다.

하나님께서는 우리에게 적진 중에 달려갈 길을 가르쳐주십니다. 거기는 무엇인가 엉성하고 약한 부분이 있는데 그 길로 달려가니까 적들이 다 무너지기 시작하는 것입니다. 그리고 앞에 성벽이 있어서 나아가지 못했는데 하나님이 뛰어넘으라고 하셔서 뛰어넘었더니 그곳이 적의 허점이어서 전쟁에서 이기게 되는 것입니다. 그래서 우리가 앞길이 보이지 않아서 쩔쩔매다가 하나님께서 그곳으로 가라고 하셔서 갔을 때 일등을 할 때도 있고 승리할 때가 있는 것입니다.

22:31, "하나님의 도는 완전하고 여호와의 말씀은 진실하니 그는 자기에게 피하는 모든 자에게 방패시로다"

하나님의 말씀은 완전합니다. 그리고 여호와의 말씀에는 거짓이 없습니다. 그러나 우리는 이 세상에서 하나님의 말씀을 현실에 적용하지 못해서 길을 찾지 못할 때가 많습니다. 세상 사람들은 넓은 길을 가니까 길을 잘 찾아가는데 우리는 하나님의 뜻을 찾으려고 하니까 그런 길이 보이지 않습니다. 그런데 이상하게 가다 보니까 살길이 보입니다. 즉 하나님의 말씀은 틀린 데가 한 군데도 없는 것입니다. 그런데 하나님의 말씀이 없는 자는 갑자기 날아오는 화살에 맞아 쓰러져 죽습니다. 즉 생각지도 못했던 부정이 터지면서 화살에 맞는 것입니다. 그런데 하나님의 말씀을 믿는 자는 아무리 부정을 캐내려고 해도 하나님께서 방패가 되시므로 허점을 찾을 수 없습니다.

2. 비밀의 요새

전쟁하다 보면 포위되는 것이 가장 위험하다고 합니다. 적에게 포위되면 도망칠 곳이 없기 때문에 결국 싸우다가 다 죽거나 항복하게 됩니다. 그때 만일 누군가가 비밀 통로를 찾게 되면 모두 다 살 수 있습니다. 왜냐하면 비밀 통로로 도망치면 적이 끝까지 추격할 수 없기 때문입니다.

다윗은 하나님의 말씀을 가지고 전쟁하다가 두 가지를 발견했습니다. 그 하나는 하나님은 반석이시고 비밀 통로라는 사실이었습니다.

22:32, "여호와 외에 누가 하나님이며 우리 하나님 외에 누가 반석이냐"

하나님은 다윗이 늘 의지하는 반석이었습니다. 전쟁하는데 반석이 있으면 적이 공격할 수 없고 거기에서는 화살을 쏠 수 없습니다. 그러나 반석이 있다고 해서 안전한 것은 아닙니다. 왜냐하면 앞에서는 적이 계속 몰려오고 있기 때문입니다. 이때 다윗은 그 반석 안에 들어갈 수 있는 비밀 통로를 발견했습니다.

22:33, "하나님은 나의 견고한 요새시며 나를 안전한 곳으로 인도하시며"

다윗은 반석 쪽으로 밀리면서 계속 싸우고 있었습니다. 그런데 갑자기 다윗은 밑으로 쑥 빠지게 되었습니다. 그것이 바로 그 굴이 있는 반석 안으로 들어가는 비밀 통로였던 것입니다. 그런데 적의 눈에는 그 비밀 통로가 보이지 않았습니다. 다윗의 부하들도 한 명씩 밑으로 내려갔습니다. 그들이 반석 밑에 가보니까 거기에는 물이 있었습니다. 그들은 물을 마시고 반석 안에 나 있는 통로를 따라 걸어갔습니다. 그러다 보니까 그 거대한 반석 꼭대기 가장 안전한 곳으로 갈 수 있었습니다. 다윗은 거기서 화살을 쏘아서 적들을 죽이거나 좇았습니다.

22:34, "나의 발로 암사슴 발 같게 하시며 나를 나의 높은 곳에 세우시며"

사슴은 절벽을 타는 데 천재입니다. 그래서 암사슴은 새끼를 등에 업고도 절벽을 뛰어넘어서 맹수를 피합니다. 다윗이 요새 꼭대기에 올라가 보니까 거기에는 다윗이 발을 디딜 수 있는 곳이 다 만들어져 있었습니다. 다윗은 바위 위에서 암사슴같이 뛰면서 적들을 물리칠 수 있었습니다. 이때 다윗은 하나님은 살아계시며 자기와 함께 하시는 것을 확신할 수 있었습니다.

그리고 하나님은 다윗의 견고한 요새였습니다. 그리고 하나님은 그 요새에서 다윗에게 군인들이 하기 가장 어려운 놋화살 쏘는 법을 가르쳐주셨습니다.

군인들은 방패로 적의 공격도 잘 막아야 하지만 창을 던져서 적을 잘 맞추어야 합니다. 그런데 그중에서 가장 어려운 것이 놋화살을 쏘는 것이었습니다. 놋화살은 활이 놋으로 되어있어서 구부리는 데 엄청난 팔의 힘이 필요했습니다. 활을 쏘려고 하면 활을 구부려서 거기에 줄을 걸고 활을 당겨야 하는데, 놋화살은 구부리는 것이 어려웠습니다. 그런데 하나님께서는 다윗에게 작은 것부터 구부리는 연습을 하게 하신 후에 나중에는 놋화살까지 구부리게 하셨던 것입니다. 보통 화살이 총이라면 놋화살은 대포였습니다. 적이 아무리 방패로 막아도 놋화살로 쏘면 방패를 뚫고 적을 죽일 수 있었습니다.

하나님은 다윗에게 구원의 방패도 주시고 온유함도 주셨습니다.

22:36, "주께서 또 주의 구원의 방패를 내게 주시며 주의 온유함이 나를 크게 하셨나이다"

보통 방패가 나무 방패라면 구원의 방패는 쇠로 된 방패였습니다. 사람들은 쇠로 된 방패는 들 수도 없었습니다. 그러나 다윗은 무기가 달랐습니다. 다윗은 쇠 방패로 적의 화살을 막았고 놋화살로 적의 방패를 뚫었던 것입니다.

그것은 모두 하나님께서 다윗에게 어린아이 때부터 가르쳐주신 것이었습니다. 다윗은 어렸을 때부터 목동이었습니다. 그래서 다윗이 하는 것은 암벽타기였습니다. 새끼 양들이 자주 절벽에 올라가기 때문에 다윗은 암벽을 타고 올라가서 양들을 데리고 내려와야 했던 것입니다. 그래서 다윗은 요즘으로 치면 암벽타기 일등이었던 것입니다.

다윗은 연습할수록 온유해졌습니다. 여기서 온유해졌다는 것은 마음에 여유가 생겼다는 뜻입니다. 사람이 초조해하면 실수를 하게 됩니다. 그러나 마음에 여유가 생기면 적이 하나도 겁이 나지 않고 여유를 가지고 공격을 하게 됩니다.

다윗은 미끄러지거나 넘어지지 않았습니다. 왜냐하면 어렸을 때부터 양을 잡으러 뛰어다녔으므로 주력이 뛰어났고 하체의 힘이 대단했기 때문입니다. 그래서 운동 잘하는 사람들을 보면 하체가 어마어마하게 튼튼한 것을 볼 수 있습니다. 전에 우리나라 테니스 선수가 국제대회에 올라갔는데 허벅지가 통나무만 했습니다. 그리고 축구 선수들도 달리는 것을 보면 하체가 엄청나게 강한 것을 볼 수 있습니다.

22:37, "내 걸음을 넓게 하셨고 내 발이 미끄러지지 아니하게 하셨나이다"

다윗이 어렸을 때부터 아버지는 양을 치라고 맨날 들로 쫓아낸다고 생각했습니다. 그런데 다윗이 나중에 전쟁할 때 보니까 어릴 때부터 단련한 하체가 얼마나 튼튼한지 아무리 달려도 미끄러지지 않고 넘어지지 않았던 것입니다. 운동선수들도 잘 넘어지는 선수는 하체가 약합니다. 군인들도 무조건 달리기를 잘해야 하는데 하체가 튼튼해야 살 수 있는 것입니다.

결국 다윗은 그 뛰어난 하체의 힘으로 적을 다 무찔렀습니다.

22:38-39, "내가 내 원수를 뒤쫓아 멸하였사오며 그들을 무찌르기 전에는 돌이키지 아니하였나이다 내가 그들을 무찔러 전멸시켰더니 그들이 내 발 아래에 엎드러지고 능히 일어나지 못하였나이다"

다윗은 비밀 요새를 알았기 때문에 적을 겁낼 필요가 없었습니다. 그들은 비밀 요새 안에서 휴식을 취한 후 또 밖으로 나가서 싸웠습니다. 그렇게 싸우니 적들은 지쳐 있었습니다. 이렇게 적들을 모두 전멸시켜버렸습니다.

여기에 보면 다윗이 얼마나 철저하게 적을 짓밟았는지 알 수 있습니다. 하나님은 다윗에게 능력의 띠를 띠워주셨습니다. 이 띠는 지치지 않는 띠였습니다. 그래서 우리가 하나님의 일을 할 때 보면 마치 신들린 것처럼 하는데도 지치지 않습니다. 다윗의 원수들은 모두 등을 돌리고 도망치면서 자기 신의 이름을 부릅니다. 그러나 아무도 응답하지 않습니다. 다윗은 그들을 티끌같이 밟아버렸고 진흙같이 밟았다고 고백하고 있습니다.

3. 하나님이 다윗을 높이심

이스라엘 중에서 아무리 전쟁을 잘하는 사람이라 하더라도 다윗같이 잘하는 사람은 없었습니다. 왜냐하면 다윗에게는 하나님의 능력을 끌어오는 비법이 있었기 때문입니다. 이스라엘 백성은 자기가 잘났다고 떠들어대다가도 다윗이 나타나면 조용했습니다. 다윗에게는 하나님의 능력이 있었기 때문입니다.

22:44, "주께서 또 나를 내 백성의 다툼에서 건지시고 나를 보전하사 모든 민족의 으뜸으로 삼으셨으니 내가 알지 못하는 백성이 나를 섬기리이다"

사람들이 소심하면 실제적인 것은 아무것도 하지 않으면서 서로 싸우게 되어있습니다. 그때 누군가가 혜성같이 나타나서 문제를 해결하면 사람들이 그를 우러러보게 됩니다. 이스라엘 백성은 거인 골리앗을 이길 수 없어서 자기들끼리 다투었습니다. 그러나 다윗은 골리앗과 싸우러 나갔습니다. 다윗은 자기를 보고 무시하고 저주하는 거인 골리앗을 향해서 "너는 창과 칼과 단창으로 나아오지만 나는 만군의 하나님 여호와의 이름으로 나아가노라"라고 하면서 물맷돌을 던졌더니 그 돌이 골리앗의 이마에 박혀서 죽었습니다. 그래서 하나님을 의지하고 그 말씀을 믿는 자가 으뜸입니다. 왜냐하면 그는 모든 것을 다른 사람들과 다른 눈으로 보기 때문입니다.

우리는 다른 사람들과는 다른 눈으로 보아야 이길 수 있지 남들과 같은 눈으로 보면 이길 수 없습니다. 그래서 하나님은 다윗에게는 영원한 반석이요 영원한 요새였습니다.

22:48상, "이 하나님이 나를 위하여 보복하시고"

바로 이 하나님께서 다윗을 조롱하고 괴롭힌 자를 전부 다 보복하시는 것입니다. 다윗을 비웃는 것은 하나님을 비웃는 것이기 때문에 하나님이 전부 다 기억을 하시는 것입니다. 하나님은 다윗을 대적하는 자들 앞에서 다윗을 높이셨습니다. 왜냐하면 다윗이 하나님을 사랑하기 때문입니다. 하나님은 자기를 사랑하는 자를 가장 사랑하십니다.

22:51, "여호와께서 그의 왕에게 큰 구원을 주시며 기름 부음 받은 자에게 인자를 베푸심이여 영원하도록 다윗과 그 후손에게로다 하였더라"

하나님께 기름 부음 받는 것은 엄청난 축복입니다. 왜냐하면 하나님의 인자하심이 영원하도록 있기 때문입니다. 우리가 하나님의 기름 부음을 많이 받으면 받을수록 하나님의 능력은 더 커집니다. 하나님의 기름 부음이 우리 속을 가득 채울 때 우리는 자유자재로 하나님의 능력을 사용하게 됩니다. 이것이 모두 하나님의 진실하신 말씀 때문입니다. 하나님의 말씀이 반석이고 말씀 안에 기름 부음이 있기 때문입니다. 이런 기름 부음이 우리에게 충만하게 있게 되기를 바랍니다.

29

완성된 자아상

삼하 23:1-39

사람들은 이 세상을 살아가면서 아주 소중한 것을 잃어버리고 살아갈 때가 많이 있습니다. 한번은 우리 교회 교인이 대학에서 박사학위를 받는다고 해서 제 아내가 축하하러 갔습니다. 그런데 제 아내는 어디를 가면 정신을 빼놓을 때가 많습니다. 그날도 아니나 다를까 택시 안에서 엄마에게 받은 다이아반지를 빼놓고 내리는 바람에 잃어버렸습니다. 우리는 그 반지를 별로 좋아하지 않았기 때문에 그렇게 크게 아까워하지 않았습니다.

그런데 우리는 결혼반지가 없습니다. 결혼하고 얼마 되지 않아서 다니던 교회가 예배당을 짓는다고 어려움을 겪고 있을 때여서 우리 두 사람은 모두 금반지를 빼서 바쳤기 때문입니다. 그때만 해도 우리는 사랑하는 마음이 중요하지 반지가 무슨 소용이 있는가 하는 생각을 했기 때문에 별로 아까운 줄 몰랐습니다. 어떤 부인은 시장에 가서 물건을 사면서 다른 것은 다 챙겨오면서 소중한 자기 아들을 두고 오는 바람에 나중에 경찰서에 가서 찾은 경우도 있습니다.

그러나 우리 주위에는 너무나도 중요한 자기 자신을 잃고 사는 사람이 많이 있습니다. 어떤 사람은 자기를 찾으려고 술을 많이 마셨는데 거울을 보니까 자기가 두 개로 보인다는 것입니다. 그러면 과연 그 둘 중에 어느 사람이 진정한 자기 자신일까요? 그래서 학교 다닐 때 술만 마시면 화장실에 가서 자기 얼굴을 보고 머리를 들이박는 학생이 있었습니다. 아마 그 학생은 술에 취한 자신의 모습이 너무나도 보기 싫었던 것 같습니다.

헨델은 오페라에 실패하고 두 번이나 심장 발작을 일으켰지만 약을 살 돈도 없었습니다. 그를 악평했던 사람들은 벽에다 헨델의 인생은 끝났다라고 낙서를 해 놓기도 했습니다. 그런데 절망과 좌절에 빠진 헨델에게 아일랜드의 어느 자선 단체로부터 가난한 사람을 돕기 위하여 음악을 작곡해 주었으면 좋겠다는 부탁이 들어왔습니다. 헨델은 그 가사를 읽는 중에 중간쯤에 예수께서 고난받으신 부분이 나오는데 "그는 침 뱉음을 당하시고 머리털 뽑혔네"라는 부분을 읽다가 너무나도 자신의 모습과 똑같다고 생각하면서 20여일 만에 침식하지 않고 울면서 〈메시야〉 오라토리오를 작곡했는데, 이것이 대성공을 거두었습니다. 헨델은 〈메시야〉를 통해서 그동안 잃어버리고 살았던 자신을 찾았던 것입니다.

저는 궁금한 것이 있습니다. 헤밍웨이는 자신의 마지막 작품 《노인과 바다》를 통해서 자신을 찾았을까 아니면 찾지 못했을까 하는 것입니다. 헤밍웨이는 그 작품을 통해서 노벨문학상을 받았습니다. 그러나 그는 더 이상 위대한 작품이 나오지 않을 줄 알고 엽총으로 자살을 했습니다.

유명한 정치인 마오쩌뚱은 진시황제 이후 중국을 두 번째로 통일한 대단한 사람입니다. 그런데 마오쩌뚱은 만족이 없었습니다. 그는 결혼을 세 번인가 했고 여자관계가 문란했습니다. 그리고 하루에 담배를 얼마나 많이 피웠는지 오십 개비 이상 피웠다고 합니다. 그래서 그가 닉슨을 만났을 때 마오쩌뚱의 폐는 거의 종이같이 되었고 그가 하는 소리를 주위 사람들이 잘 알아듣지 못했다고 합니다. 마오쩌뚱은 대약진운동을 하고 문화혁명을 한다고 중국인 사천만 명을 굶어죽거나 맞아죽게 했습니다.

마오쩌뚱은 그 넓은 땅 중국은 통일했지만 자기 자신은 찾지 못한 것 같습니다.

우리나라 정치인이나 학자 중에 과연 자신을 찾은 자가 있을까요? 우리는 우리나라 학자나 예술가 중에서 자기 여자 제자와 나쁜 관계가 들통나서 매스컴에 나오고 신세를 망친 사람들을 많이 보게 됩니다. 이 사람들은 분명히 자기 자신을 찾지 못한 것입니다. 목회자나 종교인 중에서도 자신을 찾은 자는 얼마나 될까요? 이들도 명예나 돈을 따라가는 것을 보면 자신을 찾지 못한 것이 분명합니다. 그런데 우리는 드디어 다윗이 자기 자신을 찾았다고 고백하는 것을 볼 수 있습니다.

1. 자기 자신을 찾은 다윗

다윗은 정말 자아상을 찾기 어려운 처지에 있었습니다. 다윗은 아들만 여덟 명인 가난한 집의 막내로 태어났습니다. 대개 막내아들이나 막내딸들은 위에 있는 형이나 언니에게 묻혀서 크는 바람에 자신을 찾기가 어렵습니다. 또 다윗은 사울 왕의 미움을 받아서 쫓겨 다니면서 더욱더 자아상을 잃어버렸습니다. 심지어 나중에 다윗은 살기 위해 블레셋의 가드로 도망을 치게 되므로 더더욱 자기가 누구인지 찾기 어려웠을 것입니다. 그는 이스라엘 사람입니까? 아니면 블레셋 사람입니까?

나중에 다윗은 블레셋 왕의 신임을 받기 위해서 이스라엘이 아닌 여러 부족을 공격해서 사람들을 죽이고 재물이나 가축을 빼앗아 가드 왕에게 바쳤습니다. 그러면 다윗은 도둑입니까, 강도입니까, 아니면 살인자입니까? 그러나 드디어 다윗이 자기 자신을 찾게 된 때가 왔습니다. 그것은 바로 하나님의 도움으로 모든 원수와 사울을 물리치고 난 후였습니다.

다윗의 생애에는 마지막에 아주 긴 찬송이 나옵니다. 그 찬송의 내용을 보면 하나님이 다윗의 반석이셨다는 것과 하나님이 다윗에게 전쟁을 가르치셨다는 내용이 나옵니다. 그 찬송이 다윗의 오페라 중의 클라이맥스였습니다. 그런데 여기에 이런 말이 나옵니다.

22:1, "여호와께서 다윗을 모든 원수의 손과 사울의 손에서 구원하신 그 날에 다윗이 이 노래의 말씀으로 여호와께 아뢰어"

다윗이 자기 자신을 찾은 것은 골리앗을 죽이고 이스라엘의 영웅이 되었던 때가 아니었습니다. 왜냐하면 곧 다윗은 사울의 시기를 받아서 도망 다녀야 했기 때문입니다. 다윗이 자기 자신을 찾았을 때는 사울의 손에서 살아남고, 모든 원수의 손에서도 살아남고, 압살롬의 반역에서 살아남고, 하나님 앞에 섰을 때였습니다. 그때 다윗은 확실히 자기는 하나님 앞에서 의미 있는 존재이고 하나님께서 벌레 같은 자기를 사랑하신다는 것을 깨닫게 되었던 것입니다.

그래서 우리는 이 세상에서 자기 자신을 찾기까지 방황하게 됩니다. 어떤 사람은 노숙자가 되어서 헤매기도 하지만 보통 모든 사람은 다 방황하기도 합니다. 그러다가 우리가 고난당하게 되면 내가 얼마나 작은 존재인지 깨닫게 됩니다. 우리는 온 천지를 지으신 하나님 앞에서 벌레보다 더 작은 존재입니다. 그런데 하나님께서는 벌레보다 작은 우리를 사랑하신다는 것을 깨닫게 됩니다. 내가 하나님 앞에서 의미 있는 존재라면 더이상 필요한 것은 없습니다. 나는 그냥 나 자체로 만족하는 것입니다.

아마 원래 다윗은 자기 자신에 대하여 말하라고 하면 이렇게 말했을 것입니다. "저는 목동 출신으로서 아주 가난한 집안의 막내아들입니다. 저는 사울에게 쫓겨서 죽을 뻔하다가 블레셋으로 도망쳤던 자입니다. 저는 여러 부인이 있었지만 만족하지 못해서 신하의 부인과 관계 갖는 바람에 미투에 걸렸던 사람입니다. 저는 얼마나 못났는지 아들의 반란으로 왕의 자리에서 쫓겨났다가 아들을 죽이고 왕 자리를 되찾은 사람입니다." 그러나 이미 자기 자신을 찾은 다윗은 고백이 달라졌습니다.

23:1, "이는 다윗의 마지막 말이라 이새의 아들 다윗이 말함이여 높이 세워진

자, 야곱의 하나님께로부터 기름 부음 받은 자, 이스라엘의 노래 잘 하는 자가 말하노라"

다윗은 이제 더이상 자신의 부끄러웠던 과거에 대하여 말하지 않습니다. 왜냐하면 그 모든 방황은 자기 자신을 찾는 과정이었기 때문입니다. 다윗이 자기 자신에 대하여 말할 수 있는 것은 '하나님이 높이 세우신 자' 였습니다. 다윗은 이스라엘에서 가장 높은 자였습니다. 이스라엘 안에서 다윗보다 더 자신을 찾고 하나님을 찾은 자가 없었습니다. 그가 하나님의 말씀을 가지고 죽을 고생을 하면서 하나님을 찾았기 때문입니다. 이제 드디어 다윗은 하나님 앞에 서 있을 수 있게 되었습니다.

하나님은 어떤 분이십니까? 하나님은 온 우주를 만드신 분입니다. 하나님은 태양을 만드시고 수많은 별을 만드시고 인간 세계를 만드신 분입니다. 우리가 이 하나님 앞에 설 때 자신을 찾을 수 있습니다. 그런데 어떻게 우리가 하나님 앞에 설 수 있습니까? 다윗은 그 비밀을 알았습니다. 다윗은 하나님의 말씀을 가지고 몸부림치다가 한 여호와의 사자가 있는 것을 발견하게 되었습니다. 그분이 바로 그리스도였습니다. 다윗은 말씀으로 그리스도 안에 들어가니까 하나님 앞에 설 수 있었습니다.

우리가 욥기를 보면 하나님께서 욥에게 "네가 누구냐?"라고 묻는 내용이 나옵니다. 욥은 그렇게 하나님을 찾았지만 하나님께 한 마디도 대답할 수 없었습니다. 그러다가 욥은 자신의 대변자가 있다는 것을 알게 됩니다. 그래서 그는 이렇게 노래를 합니다. "나의 대속자가 살아 계시니 마침내 그가 땅 위에 서실 것이라 내 가죽이 벗김을 당한 뒤에도 내가 육체 밖에서 하나님을 보리라"(욥 19:25-26). 욥도 주님 안에서 온몸에 헌데가 나고 망한 자신을 벗어나서 자기 자신을 찾을 수 있게 되었습니다. 이스라엘에서 다윗보다 더 높은 자가 없었습니다. 그 이유는 왕이어서가 아니라 그가 하나님을 알았기 때문입니다.

다윗은 자신을 야곱의 하나님으로부터 기름 부음을 받은 자라고 말하고 있습니다. 다윗은 사무엘 선지로부터 기름 부음을 받았습니다. 그러나 그것은 어디까지나 형식에 불과하고 다윗을 기름 부으신 분은 하나님이셨습니다. 그런데 왜 하필이면 야곱의 하나님이셨을까요? 그것은 하나님이 야곱을 지독하게 연단시키셨기 때문입니다. 그래서 다윗도 하나님으로부터 지독한 연단을 받았던 것입니다. 그 결과 다윗은 어떤 사람이 되었습니까? 다윗은 이스라엘의 정치 잘하는 사람이라든지 인기나 재물이 많은 자라고 자랑하지 않습니다. 그는 이스라엘에서 노래를 잘하는 자였습니다. 이것이 가장 순수했던 다윗의 모습이었습니다. 다윗이 소년이었을 때 가장 잘할 수 있었던 것은 하나님을 찬송하는 것이었습니다. 이렇게 그는 가장 순수한 자신으로 돌아올 수 있었던 것입니다.

옛날에 제 친구 중에서 찬송을 잘하는 친구가 있었습니다. 이 친구가 '거룩한 성' 을 부를 때는 정말 성악가보다 더 잘 불렀습니다. 그러나 이 친구는 세상을 알기 시작했습니다. 그 친구는 하나님을 찬송하지 않고 술을 마셨고 나중에는 중풍이 찾아왔습니다. 그리고 얼마 전에 병으로 죽었다는 소식을 들었습니다. 그 친구는 죽기 전에 옛 친구를 보고 싶어 했습니다. 그가 나에게 한 말이 이것이었습니다. "어이, 정말 친구들 보고 싶다." 그러나 친구들도 옛날 친구들이 아니라 다 변한 사람들이었습니다.

다윗은 자기 노래가 살아있는 노래인 이유를 설명했습니다. 그것은 돈을 벌려고 부르는 것도 아니고 육체적인 정욕으로 부르는 것도 아니었습니다. 그가 노래를 부르는 것은 하나님의 영감이 넘쳤기 때문입니다.

23:2, "여호와의 영이 나를 통하여 말씀하심이여 그의 말씀이 내 혀에 있도다"

다윗은 하나님의 말씀을 묵상하기만 하면 하나님의 영감이 그의 머릿속에서 솟아나기 시작했습니다. 그리고 어느 순간에는 그것이 시가 되고 노래가 되어서 그의 혀끝에서 흘러나오고 있었던 것입니다. 결국 우리가 가치 있는 사람이 되려고 하면 하나님의 영감이 우리 머리에서 흘러나와야 합니다. 결국 하나님의 영감 없이 성공한 사람은 인간의 영감으로 한 것인데, 이것은 결국 메마르게 되어 이 세상 어떤 것으로도 만족하지 못하게 됩니다.

다윗은 하나님이 자신의 반석이 되는 비결을 알았습니다. 그래서 그는 사람을 겁내지 않고 모든 것을 바르게 판단할 수 있었습니다.

23:3, "이스라엘의 하나님이 말씀하시며 이스라엘의 반석이 내게 이르시기를 사람을 공의로 다스리는 자, 하나님을 경외함으로 다스리는 자여"

결국 하나님을 나의 반석으로 삼아야 사람을 두려워하지 않게 됩니다. 그래서 모든 것을 정의롭게 말할 수 있게 되는 것입니다. 이 세상 모든 사람은 편을 나누고 있습니다. 그래서 모두 자기편을 위해서 말을 합니다. 그러나 하나님이 반석인 사람은 어느 누구의 편도 들지 않고 사실대로 말합니다. 그러면 모든 사람이 놀라게 됩니다. '저 사람은 맞아 죽으려고 저런 말을 함부로 하나?' 라고 말을 할 것입니다. 그리고 모두가 그를 시기하고 욕할 것입니다. 우리는 이런 정의로운 사람을 보지 못하고 있는 것입니다. 누군가 좀 정의롭게 말한다고 생각되면 다른 사람들은 그의 뒤를 파기 시작합니다.

그러나 하나님은 그를 더욱 빛나게 하십니다.

23:4, "그는 돋는 해의 아침 빛 같고 구름 없는 아침 같고 비 내린 후의 광선으로 땅에서 움이 돋는 새 풀 같으니라 하시도다"

사람이 정의롭지 못한 이유는 자기 자신에게도 약점이 있기 때문입니다. 그래서 누군가 힘센 사람이 "너도 잘한 것도 없던데 무엇을 믿고 큰 소리치는가?" 라고 한마디 하면 꼼짝하지 못하고 입을 다물어야 하는 것입니다. 그래도 계속 떠들면 그 자신의 부정이 드러나서 감옥에 들어가게 됩니다.

그러나 다윗은 부정을 저지를 시간이 없었습니다. 그는 계속 도망을 다녔기 때문입니다. 그는 파면 팔수록 아침 해가 돋는 것 같이 깨끗하고 비가 오고 난 후 개인 것 같이 부정이 없었습니다. 그리고 새 풀이 막 돋아나기 시작하고 있었습니다.

2. 의로운 자와 악한 자

하나님께서 기름을 부으시고 연단하신 자는 언약이 있기 때문에 절대로 그를 버리지 아니하십니다. 그리고 그를 감당할 수 없을 정도로 유명하게 만들지 않으십니다.

23:5, "내 집이 하나님 앞에 이같지 아니하냐 하나님이 나와 더불어 영원한 언약을 세우사 만사에 구비하고 견고하게 하셨으니 나의 모든 구원과 나의 모든 소원을 어찌 이루지 아니하시랴"

세상 사람들은 세상의 좋은 것을 자기가 전부 다 가지려고 합니다. 그래서 수단과 방법을 가리지 않고 욕심을 부리기 때문에 언젠가는 그의 부정이 다 들통나게 됩니다. 그러나 하나님의 기름 부음을 받은 자는 하나님이 준비해주십니다. 즉 여호와 이레 하나님이신 것입니다. 그리고 하나님은 주신 것을 견고하고 단단하게 하시지 무너지게 하시지 않습니다. 세상 사람들은 무조건 많이 가지고 보니까 나중에 가졌던 것이 다 허물어지게 됩니다. 그러나 하나님과 언약한 자들은 욕심을 부릴 필요가 없기 때문에 견고하게 되고 그의 꿈과 소망이 허탄한 것이 아니기 때문에 하나님께서 이루어주십니다. 그러나 악한 자들은 온몸에 가시를 가지고 있기 때문에 손을 댈 수 없습니다.

23:6-7, "그러나 사악한 자는 다 내버려질 가시나무 같으니 이는 손으로 잡을 수 없음이로다 그것들을 만지는 자는 철과 창자루를 가져야 하리니 그것들이 당

장에 불살리리로다 하니라"

악한 자는 자기를 방어하고 남을 찌르기 위해서 온몸에 가시를 가지고 있습니다. 그래서 남에게 말할 때도 가시로 찌르면서 하는데 어떻게 도우려고 해도 가시로 찌르기 때문에 도울 수가 없습니다. 그래서 악한 자는 자기 외에는 아무도 생각하지 않고 아무도 믿지 않습니다. 가시로 되어있기 때문입니다. 그래서 사람이 악한 사람을 치우려고 하면 손으로는 만지지 못하니까 쇠로 된 연장을 사용하든지 아니면 창자루를 사용해서 불에 태우는 수밖에 없습니다. 그것은 어디에 두어도 사람을 찌르고 다치게 하기 때문에 둘 데가 없는 것입니다. 그러나 다윗은 가시가 없었습니다. 그래서 처음에는 사람들이 다윗을 우습게 알고 죽이려고 했지만 결국은 자기들이 불에 타게 되었습니다. 하나님이 쓸모없는 가시는 태우시기 때문입니다.

3. 다윗을 지킨 사람들

다윗이 이스라엘에서 가장 높은 자가 되고 자기 자신을 찾게 된 배결은 혼자의 힘으로 된 것이 아니었습니다. 이것은 많은 사람의 헌신적인 도움이 있었기 때문입니다. 즉 이스라엘의 가장 용감한 자들이 다윗을 인정해주고 충성했기 때문입니다.

다윗에게 가장 힘이 되었던 사람은 세 사람이 있었는데 그들은 놀랍게도 그렇게 유명하거나 이름 있는 사람이 아니었습니다. 그러나 그 사람들은 말없이 그림자같이 다윗을 지켜주었습니다.

첫 번째는 다그몬 사람 요셉밧세벳이라고도 하고 에센 사람 아디노라고 하기도 하는 사람입니다. 이 사람은 이스라엘에서 가장 용감한 사람인데도 이름이 정확하지 않았습니다. 그만큼 이 사람은 자기 자신을 나타내지 않았던 것입니다. 이 사람은 한 번에 적 팔백 명을 쳐 죽였는데 거의 삼손 같은 힘을 가지고 있었습니다.

두 번째 사람은 아호아 사람 도대의 아들 엘르아살입니다. 그는 다른 용사들이 다 블레셋을 피해서 도망쳤을 때도 도망치지 않고 세 용사와 같이 칼이 손에 붙을 정도로 적과 싸워서 물리쳤습니다.

세 번째 사람은 하랄 사람 아게의 아들 삼마입니다. 그는 블레셋 사람들이 녹두밭에 몰려드니까 다른 사람들은 다 도망쳤지만 혼자 밭 가운데 서서 블레셋을 물리친 사람이었습니다. 이런 사람들이 다윗을 지키고 있었습니다.

한번은 다윗이 블레셋과 전쟁을 하면서 어린아이 같은 욕망이 생겼습니다. 자기가 어렸을 때 놀던 곳이 베들레헴 성문이었는데, 그 옆에 우물물이 굉장히 시원하고 달았던 것 같습니다. 그런데 그 당시 베들레헴 성문 옆에는 블레셋의 군대가 진을 치고 있었습니다. 다윗은 진담 반 농담 반으로 '우리도 용감한 용사가 있어서 베들레헴 성문 곁에 있는 우물에서 물을 한 바가지만 떠 주면 좋겠는데…' 라고 말한 것입니다. 이 말을 듣자마자 세 용사는 20킬로미터나 되는 길을 달려가서 블레셋 군대를 물리치고 우물물을 떠가지고 와서 다윗에게 바쳤습니다. 그때 다윗은 지도자는 농담도 함부로 하면 안 된다는 것을 알았습니다. 세 용사가 생명을 걸고 적진을 치고 우물물을 떠 왔기 때문입니다. 그래서 다윗은 다시는 이런 짓을 하지 않겠다고 하면서 물을 마시지 않고 하나님께 바쳤습니다. 그래서 다윗은 결단코 이런 일을 하지 않겠다고 하나님께 약속했습니다.

그리고 또 세 사람이 있었습니다. 물론 그중에 요압이 있었습니다. 요압은 왕에게 할 수 없는 직언을 할 수 있는 사람이었습니다. 그리고 그의 동생 아비새가 있었습니다. 아비새는 창을 가지고 삼백 명을 죽인 사람입니다. 그러나 그는 첫 번째 세 사람에는 들지 못하고 두 번째 세 사람 중 우두머리였습니다.

그리고 세 번째가 갑스엘 용사의 손자 여호야다의 아들 브나야였습니다. 그는 블레셋 사람이었습니다. 그는 모압의 아리엘의 아들 두 사람을 죽였습니다. 그리고 눈 오는 날 사자가 구멍에 빠졌는데 나오려고 하니까 내려가서 쳐 죽였습니다. 그리고 엄청나게 키가 큰 애굽 장수가 있었는데 몽둥이만 가지고 가서 창을 빼앗아서 쳐 죽였습니다. 브나야는 다윗의 시위대장이었고 끝까지 충성했습니다.

그리고 삼십 명의 용사들이 다윗에게 충성했습니다. 그중에 첫째는 요압의 동생 아사헬인데 굉장히 달리기가 빠른 장수였습니다. 그런데 너무 나이가 어려서 경험 미숙으로 아브넬의 창에 배가 찔려 죽었습니다. 그리고 삼십 명의 명단이 나오는데, 그중에 34절에 보면 길로 사람 아히도벨의 아들 엘리암이 나옵니다. 아히도벨은 다윗을 배신하고 압살롬의 신하가 되었지만 그의 아들은 아버지를 따르지 않고 다윗에게 충성했습니다. 그래서 아버지가 틀린 것은 따라갈 필요가 없습니다. 선배도 마찬가지입니다. 틀린 것은 따라가서는 안 됩니다. 그리고 마지막 장수 헷 사람 우리야가 나옵니다. 그는 죽었지만 그 이름은 이스라엘 장수의 명단에 기록되어 지금까지 남아 있습니다.

이 모든 충성된 장수들은 하나님께서 다윗에게 붙여준 사람들이었습니다. 우리 모두는 영적인 전쟁에서 사탄의 꾀에 지지 말고 믿음으로 승리하시기 바랍니다.

30

다윗의 전염병

삼하 24:1-25

옛날 우리나라에도 전염병이 퍼진 적이 많이 있었습니다. 저희들이 어렸을 때도 호열자라고 해서 콜레라가 퍼졌던 적이 있었습니다. 호열자라는 말은 호랑이가 살점을 뜯어내듯이 고통스럽다고 해서 붙여진 이름인데, 제가 어렸을 때는 동네에 호열자에 걸린 사람이 있으면 골목에 흰 천으로 된 줄이나 새끼줄을 쳐서 사람들이 출입하지 못하게 한 기억이 납니다. 세계적으로 보면 중세 때 퍼졌던 페스트가 가장 무서운 병이었는데 그때 얼마나 많은 사람이 죽었던지 유럽 인구의 삼분의 일이 죽었다고 합니다.

그런데 우리는 매우 긴 시간 코로나바이러스라는 전염병에 고통을 받고 있습니다. 지금 퍼지고 있는 전염병은 일종의 호흡기 질환인데 중국의 우한에서 시작된 것입니다. 처음에는 어떤 사람이 박쥐 고기를 먹고 박쥐의 몸에 있는 바이러스가 퍼지면서 시작했다고 합니다. 중국의 어떤 안과 의사가 어떤 사람들을 검사하다가 이것이 전염병인 것을 알고는 의사들이 쓰는 밴드에 이런 열이 나는 환자가 오면 방호복을 입고 진찰하라고 알렸는데 중국 당국에서는 그 의사를 협박해서 쓴 글을 내리게 하고 오히려 사과하게 했습니다. 그리고 우한에서는 엄청나게 퍼지게 되었습니다. 그때 얼마나 많은 사람이 죽었는지 도시 전체가 폐쇄되고 죽은 사람을 태우는 화장장의 연기가 스물네 시간 쉬지 않고 올라가도 시체를 다 처리하지 못했습니다. 결국 이 병을 맨 처음 발견했던 안과의사도 이 병에 걸려서 죽었습니다. 그리고 전 세계로 이 병이 퍼지게 되었습니다.

우리나라 대구는 신천지 교인들에 의해서 직격탄을 맞아서 칠천 명 이상이 걸렸고, 방역을 소홀히 한 이탈리아, 스페인, 프랑스, 일본, 미국, 러시아로 이 병이 퍼져갔습니다. 우리나라도 일 년 넘어 이 전염병으로 수많은 사람이 확진되기도 하고 죽기도 하여 경제가 거의 죽어가고, 교회도 반 이상의 교인이 줄어들고 학생도 학교에 가지 못하는 초유의 사태가 벌어졌습니다. 그러나 아직까지도 마스크를 쓰는 것과 격리하는 것 외에는 이 병을 물리칠 수 있는 방법을 찾지 못하고 있습니다.

아프리카나 더운 지방에 가면 비가 갑자기 쏟아져서 늪이 생기는 곳이 많이 있습니다. 그런데 동물들이 거기를 밟다가는 그 늪에 빠져서 결국 빠져나오지 못하고 죽게 됩니다. 심지어는 코끼리도 늪에 빠지면 빠져나오지 못하고 죽습니다. 우리는 지금 코로나-19라는 전염병의 늪에 빠져있습니다. 지금 이 병은 전 세계에 퍼져 있고 하루에만 수십만 명씩 새로운 확진자가 생길 정도로 심하게 확산되고 있습니다. 백신이 개발되어 접종하고 있지만 이 전염병을 완전히 물리치기까지는 상당한 기간이 필요한 것 같습니다. 그 동안 전세계가 받아야 할 고통은 이루 말로 표현하기 어려울 정도를 극심할 것입니다.

성경 본문을 보면 다윗 때에도 전염병이 퍼졌는데 얼마나 치사율이 높았던지 사흘 만에 7만 명이나 죽었습니다. 그러나 성경에는 이 병이 발생하게 된 원인과 이 병을 극복한 방법에 대하여 자세하게 적어놓고 있습니다.

모세오경에는 대개 이런 동물 전염병이나 사람의 전염병을 애굽형 전염병이라고 말씀하고 있습니다. 왜냐하면 하나님께서 애굽 사람의 불순종과 죄에 대하여 이런 전염병을 내리셨기 때문입니다. 그런데 그때 모세의 기도로 이 병들은 대개 진정되었습니다. 그러나 이스라엘 백성이 세상적인 죄를 따라가면 바로 이런 애굽형 전염병이 퍼지곤 했던 것입니다. 이때 대개 이런 전염병을 이기는 방법도 하나님께 제사장이 분향하거나 죄를 짓는 사람을 죽임으로 진정되곤 했습니다.

1. 다윗의 인구 조사

다윗의 통치 말기에 이스라엘에는 엄청난 전염병이 퍼져서 많은 사람이 죽었습니다. 성경은 이 전염병이 생기게 된 원인이 다윗이 부하들에게 인구 조사를 시켰기 때문이라고 밝히고 있습니다.

24:1, "여호와께서 다시 이스라엘을 향하여 진노하사 그들을 치시려고 다윗을 격동시키사 가서 이스라엘과 유다의 인구를 조사하라 하신지라"

우리는 다윗 왕이 이스라엘의 인구를 조사하게 한 것이 왜 그렇게 많은 사람이 죽어야 할 죄인지 이해할 수 없습니다. 왕은 얼마든지 자기 나라 백성의 수를 조사할 수도 있고 어떤 의미에서는 조사해야 할 때도 있습니다. 대개 왕이 백성의 인구를 조사할 때에는 세금을 내게 할 자료를 뽑거나 혹은 전쟁하기 위하여 전쟁에 나갈 사람을 조사하는 경우입니다.

옛날 중국의 인구 조사에서 무서웠던 때는 진시황제 시절 만리장성을 쌓기 위해서 인구 조사했던 때였습니다. 사실 만리장성을 쌓으면서 많은 사람이 돌에 깔려서 죽었다고 합니다. 그래서 그 당시 중국 사람들은 만리장성에 성을 쌓으러 간다고 하면 죽으러 가는 것으로 생각했다고 합니다. 그때는 인구 조사한 숫자에서 한 명이라도 모자라면 다른 사람을 채워서 보내야 했습니다. 그리고 그들이 도착해야 할 시간에서 조금만 늦어도 전부 다 죽였다고 합니다.

그때 생긴 속담 중에 "하룻밤 사이에 만리장성 쌓는다"는 말이 생기기도 했습니다. 어떤 부인이 자기 남편을 만리장성 쌓는데 보내지 않기 위하여 이웃 사람을 꾀어서 엄청나게 서비스를 잘 해주고 다음 날 군인이 오면 자기 남편이라고 속여서 보내는 것입니다. 그때 그 사람은 자기는 이 여자의 남편이 아니고 그냥 왔을 뿐이라고 하지만 조사관들은 일절 사정을 봐주지 않고 그 사람을 잡아가서 만리장성을 쌓게 했던 것입니다. 그래서 우리는 늘 성경적인 교훈을 기억해야 합니다. 즉 모르는 여자가 너무 친절하게 잘해주는데 넘어가면 자기가 죽을 가능성이 많다는 것입니다.

하나님은 이스라엘 백성을 사랑하셨습니다. 그러나 하나님은 다윗의 통치 말기에 이스라엘에 진노하셨습니다. 하나님께서 이스라엘에 대하여 진노하셨던 이유가 무엇이었을까요? 이스라엘이 겉으로는 하나님을 잘 믿는 것 같았지만 실제로는 창녀들도 있었고 음란한 생활도 했고 점도 치고 무당들도 있고 무고한 살인도 많이 저질렀기 때문입니다. 그래서 하나님은 마귀를 이용하셔서 다윗에게 인구조사 하고 싶은 아주 집요하고 강한 충동이 생기게 하셨습니다.

그런데 왜 다윗이 인구조사를 하는 것이 하나님 앞에서 7만 명 이상 되는 사람들이 전염병으로 죽어야 할 정도로 큰 죄가 되었을까요?

24:2-3, "이에 왕이 그 곁에 있는 군사령관 요압에게 이르되 너는 이스라엘 모든 지파 가운데로 다니며 이제 단에서부터 브엘세바까지 인구를 조사하여 백성의 수를 내게 보고하라 하니 요압이 왕께 아뢰되 이 백성이 얼마든지 왕의 하나님 여호와께서 백 배나 더하게 하사 내 주 왕의 눈으로 보게 하시기를 원하나이다 그런데 내 주 왕은 어찌하여 이런 일을 기뻐하시나이까 하되"

왕은 군사령관 요압에게 이스라엘 모든 지파를 다니면서 인구를 조사해서 이스라엘 백성의 수를 자기에게 보고하라고 명령을 내렸습니다. 그러니까 요압은 왕에게 직언하기를 이것은 할 필요가 없는 일이라고 했습니다. 왜냐하면 하나님께서 얼마든지 이스라엘을 축복하시면 이 백성이 백배나 많아지게 될 텐데 왜 왕은 하필이면 지금 백성의 수를 조사하려고 하느냐고 반문했습니다.

그런데 다윗 왕의 명령이 너무 집요하고 강했기 때문에 요압은 어쩔 수 없어서 전 이스라엘을 다니면서 이스라엘의 인구조사를 했습니다. 인구조사를 한 부서가 군대인 것을 보면 아무래도 이스라엘에서 전쟁에 나갈 수 있는 인원을 조사한 것 같습니다. 그런데 우리에게 이해되지 않는 것은 왜 하필이면 다윗이 이스라엘의 인구조사에 그렇게 집요하게 매달렸을까 하는 것입니다.

우리는 가끔 충동에 빠질 때가 있습니다. 예를 들어서 어떤 사람이 차를 사야 하겠다고 하면 차에 대하여 많은 조사를 하고 가격을 알아보고 자동차 전시장에도 찾아가 보기도 합니다. 그리고 부인에게 '나 질러버렸어' 라고 말을 합니다. 이것은 여성들도 마찬가지일 것입니다. 어떤 핸드백이나 옷을 너무 사고 싶을 때 결국 '질러버리게' 되는데 이것이 충동구매인 것입니다.

사람들은 누구나 이런 충동을 느낄 수 있습니다. 그런데 대개 돈이 없거나 꼭 필요한 것이 아니면 포기하게 되는데 어떤 때는 너무 그 충동이 강해서 절대로 포기할 수 없고 누군가가 포기하라고 하면 화를 내기도 하고 성질을 부리면서 억지 부리는 것을 보게 됩니다. 그런데 다윗에게 있어서 이스라엘 백성의 인구를 조사해야겠다는 충동은 너무나도 강해서 도저히 포기할 수 없었습니다. 그래서 요압이 이스라엘 인구조사는 할 필요가 없다고 해도 다윗은 더 집요하게 요압과 부하들을 재촉해서 결국은 인구조사를 하게 했던 것입니다.

그런데 왜 다윗이 인구조사를 하고 싶어 했으며 그것이 하나님 앞에서 그렇게 큰 죄가 되었을까요? 우리는 그것을 알 수 없습니다. 그러나 우리는 추측은 해 볼 수 있습니다. 예를 들어서 다윗이 어느 곳을 차지하고 싶은 욕망이 너무 강해서 결국 전쟁을 일으킬 목적으로 인구조사를 시켰다고 생각할 수 있습니다. 다윗의 전쟁은 지금까지 악과 싸우는 방어 전쟁이었습니다. 그러나 다윗도 이제는 방어만 할 것이 아니라 적극적으로 공격해서 큰 땅을 차지하는 위대한 왕이 되고 싶다는 욕망을 가졌을 수 있는 것입니다.

우리에게는 하나님께서 주신 것이 있습니다. 우리는 그것만 가지고도 사는데 전혀 부족한 것이 없습니다. 그러나 우리는 그것으로 만족할 수 없습니다. 우리는 때로는 끝까지 가지고 싶은 대로 다 가져봐야 직성이 풀리는 것입니다. 그러나 이런 욕망은 하나님 앞에서 죄가 됩니다. 그래서 사도 바울은 "내게 능력을 주시는 자 안에서 모든 것을 할 수 있다"(빌 4:13)고 했습니다. 성경에는 나오지 않지만 다윗은 어느 땅에 대한 욕망을 가졌을 수 있습니다.

이것은 마치 아합이 나봇의 포도원에 대하여 집착한 것과 비슷합니다(왕상 21:1-26). 아합은 이스라엘 왕인데 다른 사람의 포도원에 대하여 욕심내어야 할 이유가 없었습니다. 그러나 아합의 욕망은 너무 강해서 음식도 먹지 않고 드러누워 있으니까 결국 이세벨이 나봇을 죽여서 그 포도원을 빼앗게 된 것입니다.

그런데 다윗이 이스라엘 전체의 인구조사를 하게 한 것은 엄청나게 큰 전쟁을 하려고 한 것 같다는 생각이 들기도 합니다. 만일 그것이 아니라면 다윗이 이스라엘 백성을 한번 모아서 사열 같은 것을 하면서 만족하려고 했을 수도 있습니다. 아니면 자기가 이 정도의 큰 나라를 다스리는 왕이라는 만족감에 빠지려고 했든지 아니면 모든 이스라엘 백성의 인구조사를 해서 이스라엘 백성은 전부 자기 부하로 삼으려고 했는지도 모릅니다.

우리가 북한을 보면 국민을 동원해서 열병식 하는 것을 자주 볼 수 있습니다. 얼마 전에는 밤 열두 시에 열병식을 하는데 수만 명의 군인을 동원하고 시민들을 동원해서 대륙간 미사일이나 잠수함에서 쏠 수 있는 미사일 같은 무기를 행진시켜서 자기를 과시하는 것을 볼 수 있습니다. 다윗의 인구조사도 많은 백성을 자기 부하로 만들든지 아니면 그들을 모아서 자신의 힘을 과시하려고 한 것으로 볼 수도 있습니다.

여기서 우리는 두 가지 결과가 나온 것을 볼 수 있습니다. 하나는 요압이 인구조사 하는데 9개월 20일이 걸려서 완수했다는 것입니다. 그리고 조사 결과 이스라엘에서 전쟁할 수 있는 사람의 수가 130만 명이었다는 사실입니다. 그리고 두 번째는 다윗이 이 인구조사 한 것을 후회해서 하나님께 회개했다는 사실입니다. 다윗은 자기가 충동적으로 인구조사 한 것을 후회해서 자기가 참 미련한 짓을 했는데 하나님께 죄를 용서해달라고 간구한 것입니다.

2. 하나님의 징계

다윗은 왜 그렇게 집요하게 요압에게 인구조사를 시켰으면서 그것을 후회하고 회개했을까요? 그것은 당연히 이스라엘 백성은 자기 백성이 아니고 하나님의 백성이었기 때문입니다. 그러나 다윗은 이스라엘 백성을 자기 백성으로 생각하고 자기 이름을 내고 자기 명성을 높이려고 한 것이 죄라는 것을 깨달았기 때문에 후회하고 회개한 것입니다.

다윗은 "여호와는 나의 목자시니 내게 부족함이 없으리로다"(시 23:1)라고 노래했습니다. 여호와는 다윗의 목자일 뿐 아니라 이스라엘 모든 백성의 목자이셨습니다. 이스라엘 모든 백성은 다윗의 양이 아니었습니다. 다윗이 할 일은 양들을 보호하고 양들을 푸른 풀밭과 맑은 시내 있는 곳으로 인도하는 것이었습니다. 그러면 양들은 그 풀을 뜯어 먹고 물을 마시고 털을 만들고 새끼를 낳는 것입니다. 다윗이 해야 할 일은 전쟁에서 이기는 것도 아니고 큰 땅을 차지하는 것도 아니었습니다. 다윗이 할 일은 백성의 숫자를 헤아려서 자기 과시를 하는 것도 아니었습니다. 다윗이 할 일은 백성을 말씀으로 인도하는 것이었습니다. 그러나 다윗도 인간이었기 때문에 자기 과시의 충동을 느꼈던 것입니다.

다윗이 이런 충동을 느낀 자체는 죄가 아니지만 그 충동에 넘어가서 실제로 인구조사를 한 것은 죄였습니다. 군인의 수 130만 명은 어마어마한 숫자였습니다. 다윗은 그런 군사를 가진 왕이었습니다. 그러나 하나님은 다윗의 이런 자랑을 기뻐하지 아니하셨습니다.

이튿날 하나님은 갓 선지를 보내어서 다윗의 죄는 말로 용서할 수 있는 것이 아니라고 말씀하셨습니다. 하나님은 우리가 죄를 지으면 얼마든지 말씀으로 용서를 해주십니다. 그러나 어떤 죄에 대해서는 반드시 징계가 필요하다고 말씀하실 때가 있습니다. 다윗이 온전한 영광을 하나님께 돌리지 않고 자기 과시를 하려고 한 죄는 반드시 징계가 필요한 죄였습니다. 그만큼 하나님은 우리가 자기 과시에 빠지고 자기 자랑에 빠지는 것을 기뻐하시지 않는 것입니다.

그러면 그동안 우리나라 교회는 어떠했습니까? 정말 어마어마한 건물을 지었습니다. 어떤 교회는 수만 명이 들어갈 수 있는 교회를 지었고 실제로 수만 명이 모여서 예배를 드렸습니다. 사람들은 이때 교회를 얼마나 위대하게 생각했고 그런 목회를 하는 목사님을 위대한 사람으로 생각했는지 모릅니다. 그리고 거의 모든 목사님이 바로 이 성공의 바이러스에 걸려서 오직 한 가지 꿈이 있다면 큰 교회를 목회하는 것으로 빠지게 되었습니다. 물론 모든 목회자가 그런 큰 교회를 목회하지는 못하지요. 그러나 마음속으로는 모든 목회자의 마음에 바로 이 바이러스가 들어가 있었던 것입니다.

그러던 중에 코로나바이러스가 퍼지면서 사회적인 거리 유지가 강제적으로 이루어지고 교인들의 반 이상은 없어지게 되었습니다. 옛날에는 수만 명씩 모인다고 자랑하던 교회들이 이제는 예배를 중단하기도 하고 교인들이 오지 않는 텅 빈 예배당에서 몇 명만 모인 상태로 카메라를 앞에 두고 설교를 하게 되었습니다. 집에서 인터넷으로 예배드리는 교인에게 있어서는 네 교인이나 내 교인이나 아무 차별이 없는 것입니다.

하나님께서는 다윗에게 징계를 내리셨습니다. 그런데 이번 징계에서 특이한 것은 하나님께서 다윗에게 징계 세 가지 중에서 한 가지를 선택하게 하신 것입니다. 대개 하나님께서 징계를 내리실 때는 예고하시지도 않고 징계를 선택하라고 옵션을 주시지도 않고 무조건 때려버리십니다.

그런데 이번에는 하나님께서 다윗에게 징계를 세 가지 중에서 하나를 선택하게 하셨습니다.

이것은 하나님께서 다윗의 성숙한 신앙을 인정해주신 것입니다. 다윗은 자기 자신을 과시하려고 하는 것이 죄라는 것을 고백했습니다. 그래서 하나님은 다윗에게 선택의 여지를 주셨던 것입니다.

하나님의 징계는 세 가지였습니다. 하나는 7년 동안 흉년이 드는 것이었습니다. 어떤 곳에서는 3년으로 되어있는 곳도 있습니다. 두 번째는 3개월 동안 적에게 패해서 쫓겨 다니는 것입니다. 그리고 세 번째는 3일 동안 전염병이 퍼지는 것이었습니다. 사실 이 전염병은 애굽형의 전염병이었습니다. 애굽의 바로와 그 신하들은 끝까지 하나님의 말씀에 복종하지 않아서 전염병의 재앙을 받았습니다. 하나님께서는 이런 징계를 통해서 이스라엘 백성이 겉으로는 하나님을 잘 믿는 것 같지만 실제 마음으로는 애굽 사람들처럼 고집스럽고 음란하고 반역적이라는 것을 보여주시는 것입니다.

다윗은 자기가 기왕 어려움에 빠져야 한다면 하나님의 손에 빠지고 싶다고 했습니다. 왜냐하면 하나님은 자비로우시기 때문에 얼마든지 기도하면 시험을 줄여주시기도 하고 피할 길을 주시기도 하기 때문입니다. 그러나 다윗은 하나님이 작심하고 징계를 내리시면 이 세상의 어떤 매보다 아프다는 것을 생각하지 못했습니다.

24:15, "이에 여호와께서 그 아침부터 정하신 때까지 전염병을 이스라엘에게 내리시니 단에서부터 브엘세바까지 백성의 죽은 자가 칠만 명이라"

우리가 보통 당하는 고통은 경제적인 고통이나 아니면 사람에게 수치를 당하거나 혹은 병으로 고생하는 것입니다. 하나님의 백성은 경제적인 어려움은 잘 견딥니다. 또 병으로 고통당하는 것도 잘 참습니다. 그러나 하나님의 백성은 자존심이 강해서 사람으로부터 모욕당하거나 수치 당할 때 너무나도 고통스러워합니다. 다윗은 사람으로부터 많은 무시와 업신여김을 당했습니다. 그래서 병으로 고통당하면 3일이 빨리 지나갈 줄 알고 택했는데 무려 7만 명이 죽었습니다. 다윗은 사람들을 조사해놓고 자랑하기도 전에 7만 명이나 되는 사람이 죽어버렸습니다.

그런데 전염병은 중단되지 않고 계속 퍼지고 있었습니다. 아마 이런 식으로 나가면 10만 명, 20만 명이 죽을지도 모릅니다. 다윗이 실컷 인구조사 해놓고 그중에서 삼분의 일 이상이 병으로 죽임을 당할지도 모릅니다. 다윗은 또 하나님께 회개했습니다.

"하나님, 인구조사 하라고 시킨 사람은 저인데 양들에게 무슨 죄가 있다고 이렇게 치십니까?"라고 물었습니다. 죄인은 자기라는 것이었습니다. 이것은 다윗의 겸손한 모습을 보여준 것입니다. 잘못한 것은 '나'라는 것이었습니다. 그러나 이스라엘 백성도 교만했고 불순종했고 음란했습니다.

3. 죽음의 천사 발견

이스라엘에 퍼진 전염병은 우연한 것이 아니었습니다. 사람의 눈에는 보이지 않지만 전염병을 퍼트리는 천사가 있었습니다.

> 24:16, "천사가 예루살렘을 향하여 그의 손을 들어 멸하려 하더니 여호와께서 이 재앙 내리심을 뉘우치사 백성을 멸하는 천사에게 이르시되 족하다 이제는 네 손을 거두라 하시니 여호와의 사자가 여부스 사람 아라우나의 타작 마당 곁에 있는지라"

하나님의 천사의 목적은 예루살렘을 멸망시키는 것이었습니다. 왜냐하면 그만큼 예루살렘이 썩었고 예루살렘 사람들이 음란했고 우상숭배에 빠졌고 교만했기 때문입니다. 그래서 죽음의 천사는 칼을 빼서 예루살렘을 가리키는데 그 칼끝에서 엄청난 병균들이 쏟아져 나오면서 예루살렘 사람들이 죽어가고 있었습니다. 아직 예루살렘 사람들은 더 죽어야 했습니다. 왜냐하면 해 질 때까지는 아직 시간이 남아 있고 예루살렘의 죄는 아직도 많이 남아 있었기 때문입니다. 그러나 하나님은 징계가 너무 심하다고 생각하셔서 죽음의 천사에게 칼을 거두라고 하셨습니다. 그런데 죽음의 천사는 칼을 거둘 수 없었습니다. 왜냐하면 아직까지 시간이 남아 있고 죄가 쌓여 있었기 때문입니다.

이때 다윗이 천사를 보았습니다. 이것이 아주 중요한 것입니다. 다윗이 천사를 보기 전까지만 해도 이 전염병의 원인을 정확하게 알지 못했던 것 같습니다.

24:17상, "다윗이 백성을 치는 천사를 보고"

다윗은 이 전염병은 분명히 하나님이 치신 징계이고 저 천사를 설득하지 않는 이상 병은 그치지 않을 것을 알았습니다. 다윗은 또 하나님께 회개했습니다. 죄는 내가 지었는데 양무리가 무슨 잘못을 저질렀느냐고 했습니다.

성경에는 갓 선지가 말해주었다고 하는데 다른 곳에서는 천사가 갓 선지에게 먼저 병을 그치는 방법을 가르쳐주었다고 되어있습니다. 그것은 여부스 사람 아라우나의 타작마당에서 하나님께 제사 드리는 것이었습니다. 이곳은 바로 오래전에 아브라함이 이삭을 바친 곳이었습니다. 아브라함은 이삭을 바치고 여호와이레의 하나님을 얻었습니다. 갓 선지는 바로 이곳에서 하나님을 위하여 제단을 쌓고 제사를 드리라고 했습니다.

다윗이 아라우나의 타작마당으로 가는데, 아라우나가 다윗이 오는 것을 보고 땅에 엎드려 절을 했습니다. 아라우나는 착한 사람이었습니다. 다윗은 아라우나에게 자신이 여기에 온 것은 여기서 하나님께 제사 드림으로 전염병을 그치게 하기 위해서라고 했습니다. 그러니까 아라우나는 자기 모든 것을 다 드리겠다고 했습니다. 제사에 드릴 소는 우리 집 소를 쓰시고 땔 나무는 마당에 있는 나무를 사용하시라고 했습니다. 아라우나는 모든 것을 왕에게 기쁨으로 바치겠다고 했습니다.

아라우나가 이렇게 선하다면 이스라엘 백성은 어떠했을까요? 그러나 이스라엘 백성은 이기적이었고 굉장히 인색했습니다. 그래서 교회에서도 새로 믿는 사람들은 모든 것을 기쁨으로 하나님께 바치는 데 비하여 오래 믿은 사람들은 절대로 잘 바치지 않으려고 합니다. 오히려 자신의 명예를 취하고 자기만족을 추구합니다. 그 이유는 하나님의 사랑을 받는 데 길이 들었기 때문입니다.

다윗은 아라우나에게 공짜로 받을 수 없다고 했습니다. 왜냐하면 바로 이것은 이스라엘의 문제였기 때문입니다. 하나님의 사랑을 오래 받으면 더 이기적이 되고 더 고집스러워지고 더 자기 욕심과 명예를 찾는데 이것을 부수지 않으면 병을 물리칠 수 없다는 것을 알았기 때문입니다. 그래서 다윗은 은 오십 세겔로 타작마당과 소와 나무를 사고 하나님께 번제와 화목제를 바쳤습니다.

그때 하나님은 다윗의 기도를 들으시고 천사는 죽음의 칼을 거두고 이스라엘의 전염병은 그치게 됩니다. 결국 후에 이 아라우나의 타작마당에 솔로몬의 성전이 지어지게 됩니다. 하나님께서는 이 전염병을 통하여 하나님과 화해할 수 있는 성전의 장소를 가르쳐주신 것입니다. 우리는 이미 우리 마음에 세상이 들어와 있고 이기심이 들어와 있고 세상 고집이 들어와 있습니다. 이 모든 것을 부수고 전염병을 그치게 하는 성도들이 다 되시기 바랍니다.